中央高校基本科研业务费专项资金资助 项目编号：20720161115

Supported by the Fundamental Research Funds for the Central Universities

A PRELIMINARY STUDY ON THE RESEARCH
METHOD OF NATIONAL DEFENSE EDUCATION
FROM THE PERSPECTIVE OF DISCIPLINE

学科视野下的
国防教育研究方法初探

彭荣础 著

厦门大学出版社 国家一级出版社
XIAMEN UNIVERSITY PRESS 全国百佳图书出版单位

图书在版编目(CIP)数据

学科视野下的国防教育研究方法初探/彭荣础著. —厦门：厦门大学出版社，2018.12
（校长基金丛书）
ISBN 978-7-5615-7154-5

Ⅰ.①学…　Ⅱ.①彭…　Ⅲ.①国防教育—研究方法　Ⅳ.①E115-3

中国版本图书馆 CIP 数据核字（2018）第 247889 号

出 版 人	郑文礼
责任编辑	刘　璐
封面设计	李夏凌
技术编辑	朱　楷

出版发行 厦门大学出版社

社　　址	厦门市软件园二期望海路 39 号
邮政编码	361008
总 编 办	0592-2182177　0592-2181406(传真)
营销中心	0592-2184458　0592-2181365
网　　址	http://www.xmupress.com
邮　　箱	xmup@xmupress.com
印　　刷	厦门集大印刷厂

开本	720 mm×970 mm　1/16
印张	16
插页	2
字数	280 千字
版次	2018 年 12 月第 1 版
印次	2018 年 12 月第 1 次印刷
定价	58.00 元

厦门大学出版社
微信二维码

厦门大学出版社
微博二维码

序

　　我在南开大学任兼职教授时,彭荣础曾跟随读硕士,不过时间很短暂,因为我后来工作变动,就没有继续指导他。之后虽然有联系,但不多,看到他硕士读完又考取了博士,我非常高兴。他在读博期间来厦大做了半年访问博士生,期间我们联系多了一些。这个时候我发现他很有自己的想法,也比较偏重理论思辨,所选的博士论文题目是关于理性主义在西方大学发展中的地位,可以说,这个选题的理论性还是蛮强的。他读完博士后来厦门大学工作,也是我推荐的,因为当时我觉得他还是很有潜力的。他刚入厦大工作不久,我知道适应新的学术生活不易,所以我就鼓励他做一做博士后,从而进一步提高学术素养。这个想法得到了吴温暖老师的高度认同,并支持他在工作间隙跟着我做博士后研究。他的博士后题目也是吴温暖老师提出的,吴老师建议他在博士后期间做关于国防教育研究方法的探讨,希望他能够为国防教育学基础学科建设做一些贡献。

　　说实在的,方法论方面的研究固然非常重要,但挑战性也非常大,不是任何人都可以从事的,没有一定的理论素养和研究积累是无法涉足这个领域的。吴老师的这个建议考虑了几个方面的因素:一是国防教育学发展亟需基础理论研究,二是结合我的研究优势,三是依据彭荣础本人的研究潜力。第一点、第二点无需赘述,因为国防教育学科处于初创阶段,各个基础学科建设几乎都处于空白状态,方法论研究更是紧缺。不仅如此,整个教育学科的方法论研究都处于弱势地位,因为教育学知识的经验性比较强,理论高度往往欠缺,要做方法论研究就需要研究者必须能够坐得住冷板凳,能够博采众长,而且必须具有开放性的视野,特别是需要具有勇于实践的精神来验证各种方法论主张,这样才能在方法论探究方面获得新认知,如此方可反过来指导教育研究实践。正是它的挑战性太大,出成果比较难,所以常常被人们有意识地忽略。显然,如果没有真正的学术兴趣,是无法在这个领域坚持的,甚至连开始都不可能。我本人对教育学知识一直具有浓厚的兴趣,因为我一直在思考为什么教育理论常常脱离教育实践,为什么教育学知识常常无法指导教育学实践,为什么教育学常常无法获得其他学科的充分尊重,以及如何才能使教育学人真正自信起来。这一切归结起来,都是因为教育学探究缺乏可靠的方法论基础造成的,为此必须探究教育研究的方法论问题,夯实教育学大厦的地基。

正是这个驱使,我一直想弄清楚教育学知识的性质,弄清楚教育学知识成为知识的依据,即它们是否可以称为真正的知识。讨论到这个问题,就涉及方法论的核心问题。所以,我一直把方法论知识看成最重要的知识,因为它是一门学科或学问的科学性的证明。因为我一直执拗于教育学知识的科学性问题,所以我在方法论问题上越陷越深,不仅需要涉猎其他社会科学的方法论,而且需要涉及人文科学的方法论,甚至必须涉及科学方法论和哲学方法论。我在这样的探索中才慢慢对方法论知识有了一个比较全面的认识,也据此反思教育学知识的性质问题,从中认识到教育学知识的特殊性,进而与自己的探索经验相印证,之后再与其他教育学家的认识相比较,如此反复,我才敢于提出自己教育研究方法论的一些基本判断。我的教育研究方法课程和高等教育研究方法课程就是这样起步的,我的方法论认识也是我在关于教育学基本理论问题的科研与教学的摸索与反思中形成的。到目前为止,我为研究生开设的高等教育研究方法课程不下 20 次,其中有普通硕士生的,也有教师硕士班的,还有部分博士生的。我开设教育研究方法论课程也有十余次,主要是针对博士生的,间或有硕士生参与其中。如此慢慢形成了对教育研究方法论的独特认识。

因为我多次为国防教育硕士班研究生开课,得到了同学们极高的认可,所以吴温暖老师建议彭荣础博士后跟着我做教育方法方面的研究,当然主攻方向是国防教育研究方法。彭荣础此时刚刚入职不久,正面临身份的转型,不仅事业上刚刚开端,而且家庭上也刚刚起步,其中的挑战是不言而喻的。他克服了种种困难,仍然坚持完成了这个研究任务,这一点是值得庆贺的。他的研究的创新之处是把国防教育经验融入教育研究方法知识体系中,从而产生了一些新认识,这在之前是没有人做过的,就此而言,他的研究具有一定的开创性,也可以说填补了国防教育研究领域的一个空白。在这之前的国防教育著作中,涉及研究方法方面的问题时要么采取简单的"拿来主义",要么一笔带过,很少开展系统探讨,而彭荣础的工作是开展了比较系统的研究,并且在很大程度上借鉴了我在教育研究方法方面的探讨成果,特别是高等教育研究方法的一些成果。就此而言,他对国防教育研究方法的探索不是空中楼阁,而是具有比较强的理论基础的。

诚然，"始生之物，其形必丑"。彭荣础的国防教育研究方法探索毕竟属于初步，许多问题都需要深入探索，比如，普通的研究方法运用到国防教育领域中有哪些不同？国防教育研究的特殊价值导向是什么？哪些方法属于国防教育研究特有的方法？国防教育研究主体上应该采用什么方法为宜？像这样的基础性问题并不是一下子就可以阐述清楚的，我们把这些问题留待他以后继续探讨。希望他的《学科视野下的国防教育研究方法初探》能够促使人们反思国防教育的研究现状，促进人们提升国防教育研究的水平，从而为促进国防教育学科日趋成熟贡献更大的力量。

王洪才

2018 年 11 月 22 日

于飞往临沂大学的路上

前　言

大国崛起离不开拥有成熟、理性大国心态的公民。真正的大国公民,具备明晰的国家意识、大局意识、国家安全意识,对国家利益有着强烈的关切。拥有成熟、理性大国心态的中国国民,会客观看待中国发展崛起所面临的内外机遇与挑战,并会采取相匹配的行动,以助力国家的发展和崛起。对于正在崛起的中国,大国公民课必须予以拓展、增强。作为以爱国主义为核心的国防教育,它有助于增强公民的国家意识和国防意识,提高公民保卫国家安全和利益的能力,是大国公民课的重要组成部分。新时代的国防教育发展迫切需要学科平台的支撑、学科理论的指导。国防教育学的创生发展,必须掌握好研究国防教育的工具,亦即方法。学科创生和方法发展是双向互动的过程,学科创生呼唤方法的探索和构建,规定方法的本质及类型,方法体系的成长则促进学科的发展和成熟。学科与方法的这种良性互构贯穿全书。

第一编从学科与方法的互动关系出发,探讨国防教育学学科创生的进展及存在的问题,提出加强研究方法探索和研究作为国防教育学创生的突破口。通过对国防教育研究方法相关文献的梳理,回溯了学者对于国防教育研究方法的探索历程。对国防教育期刊论文、国防教育学术研讨会论文集论文以及国防教育硕士研究生学位论文所使用的研究方法进行了调查研究,了解和把握国防教育研究方法使用现状。

第二编聚焦国防教育研究方法论问题。主要探讨国防教育学的研究对象及其学科归属。首先对国防教育学研究对象常见观点进行了归纳,并就"国防教育问题"作为国防教育学研究对象的基础、意义以及内涵进行了论述。其次,还深入分析了国防教育学归属于军事学、思想政治教育学以及教育学的优劣,并提出了国防教育学的多元归属设想。

第三编是对国防教育常用研究方法的探讨。主要探讨历史研究法、比较研究法、问卷调查法、文献法、经验总结法的国防教育研究运用。对五种研究方法的基本概念、作用和意义及其运用可能存在问题进行了归纳分析。

第四编以研究个案的方式呈现国防教育研究方法的运用。使用历史研究法和比较研究法,分别探讨美国赠地学院的早期军训、美国的国防教育理念和体制。

第五编是关于国防教育研究规范及国防教育研究应进一步关注问题及领域的阐述。国防教育研究应遵从一定的形式和内容之规。形式上,摘要的写作、表格的运用以及文字的表达都应该符合规范。内容上,国防教育研究内容应具有创新性,并富有理论和实践的现实性。基于方法的视野,国防教育研究应进一步加强对现实重大国防教育、对中小学国防教育、对民国时期国防教育研究成果等问题的关注和研究。

截至目前,并无专门研究国防教育研究方法的论文或专著。因此,从整体上而言,作为对国防教育研究方法较为系统探索和论述的尝试,具有一定创新性。具体来说,本研究较具开拓性的工作包括:

第一,梳理和审视了高校国防教育发展路线问题。对高校国防教育发展的两条路径,即"课程论"路线与"学科论"路线进行了深入剖析。指出了二者各自的合理性以及二者面临的困境和可能前景,提出了高校国防教育发展因校制宜、因人制宜的折中路线。

第二,较为系统地回顾了国防教育研究方法的探索历程,并就其所取得的进展及存在的问题进行了论述。

第三,通过对较有代表性的三类国防教育文献所使用的研究方法进行调查研究,获得了关于国防教育研究方法运用现状的一手资料,较为完整地呈现了当前国防教育研究方法现实运用的图景。

第四,系统探讨了国防教育学的研究对象及学科归属。论述了"国防教育问题"作为国防教育学研究新对象的可能性、意义及内涵。从理论及现实两个维度考察国防教育学的不同学科归属的优劣,提出国防教育学的多元归属设想。

第五,对国防教育具体研究方法及其运用进行了系统考察。既对常用方法进行了理论探讨,也提供了研究方法具体运用的个案。在研究个案中,对美国赠地学院早期军训发展、美国独特的国防教育理念及其国防教育项目等方面的研究都是较为新颖的。

第六,对民国国防教育研究成果进行了初步的介绍。民国国防教育研究视野开阔,成果丰硕,其中的一些理论及观点颇具时代穿透力。大力加强对民国国防教育研究成果的整理和挖掘,无论是对国防教育学基本理论的发展和完善,还是对提升国防教育具体实践水平都大有裨益。

目　录

第四编　国防教育研究方法运用：历史与比较

第五编　国防教育研究规范及研究前瞻

绪　论

一、研究背景

对于今天的中国来说，这是一个最好的时代，也是一个最坏的时代。中国改革开放四十年的经济积累和发展，使得中国牢牢坐稳了经济总量世界第二这把交椅。这不是一种单纯量的变化，尤其是在 2008 年世界金融危机爆发后，中国经济的成功已经产生了巨大的外溢效应。伴随着中国经济的成功和辉煌，中国的军事实力、国际地位和影响力等各方面都获得了巨大提升。今天，我们似乎可以真实触摸到国家的崛起、民族的复兴这一几代中国人为之努力的图景。然而，这一切远不是自然而然、一帆风顺的。就如个体的成长必然经历成长的烦恼，国家、民族的成长崛起同时也意味着波折和考验。随着中国日益接近世界舞台中央，中国崛起也面临着前所未有的外部和内部大挑战。外部挑战的主要根源是一家独大的世界超级强国——美国。中美之间结构性战略矛盾的存在，不仅使得作为守成国的美国与作为新兴大国的中国的直接竞争日趋激烈，而且也间接使得中国发展的外部环境日渐复杂。在美国的介入下，台湾问题、中日问题、南海问题等都成为中国要面对的越来越棘手的问题。在内部，随着改革开放的深入，中国的改革日渐进入深水区和攻坚期，一些原本为经济高速增长所掩盖的矛盾，一些原本不是问题的问题，逐渐成了社会关注的焦点。如政治改革和民主化问题、不断拉大的贫富差距问题、环境保护问题等等，这些问题如得不到妥善的解决，将导致中国社会不稳定甚至发生动荡，并最终影响国家的崛起、民族的复兴。

中国的崛起是如此迅速，不仅很多国家及其国民一时难以适应，即便置身其中的我们也远未做好准备。大国的崛起、民族的复兴，需要经济、科技、军事、外交等方面的发展和支撑，更需要具有健康、理性现代大国心态的公民。但就后者而言，我们仍有相当不足。正如我国著名国际关系学者时殷弘所指出，足够成熟的现当代民族心态和大战略的全局观念，是我们的很大一部分公众(包括不少国家官员和知识分子)所欠缺的。① 在他看来,目前民众中间较普遍的两种偏颇心理正是这种欠缺的具体体现。"其中一种心理大概较多地见于'弱势群体'中间。在中国遭遇困难的国际环境的时候,不少人会超出必要和适当的限度,表现出过头的'受困者心理'和过激的'民族主义情绪',缺少全局观念,缺少对国家战略在其军事工具以外的经济工具、外交工具和政治工具之重要性的理解。而且在一些问题上表现得比较缺乏历史信心、战略耐心和战略思维的精细性。然而,还有另一种心理较多地存在于'强势群体'中间。不少人对中国外部环境和国运的看法相当程度上已经'经济化'、'个人化'了,不大有我们民族应有的合理抱负,不大关心中国的外部安全环境,一般只见外交和经济工具的重要性,不知道军事力量和军事意志的必要,也不懂得外交应有的软硬兼备性质。"②对比,时殷弘先生深刻指出,"这两种心理都不是一个正在崛起中的大国应有的健全的心理,但它们在当今中国人中间分布得相当广泛,影响也相当大,而且将是困扰中国的长期历史性问题之一。"③中国的真正崛起需要我们克服中国内外部所面临的困难和挑战,这不仅是中国领导人的责任,很大程度上也是每一位中国公民的责任。换句话说,中国国民国家意识、大局意识、国防意识以及战略观念等各方面的唤醒和培养,是中国实现国家崛起和民族复兴的重要条件和保障。而正是在这个意义上,也意味着,中国的崛起和民族的复兴必然要求加强着眼于国民国家意识、国防意识以及大局意识培养的国防教育。工欲善其事,必先利其器。要加强国防教育,必须掌握好研究国防教育的工具,亦即方法。这便是本书在国防教育学学科视野下研究国防教育方法的时代背景及其逻辑。

二、研究意义

在学科视野中探讨国防教育研究方法具有学术意义和实践价值。在学术意义方面,该研究一定程度上有助于我国国防教育研究领域的完善和拓展。当前,国防教育学的创生和建设是国防教育研究领域的焦点问题之一。而一门学科得以成立,必须具有独特的研究对象、研究方法和研究规范。研究方法

---

① 时殷弘.论 2001 年的中国对外政策和外交——兼及 2002 年和未来更长时间内的若干重大问题[J].国际经济评论,2002(3):42.

② 时殷弘.战略问题三十篇[M].北京:中国人民大学出版社,2008:182.

③ 时殷弘.中国的外部困难和新领导集体面对的挑战——国际政治、对外政策、台湾问题[J].战略与管理,2003(3):39.

对于任何学科来说都是不可或缺的。因此,要加速国防教育学的创生与发展,必须加强对其学科方法论、学科具体方法及技术的研究,并在借鉴相近学科,如军事学、教育学、社会学等学科研究方法的基础上,构建起揭示国防教育学领域特殊规律的方法体系。一个科学完备的国防教育学研究方法体系,是国防教育学真正形成的标志之一,这也将推动我国国防教育进一步深入发展,增强其可持续发展能力。

在实践价值方面,随着国防教育研究方法体系探索的逐步深入,必将有力地唤醒国防教育研究者及实际工作者的方法意识,进而逐步学会运用科学规范的研究程序去审视实践中遇到的种种问题,从而能提出有针对性的方针和对策,这将有助于提升我国国防教育的发展水平和质量,促进我国国民大国心态的发展成熟。

三、研究主要内容

本研究的主旨是在学科建设视野下对国防教育研究方法体系进行系统研究。这一系统性研究,以学科创生与方法构建的相互关系为主线,主要聚焦以下问题:

(一)国防教育学的创生与方法的关系问题。国防教育的学科创生已经起步并取得一定进展,但亦存在挫折和困难,有必要加强学科基本理论及方法的研究,以促进学科的创生和发展。方法研究是国防教育学创生的突破口、加速器。

(二)国防教育研究方法的探索回顾及应用调查。在国防教育学创生过程中,人们对国防教育研究方法进行了初步的探讨,这为本研究奠定了必要基础。同时,通过对人们开展国防教育研究所运用的方法进行调查梳理,把握国防教育研究方法的使用现状。

(三)国防教育学的研究对象及归属。主要讨论了国防教育学的研究对象,以及国防教育学的学科归属。这属于国防教育研究一般方法论探讨。

(四)国防教育常用研究方法。主要介绍了国防教育研究常用的历史研究法、比较研究法、问卷调查法、文献法以及经验总结法,阐述了其基本内涵、作用及运用等问题。

(五)通过研究个案呈现国防教育研究的基本视野。运用历史研究法和比较研究法,分别探讨美国赠地学院的早期军训、美国的国防教育理念和体制。

　　（六）国防教育研究的规范与前瞻。对国防教育研究的形式和内容规范进行了探讨，并从时代性、重心下沉以及民国视野三个方面提出了可进一步关注的国防教育研究问题或领域。

第一编

国防教育学学科建设与研究方法

第一编围绕学科与方法的勾连，主要探讨国防教育学创生的进展以及所面临的问题、研究方法体系探索与构建之于学科创生的意义、国防教育学创生中的方法探索历程以及国防教育学研究方法的运用现状等问题。

第一章 国防教育学的创生与困境

　　学校国防教育是我国全民国防教育的基础。从实践与理论研究来看,高校国防教育又是其中的重中之重。尤其是自20世纪80年代开展大学军训试点以来,高校国防教育的实践与理论研究获得了长足发展,反映了我国国防教育领域实践与理论的最新进展。近30年来我国关于高校国防教育发展路线的课程与学科论争,集中体现了我国国防教育学创生与发展的曲折历程。

　　自1985年大学军训试点开展以来,关于高校国防教育如何发展就已经成了一个争论不休的问题,逐渐形成了两种代表性观点:一种是"课程"论者(以下称"课程论者"),主张把高校国防教育仅仅作为一门课程来建设,即通过军事课的规范化、教学质量提升以实现在高校成功立足;另一种则是"学科"论者(以下称"学科论者"),认为高校国防教育要在大学里站稳脚跟,就必须进行系统化、理论化的学科研究,建立独立的高校国防教育学科。两种观点各持己见,相持不下,成为长期以来困扰高校国防教育发展的基本理论问题。

第一节　课程规范化:高校国防教育学科发展前提与基础

　　从历史上看,国防教育得以跻身于大学殿堂,首先是得益于军事课作为必修课身份而进入大学的。换言之,如果没有国家关于高校必须开设军事课相关规定,高校国防教育会怎样是难以想象的。毋庸置疑,课程是国防教育在大学存在的最初样态。这也就意味着,国防教育进入大学之后,其基本的政治任务就是如何把军事课上好。只有军事课质量有所保障,国防教育的地位才能获得认同,从而才能在大学拥有一席之地。因此,军事课的规范化、军事课质量的不断提升,不仅是高校国防教育工作者首先要做好的工作,而且也一直是今后努力的重要方向。

　　1985年军训试点开始以来,高校国防教育工作者便开始从明晰军事课的性质、确定课程目标、制定课程教学大纲、编写课程教材、培养培训课程教学人员、改进课程教学方法、改善课程教学保障条件等方面,着力推进军事课的规范化与质量提升,并于 2001 年获得阶段性的成果。其标志是随着军事课的不断完善,高校学生军训及国防教育试点工作宣告完成,进入了正式普及化实施阶段。根据国防教育法和国办发[2001]48 号文件的基本精神,从 2001 年起,各地要将未开展军训工作的高等学校和高级中学列入学生军训规划,统筹安排逐步开展学生军训工作。学生军训的军事理论和军事技能课内容按照重新修订的大纲执行,暂不具备军事技能训练条件的高等学校,要积极创造条件在 2005 年前按要求开展学生军训。①

　　进入普及化阶段之后,军事课作为大学必修课的地位得到了进一步明确,教学内容和组织也亟须进一步规范。为此,2002 年教育部、总参谋部、总政治部联合下发《普通高等学校军事课教学大纲》(以下简称《大纲》),规定军事课分为军事理论教学和军事技能训练两部分;军事技能训练时间为 2~3 周,实际训练时间不得少于 14 天;军事理论教学时数为 36 小时,学校在规定的学时外,还应积极开设选修课和举办讲座。高校应按大纲实施教学,严格考勤考核制度,成绩计入学生档案。②《大纲》的出台,虽然使得高校国防教育地位获得进一步保障和提升,但这并不意味国防教育已经获得了在大学稳定发展的基础和地位。

　　随着市场经济改革的推进,高校办学日渐为市场的绩效逻辑所裹挟。在这种背景下,课程是否有直接功用、是否有利于学生就业,日益成为高校是否开设一门课程并分配资源的重要衡量因素。虽然国家法律法规明定军事课是我国高校本、专科学生的必修课,但在实际操作层面,时至今日,军事课远未获得作为大学一门必修课程的地位及保障。相当部分高校将军事课等同于军训,随意压减军训时间,军事理论课教学时间远低于规定时数,甚至完全不开设军事理论课。③ 因此,有学者指出,我国高校国防教育课程建设仍相当薄

---

① 国务院办公厅、中央军委办公厅转发教育部、总参谋部、总政治部关于在普通高等学校和高级中学开展学生军事训练工作意见的通知[C]//教育部国防教育办公室.学校国防教育文献汇编(1949—2004 年).北京:军事谊文出版社,2004:366.

② 教育部、总参谋部、总政治部.关于印发《普通高等学校军事课教学大纲》的通知[C]//何东昌.中华人民共和国重要教育文献(增补本).海口:海南出版社,1998:1236.

③ 贺幸平,盛欣.《兵役法》新修与高校国防教育创新发展[J].湖南师范大学社会科学学报,2014(1):136-137.

弱,在某种程度上直接导致了高校国防教育的生存危机。① 因此,高校国防教育要解决生存问题,最根本的是抓好课程建设体系的完善及课程质量的提升。对于大部分高校,当前最重要的仍然是认真贯彻落实国家相关法律法规的规定,依法开设相关的国防教育课程,并提供师资、教学场地、教学时数等方面的必要保障,严格按照大学的课程标准和规范抓好国防教育建设,以保证高校国防教育尽快走上制度化、规范化的可持续发展轨道。这表明,军事课课程地位的保障、质量的提升,仍将是高校国防教育发展长期面临的基本任务。

第二节　高校国防教育学科的创生、挫折与转向

在人们对军事课程建设的忧虑之外,关于通过发展系统化、学术化的学科来加强高校国防教育地位则是另一个努力方向。早在大学军训试点初期,便有学者敏锐地提出了国防教育的学科发展问题。1988 年,毛文戎、兰书臣在《国防教育》一书中明确指出:"国防教育有'学',是指国防教育有它本身的学问,有其特殊的规律性,有自己的专门知识。"②并进一步认为,"所谓国防教育学,就是研究国防领域里的教育现象,揭示其本质和规律的理论知识体系,是教育科学的分支学科"。③ 这说明,伴随着国防教育的实践,人们就已经产生了学科意识,但这种意识要落实到高校国防教育实践,则需要克服很多的困难和障碍,需要更多的学术积累,也需要恰当的时机。

可以肯定地说,建设高校国防教育学科绝不是学者们的一厢情愿,而应该是高校国防教育课程建设需要的反映。事实上也如此,只有当高校国防教育课程建设遇到了理论上的瓶颈时才呼唤自身进行学术上的提升。高校国防教育学科建设的实践也正是在这一背景下产生的。"全国普通高等学校首届国防教育学术研讨会"的召开及其会议论文集中反映了这一过程。④ 为总结高

---

① 吴温暖,彭荣础.论高校国防教育课程建设与学科建设的协调发展[C]//廖文科.全国普通高等学校第五届国防教育学术研讨会论文集.北京:高等教育出版社,2011:7.

② 毛文戎,兰书臣.国防教育[M].北京:解放军出版社,1988:292.

③ 毛文戎,兰书臣.国防教育[M].北京:解放军出版社,1988:298.

④ 全国普通高等学校国防教育学术研讨会,由国家国防教育主管部门组织召开,是全国高校国防教育工作者的重要工作和研究交流平台。由于国防教育长期缺乏专门的学术期刊,历届国防教育学术研讨会及其会议论文集,就成了考察我国高校国防教育现实及理论发展的重要窗口和平台。

校军训试点十二年的经验与教训,加强高校军事课程建设,提高学校国防教育水平,1997年4月,国家教委在东南大学组织召开了我国首届普通高等学校国防教育学术研讨会,会议主题是"九五"期间普通高校军事学科体系的建设与研究。会后遴选出100篇参会论文编成了《国防星光——全国普通高校首届国防教育学术研讨会优秀文集》①一书。在该论文集中,多位学者总结了十二年来高校国防教育课程发展经验教训并提出创建高校军事学科的倡议。如清华大学杨邵愈指出:"建设军事学科,正是使高校国防教育走向制度化和规范化的措施。"②南京大学汤圣伟等人也认为:"长期以来,军事教育作为高等学校中的一门特殊课程,并没有从高校教育体系中确立起来学科地位。如果说过去没有确立它的学科地位,是因为它需要一个发展过程,那么,现在再不确立高校军事科学的学科地位,就可能会造成军事教育的失误,军事教育知识体系的建立,军事教材的编写,师资队伍的培养,教育规律的探索就难以走上正常的轨道。只有把它作为一个独立的学科来展开工作,才能不断地提高普通高校军事教育的质量,也只有确定高校军事教育的学科地位,高校军事教育才能真正得到发展。"③此外,上海学生军训办公室蒋力群更就学科与课程的关系表达了明确的观点:"第一,只有走学科化道路,才能使学生军训真正成为'必修课';第二,只有走学科化道路,才能使学生军训长期坚持、蓬勃发展;第三,只有走学科化道路,才能使学生军训进一步提高教学训练水平,取得更大的综合效益。"④

可以清楚看到,在大学军训及之相关国防教育课程建设走过十二个年头之后,高校国防教育工作者开始意识到,仅关注具体的课程建设、微观的教学过程并不能有效提升高校国防教育的地位及质量,军事课程、教学的发展还需要深层次的学科支撑,进而提出了在高校建立军事学科,推动高校国防教育学

① 胡凌云.国防星光——全国普通高校首届国防教育学术研讨会优秀文集[M].南京:东南大学出版社,1997.
② 杨邵愈.加强军事学科建设的探讨[C]//胡凌云.国防星光——全国普通高校首届国防教育学术研讨会优秀文集.南京:东南大学出版社,1997:2.
③ 杨圣伟,张志伟,李福松.加强军事学科建设若干问题探讨[C]//胡凌云.国防星光——全国普通高校首届国防教育学术研讨会优秀文集.南京:东南大学出版社,1997:24.
④ 蒋力群.抓好学科化建设工作的几点思考[C]//胡凌云.国防星光——全国普通高校首届国防教育学术研讨会优秀文集.南京:东南大学出版社,1997:28.

科化的设想。这是高校国防教育学科化的第一次尝试,也是高校国防教育学科化发展的一个阶段性高峰。这次尝试取得了两方面的有益经验:第一,开启了以发展学科提升高校国防教育地位及质量的面向。在现代大学体系下,一个知识门类或领域要想立足于大学,必须借助学科的名分、建制及力量。对于历史不长的高校国防教育活动而言,单靠课程的规范、教学质量的提升,是很难获得大学的稳固地位的。这已为大学其他学科成员的发展所证明。高校国防教育 30 多年来致力于课程发展,收效甚微,其原因可能也正在于此。第二,发展学科与课程建设并不矛盾。透过上面分析可以看到,这一时期的学科化要求正是基于对前期的课程建设经验的反思。显然,创建"军事学科"并不是为了学科而学科,而是为了进一步推进和深化高校军事课的完善和发展。

不过,这次高校国防教育学科化的努力并未取得成功,其原因在于其学科建设方向选择的失误。因为初期的高校国防教育课,其内容基本是军队初级军事教育体系的简化和移植,如果要在普通高校建立独立军事学科明显是不适宜的。因为在地方普通高校建立军事学科面临三个几乎无法逾越的障碍。第一,世界上几乎所有国家,都是把军事学作为军队和军队院校专用学科加以建设、发展的,而在国民教育尤其是高等教育的专业目录中,都没有设立"军事学科"这一专业目录。第二,军事是一个国家为保证国家安全的专用学科,它有非常高的专业性和特殊性,地方普通高校原则上不涉猎该学科领域。第三,就地方普通高校的国防教育师资力量、学术水平、知识积累和基础设施条件来看,在地方普通高校新成立一个军事学科也基本不可能。① 客观障碍的存在,使得在普通高校建立军事学科俨然成了一个不可能完成的任务。

事实也如此。虽然在 1997 年研讨会上学界大力倡导发展创立普通高校军事学科,但之后它一直停留在呼吁、设想的阶段,基本没有学校实际进行军事学科的创建。这在相当程度上挫伤了高校国防教育工作者学科化的信心,也使得他们再一次将视野转向微观的高校国防教育课程与教学。2000 年 4 月,"全国普通高等学校第二届国防教育学术研讨会"在四川大学召开,会议主题是面向 21 世纪普通高等学校军事教学改革的方向与研究。会后遴选了 65 篇优秀论文编成《国防教育新论——面向 21 世纪普通高校军事教学改革与研

---

① 郭忠禄.对普通高等学校军事课程体系与内容的思考[C]//廖文科.全国普通高等学校第五届国防教育学术研讨会论文集.北京:高等教育出版社,2011:51-52.

究》①一书，无论就书的副标题，还是就其收录的论文内容来看，该书主要是对高校国防教育教学内容、教学方法、教学评价等微观方面的探索和研究，对高校国防教育的学科化问题无任何着墨。

第一次创建学科的挫败造成了高校国防教育学科化一度陷入停滞状态。直到 2003 年，部分学者再次提出高校国防教育的学科化问题，呼吁高校国防教育工作者要努力创生国防教育学，如此，高校国防教育学科化的沉寂局面才逐渐被打破。这其中的代表人物是时任教育部高校军事教学指导委员会副主任委员、厦门大学军事教研室主任吴温暖教授。作为高校国防教育第二次学科化的倡导者和领军人物，吴温暖教授 2003 年便在教学指导委员会年会提出，力争用五到八年的时间初步建立起我国国防教育的学科体系。在 2005 至 2010 年间，围绕建立国防教育学学科的目标，吴温暖教授等先后撰写发表了《国防教育学理论体系的基本范畴探析》②、《国防教育学学科基本定义探析》③、《论国防教育学科的创生》④、《论国防教育学的学科归属》⑤等一系列文章，并编写出版了《高等学校国防教育》⑥一书，这些成果在高校国防教育研究界引起了广泛关注和影响。高校国防教育再次学科化的努力，吸引了越来越多高校国防教育工作者的关注。在 2011 年出版的《全国普通高等学校第五届国防教育学术研讨会论文集》⑦中，直接探讨国防教育学学科发展问题的文章共计有 8 篇，占到了总收录 75 篇文章数的 10.7%。如此集中地探讨学科建设问题，在历届研讨会论文集都是少见的。即便在前述标志高校国防教育第一次学科化高潮的 1997 年论文集，探讨学科问题的文章也才 8 篇，占当年收录 100 篇文章数的 8%。此外，通过中国知网（CNKI）期刊网，以"国防教育

① 杨力.国防教育新论——面向 21 世纪普通高校军事教学改革与研究[M].北京:高等教育出版社,2000.
② 吴温暖.国防教育学理论体系的基本范畴探析[C]//廖文科.新的理论视野:全国普通高等学校第三届国防教育学术研讨会论文集.北京:高等教育出版社,2006:273-283.
③ 吴温暖.国防教育学学科基本定义探析[J].厦门大学学报(哲学社会科学版),2006(6):107-113.
④ 吴温暖,郑宏,谢素蓉.论国防教育学科的创生[J].高等教育研究,2008(11):73-78.
⑤ 吴温暖,郑宏.论国防教育学的学科归属[J].厦门大学学报(哲学社会科学版),2010(4):66-73.
⑥ 吴温暖.高等学校国防教育[M].厦门:厦门大学出版社,2007.
⑦ 廖文科.全国普通高等学校第五届国防教育学术研讨会论文集.北京:高等教育出版社,2011.

学"为篇名进行精确搜索,共有 9 篇探讨国防教育学科建设文章,其中 7 篇均发表于 2006 年以后。以"国防教育学科"为篇名做精确搜索,共有 10 篇文章探讨国防教育学科发展问题,发表时间均在 2008 年之后。由此可以说,吴温暖教授开启了高校国防教育学科化的第二个阶段。

第三节　高校国防教育课程与学科路线的歧异

由上可见,在高校国防教育发展过程中,逐渐出现了两种相左的意见,一派意见主张高校国防教育就是要踏踏实实搞好课程建设,保质保量地完成教学任务。另一派意见主张必须从学科建设的高度出发来做好高校国防教育发展问题。如前所述,前一种意见我们称之为"课程论者",后一种意见则称之为"学科论者"。两者争论的主要问题是什么呢?

不难看出,高校国防教育的"课程论者"和"学科论者"所争论的,其实就是以军事课为主要形式的高校国防教育要在大学获得一个稳定的发展地位,究竟是以"学科"范式来进行建设还是应该以"课程"模式进行建设。那么,学科路线或课程路线各意味着什么呢?换言之,高校国防教育走学科路线该怎么做,走课程路线又该怎么做呢?进一步说,高校国防教育走学科路线需要具备什么条件,走课程路线又需要具备什么条件?再进一步说,高校国防教育走学科路线的现实基础如何,缺什么样的条件或需要完善什么样的条件,而走课程路线的现实基础又如何,已经具备了什么条件和缺什么样条件以及该如何完善?

从学理上看,高校国防教育"学科论者"就是主张构建军事课的理论基础,提升军事课程的理论水平,健全军事课程的学科体系,那么教师应该关注学科的理论问题,提升自身研究素养,具备较强的研究能力,认为这样才能建立高校国防教育一个稳固的学术地位。显然,这种主张是建立在对现代大学的学术逻辑及其学科发展现实规则的深刻体认基础上的。19 世纪以来,在知识领域,学术专业化进程就已开启。"在这样的学术生态中,任何知识分支若想要在这个时代谋求发展,最好的途径就是进入大学,成为大学中的学科。"[①]这其

---

① 陈瑶.美国教育研究学科化的开端[J].教育研究,2015(5):142.

中奥妙,伯顿·克拉克早已一语道破,学科是高等教育的基础和中心,这是"事物的本质"。[①] 因此,就学术逻辑而言,作为新兴的知识门类,高校国防教育如果想在大学获得发展却不谋学科的发展,这是不可想象的。

就学科发展的现实规制而言,新兴知识门类能否实现在大学的顺利生发,与国家的学术管理体制关系甚大。长期以来,我国学术管理实行的是政府集权制度,即通过政府颁发的学科目录来进行研究资源的分配,没有进入目录的研究领域不但得不到社会和学术界的认可,也难以获得足够的资源维持生存。"因此一个领域的研究要想繁荣发展必须进行学科的建构,谋求进入官方学科目录。同时大学的课程、专业和院系设置也参照官方学科目录进行,学科与大学制度紧密地联系在一起,没有学科头衔的研究领域难以在大学中存在,也很难进行学科后备力量的培养。"[②]这可能正是制约我国高校国防教育发展的深层因素。

我国高校国防教育历经 30 多年发展,仍根基不稳,地位不固,其原因是多方面的。但高校国防教育相关学科一直未能出现在国家专业目录,应该是一个非常主要的原因。专业目录的缺位,导致了社会和学术界的轻视,也直接制约着高校国防教育获得赖以生存发展所需的各种政策、经费及学术资源。"学科论者"对此应该有清醒认识。因此,在他们所倡导的学科路线中,他们十分重视谋求通过学科外部建制以促进学科的整体发展。这其中就包括大力创造条件,推动国防教育学科进入国家专业目录。事实上,在当前高校国防教育内部建制基础薄弱,学科基础理论发展缓慢艰难的情况下,"学科论者"所倡导的学科创生,很大程度是以学科的外部建制为指向的。[③] 这表明,"学科论者"并非不切实际的理想主义者、空想家,"学科路线"也不是空中楼阁,而是包含着相当现实的考量及指向。就此而言,"学科论者"及其路线展现了其十分积极的姿态。

与"学科论者"主要从学术逻辑思考问题不同,高校国防教育"课程论者"

---

① 伯顿·R. 克拉克.高等教育系统:学术组织的跨国研究[M].杭州:杭州大学出版社,1994:36.

② 刘小强.学科还是领域:一个似是而非的争论——从学科评判标准着高等教育学的学科合法性[J].北京大学教育评论,2011(4):88.

③ 吴温暖教授作为学科路线的代表人物,不仅发表了一系列对学科创生具有广泛影响的文章,而且在实践中大力推进高校国防教育学科建设。2012 年,在吴温暖教授等人努力下,国防教育学正式成为教育学的目录外二级学科并开始招收全日制国硕士研究生。这是高校国防教育学科建设取得重大进展的标志性事件。

主要基于对现实的判读而提出自己的主张。在高校国防教育发展前途及方向上，"课程论者"的"得过且过"及"畏难"情绪较为明显。所谓得过且过，是"有人认为：军事专门人才由部队院校培养，普通高校主要是培养非军事人才，搞点军训，进行一些基本的军事知识教育就足矣，没有必要把它作为一门学科来建设"。① 所谓畏难，是指"也有不少同志虽然对学科建设问题有所研究，但认为目前基础太差，困难很多，条件还不成熟。"②在这两种情绪主导下，"课程论者"自然流露出的主张就是：国防教育不是高校的主要任务，不受重视，目前的研究实力较弱，所以只要按照要求上好课程，从改进教学方法入手，提高教学内容组织的有效性，从而提高整个教学的有效性就已完成任务。不难发现，这是一个比较消极的姿态。

可以看出，"学科路线"与"课程路线"两者对高校国防教师队伍的期望是截然不同的。前者具体主张应该是提升高校国防教育教师队伍的理论素质，加强对相关问题的基础理论研究，加强学科外部建制的创建，从而提升教学内容的科学性，争取更充足的教学资源。后者则主张高校国防教育教师应该在教学技巧上下功夫，使教学受到学生欢迎，似乎不必从事理论研究，换言之，从事理论研究的用处不大。前者认为，只要高校国防教育教学内容科学可靠，教师研究水平高，教学资源充足，则教学效果自然就不会低。因此，着力提高教师的科研水平，提升教师的基本理论素质是高校国防教育质量的保障。具体而言，高校国防教育就是应该以科研带动课程及学科的发展。后者则认为，高校国防教育教学内容似乎是现成的，因而改进教学方法是最主要的。高校国防教育发展关键是看教师怎么来组织课程，组织得好，学生自然欢迎，学校自然也乐于接纳及支持。反之则不受学生欢迎，学校也不会重视并予以投入。具体而言，高校国防教育教学是重点，不必强化科研。进一步说，如果强化科研的话对教师的压力太大。

不难看出，两种观点虽然在课程建设上存在交叉点，但对高校国防教育发展重心的认识存在严重分歧。这种分歧背后也是对各自利益的考量。对于作为一个新兴领域的高校国防教育而言，如果满足于上好课，当然压力要小得多，这对于一个生长在大学里的学术队伍是否是长久之计就值得考量。而要

① 杨邵愈.加强军事学科建设的探讨[C]//胡凌云.国防星光——全国普通高校首届国防教育学术研讨会优秀文集.南京：东南大学出版社,1997:2.
② 杨邵愈.加强军事学科建设的探讨[C]//胡凌云.国防星光——全国普通高校首届国防教育学术研讨会优秀文集.南京：东南大学出版社,1997:2.

建立自己的学科,走一条比较正规的学术化的道路,当然是比较辛苦的,但此对于积累学术基础、提升学科地位则是非常必要的,否则时日一久,该领域就会面临消亡的危险。由此,单纯走课程建设路线是一种安于现状的姿态,也是一种不求进取的思维方式,没有想到一个领域长远发展就需要把学科基础扎下去,需要从事一些理论研究和现实研究,不能仅仅囿于一门课程教好或完成教学任务的水平。

第四节　国防教育发展路线分歧彰显了学科基础的羸弱

　　事实上,不同发展路线选择也是对各自学术发展条件评估后的反映。毋庸置疑,高校国防教育工作者无论是选择发展学科还是选择侧重课程建设,都需要考虑具体条件和环境制约。就条件而言,发展学科对高校国防教育教师的理论素质有很高的要求,首先教师必须具有理论探索的热情;其次需要有比较充足的时间能够从事理论研究;再次教师进行理论探索的成果容易得到承认,有可以发表的平台;最后能将理论探索成果转化到教学实践中。这意味着,如果教师的时间是不充分的或教师缺乏理论探求兴趣或缺乏理论发表平台,都很难支撑教师持久的探索动机。

　　就作为学科发展主体的教师队伍而言,在近十几年得到了较快发展。1999 年,教育部学校国防教育办公室对 89 所有专职军事教师编制的高等学校的 298 名军事教师进行调查时,其中博士学历教师仅有 1 人;硕士研究生学历 27 人,总占比 9%。[①] 而据学者 2011 年对全国 25 所本科院校 125 名军事理论教师的问卷调查,具博士学历教师 13 人,占调查总人数的 10.4%,硕士研究生学历教师 34 人,占比 27.2%,两者合计达到 37.6%。[②] 由此可见,我国高校国防教育教师队伍的学历层次有了明显的提升。尤其是新成长起来的一批年轻国防教育教师,普遍具有较高学历,接受过系统的规范的学术训练。他们大多对理论探索较具热情,并能较好协调教学与科研的时间冲突。这股新

①　朱世杰,廖文科.学校国防教育史[M].北京:军事谊文出版社,2003:196.

②　王志平,姜大庆,张洋.当前普通高校军事理论教师队伍现状分析与对策[C]//廖文科.全国普通高等学校第五届国防教育学术研讨会论文集.北京:高等教育出版社,2011:288.

生力量的出现及成长,使当下高校国防教育的第二次学科化发展更具现实基础和可能性。与此同时,高校国防教育专业期刊也在积极筹备之中,而且高校国防教育教学经验交流已经成为教师发展的重要平台,这说明,高校国防教育迈向学科发展的条件日渐成熟。

虽然学科发展具备了一定现实基础,但在当前,大部分高校国防教育教师仍然更侧重课程建设,其主要原因在于高校国防教育师资有相当部分是来自部队退伍、转业人员,或思政系列的兼职教师,他们一般具有丰富的军事、教学实践经验,比较擅长运用实例来传授相关方面知识,从而具有一定的教学优势。而且他们大部分年龄较大,学历层次偏低,学术训练偏少,因而也自觉在理论发展上前途不大,换言之,缺乏进行理论思维的基础,对此,清华大学杨邵愈就曾经指出,"从事该行业①的同志,大多不是'科班'出身,对'学科建设'的含义理解不深,不知从何处下手"。② 现实的年龄制约、经历所导致的路径依赖以及理论研究能力的偏弱,自然导致了这部分教师大多缺乏理论思维的兴趣,对学术上没有大的抱负,所以他们更倾向于走偏重应用型的课程建设路线。由此可见,究竟走什么样的路线,与教师队伍的构成具有直接的关系,也与学校对教师队伍的期望有直接关系。

不同类型的高校及其对师资队伍的期望,构成了高校国防教育教师发展最真实但不同的发展环境,这也是造成不同教师的选择存在差异的重要原因。一般来说,对于位居重点大学的国防教育教师而言,学术发展压力更大一些,学校更关注的是其学术产出而不是纯粹的教学。在这类高校,想仅凭教学获得学校及其他学科学者认同进而获得职称晋升几乎是不可能的。要生存发展,教师必须从事基本理论研究,发表高质量的学术性论文及专著。因此,也就不难理解,为何综合性大学的国防教育教师更关注、更积极推动高校国防教育向学科化发展。甚至可以预期,随着高校国防教师队伍的学历层次的普遍提高,教师对自我的期望比较高,从而走学科道路的力量必将越来越强大。而对于一般性高校的国防教育教师而言,他们发展压力相对小一些,尤其是学术期望压力比较小,从而走学术道路的动力也会弱一些,因而他们普遍更倾向于课程路线。但可以想象到,坚持课程路线的力量也必然呈下降趋势。

---

① 指高校军事课教学。
② 杨邵愈.加强军事学科建设的探讨[C]//胡凌云.国防星光——全国普通高校首届国防教育学术研讨会优秀文集.南京:东南大学出版社,1997:2.

　　总体而言,在目前,研究型大学国防教育教师走"学科路线"动力更大,发展学术的条件更好一些,而一般性高校的教师则更倾向于走"课程路线",其发展学术的客观条件略差一些。所有这些都是作为高校国防教育教师自我道路选择的考虑因素。由此可以看出,学术观点的分野,现实路线的分歧,其背后实际上是高校国防教育教师对现实利益的考量。

　　通过以上对高校国防教育发展两条路线的审视,不难发现,任何一条道路,任何一种思维都是一种现实利益的考虑,都包含着对自身价值的期盼和保护。因此,两者之间的冲突,代表了考虑问题的视角不同或利益诉求的差异。具体来说,就是从学科整体利益考虑还是从个人利益出发,或是从眼前利益出发还是从长远利益谋划。显然,"学科路线"及其支持者更多的是从高校国防教育的整体利益,从高校国防教育的长远发展方面立论。而"课程路线"及其拥护者则更多地关注个人的利益诉求,更计较短期利益的得失。当然,从长远利益看,高校国防教育的学科创生可能需要个体更大的付出,甚至可能是一种得不偿失的举动,但这对于年轻人而言是必要的,不然以后发展的路就不平坦,甚至无路可走。但对于年纪大的人就不一样,因为他们感觉自己往学术道路上奔已经力不从心,安于现状可能是一种较好的选择。由此而言,两条路线选择,实质上都是一种理性选择,当然是一种工具理性选择。

　　这意味着,在高校国防教育的发展问题上,可能并不需要人们在"课程"与"学科"之间做非此即彼的抉择,而应该是多元的、自主的、个性化选择。换言之,无论选择创生学科还是建设课程都应该是自主的,不应该是被动的;发展学科与完善课程之间应该是互补的而非相互排斥的。更进一步说,高校国防教育的学科思维是一种战略路线,而课程思维是一种战术方案,两者是需要兼顾的。对于本应"三十而立"的高校国防教育而言,既需要尽快制定长远的学科发展战略规划,也需要扎扎实实做好课程教学工作,搞好课程规范化建设。这反映了高校国防教育发展道路的犹豫不决,当然,其根源在于国防教育学科基础的薄弱。

第二章　研究方法探索与国防教育学创生的突围

　　高校国防教育发展路线的分歧,反映了国防教育学创生发展所面临的种种困境,如学科创生缺乏共识、学术共同体发育不良、学术规范不彰等。这表明,国防教育学仍处于"前学科"阶段。一般认为,成熟的学科通常应包含明确的研究对象、适当的研究方法以及系统的理论体系。按这一传统的学科准绳,国防教育学要摆脱学科的蒙昧状态,可做三个面向的努力:研究对象的明确、研究方法的探索、学科理论的建构。其中,研究方法的探索无疑是创生学科最具能动性的因素。一方面,方法的适切是明确研究对象的前提。"对客观事物存在和发展的现象和规律进行研究,无论是用定性还是定量方法,只要能揭示事物的本来面目,无所谓方法的优劣,只存在方法于研究对象是否适合的问题。"①由此,国防教育研究对象问题某种程度已转化为方法问题。

　　另一方面,学科理论是方法本身或方法的产物。美国著名经济学家、总统经济顾问曼昆指出:"科学的本质是科学方法——冷静地建立并检验有关世界如何运行的各种理论。"②科学社会学的创始人默顿则认为,科学通常被用来指:"(1)一组特定的方法,知识就是用这组方法证实的;(2)通过应用这些方法获得的一些积累性的知识;(3)一组支配所谓的科学活动的文化价值和惯例;(4)上述任何方面的组合。"③"科学的制度性目标是扩展被证实了的知识。实现这种目标所应用的技术方法提供了贴切的关于知识的定义:知识是经验上被证实的和逻辑上一致的对规律(实际上是预言)的陈述。"④上述语境的科学基本可视为学科的等价物。诚如康德所言:"每一种学问,只要其任务是按照

---

① 方勇.科学研究中的定性与定量[N].中国科学报,2014-04-25.
② N.格里高利·曼昆.经济学原理:上册[M].梁小民,梁砾,译.北京:北京大学出版社,1999:19.
③ 默顿.科学社会学[M].鲁旭东,林聚任,译.北京:商务印书馆,2003:362-363.
④ 默顿.科学社会学[M].鲁旭东,林聚任,译.北京:商务印书馆,2003:365.

一定原则建立一个完整的知识系统的话,皆可被称为科学。"①因此,方法作为科学本身,其实质也就是学科本身。方法的探索就是学科理论的生长过程。

　　学科要素内在脉络的梳理,彰显了研究方法在学科创生中的基础性位置。这为国防教育学创生突围提供了指针:学科创生三个面向的努力可以归结为方法的面向。通过对国防教育研究方法的探讨,一方面可以增强国防教育的方法意识,凝聚学科创生的共识,提升学科发展自觉性;另一方面,研究方法的探索完善,可以为国防教育学术共同体的形成奠定基础,培育学科理论生发的氛围;再次,方法的发展有助于形成国防教育学术规范。

第一节　方法作为国防教育学创生的催化剂

　　对于作为尚处襁褓之中的国防教育学来说,方法的探索显得尤为重要。它有助于激起人们的方法意识,这不仅可以弥合现实的"课程"与"学科"路线的鸿沟,增进学科创生的共识,而且能提升国防教育学发展自觉性,助其由"自在"走向"自为"。此外,方法的探索完善为国防教育学基本理论的生长创新也提供了可能。

一、方法的探索可以增强国防教育学创生的共识

　　国防教育学的提出和发展已有时日,但国防教育到底是走课程建设之路,还是走学科发展之道,至今仍存在较大分歧。这意味着将国防教育学作为一门学科来看待和建设尚未达成共识。分歧的存在,不仅使得国防教育学创生无法聚焦,还使得国防教育领域形成潜在的"课程"与"学科"对峙,造成国防教育内部不必要的内耗。然而,显而易见的是,无论"课程论者"还是"学科论者",都有着共同目标指向,即促进国防教育更高水平的发展。这为两者的和解提供了可能。对方法的强调和探索,可以有效推动这种可能向现实转化。

　　方法是人们认识、改造世界的手段、工具或途径。在人们所从事的所有活动中,方法具有不可或缺性。人类活动中的方法差别,不在于其有无,而在于是否被清楚意识,或被正确运用。换言之,人的所有活动都离不开方法,不管方法的使用是否是有意识还是无意识的,是适切的还是不适切的。当然,方法的使用是否自觉及正确,是人类活动是否达成预期目标的关键。人们对所使

---

① 汉斯·波塞尔.科学:什么是科学?[M].李文潮,译.上海:上海三联书店,2002:12.

用的方法越有自觉的认识,越是正确地运用方法,就越能取得预期的成效。国防教育活动也必须遵守这种方法之于人类活动的普遍规定性。国防教育活动中的方法意识越明确,方法使用越得当,国防教育就越能实现跃升。反之,国防教育活动就可能陷于停滞,徘徊不前。

截至目前,我国国防教育发展仍无大的突破。即便是走在前列的高校国防教育,也"仍然处在低水平徘徊阶段"。[①] 对此,研究者初步的判断是:"根本原因就是没能把国防教育课程建设摆到高校国防教育的重要位置。"[②]然而,更有意义的追问是:国防教育课程建设为什么会被边缘化? 毫无疑问,这其中有着外部环境的影响,如国防教育不受大学重视、国防教育缺乏体制保障等因素。但需要注意的是,内部要素,也即国防教育课程自身发展水平可能也是导致其边缘化的重要原因。大学不仅是研究高深学问的基本场所,同时也扮演着知识、思想评判者的角色。社会学创始人孔德曾经说过,一个科学体系能否从朦胧的哲学猜测上升为具有坚实基础的科学,最好的证明常常可以从大学里如何开设这一学科中看出来。这说明,大学里的学科通常是发展成熟的知识门类产物。客观来说,军事课及国防教育进入大学并不是学科自然发展的结果,它更多的是国家意识形态和国家意志的体现。但在这一过程中,大学仍然扮演评判者角色。这种评判表现在,大学会在其内部以学术标准对所有学科、课程进行二次筛选。一般来说,发展成熟规范的学科及其课程通常处于大学中心场域,基础薄弱,欠缺规范的学科及课程则通常处于大学边缘地带。大学里的军事课程无疑属于后者。

由此可以进一步看到,国防教育的"课程论者"坚持以课程发展规范为重有着合理性。但问题的关键依旧是进一步的追问:如何才能促进并实现军事课程的规范发展。这无疑是一个实践问题。如前所述,凡是成功的实践定然离不开有效的方法。至此,国防教育课程发展问题已经转换为方法的问题:即如何才能有效促进国防教育课程的规范发展。而这就要求加强对国防教育课程基本问题的研究,如高校国防教育课程的性质是什么,普通高校为什么要开设国防教育课程,国防教育的目的和功能是什么,高校国防教育的一般过程如何,以及过程所涉及的教育指导方针和原则,教育的组织形式,实现教育目标的基本途径,教育过程所采用的方法等等。显然,这要求研究者必须"跳出课

① 吴温暖,谢素蓉,彭荣础.论高校国防教育课程建设的地位[J].国防,2016(7):49.
② 吴温暖,谢素蓉,彭荣础.论高校国防教育课程建设的地位[J].国防,2016(7):49.

程看课程",并且需要运用系统、科学的思维和操作方法来回应上述问题。而一旦"课程论者"迈出这一步,也就意味着他已经进入了学科建构的范畴。这无疑有助于消融当下国防教育发展所存在的"课程"与"学科"路线隔阂,进一步凝聚和增强国防教育学创生的共识。

二、方法的探索有助于增强国防教育学发展自觉性

对国防教育研究方法进行探索,可以最大限度激发该国防教育学的方法意识,进而增强国防教育学发展的自觉性。所谓方法意识,是对研究方法的不断追问。它通常表现为对方法适用性、有效性的反思过程:"对一个学科而言,也需要经常去反思是否真正把握了所研究的对象,对研究对象的认识是否反映了它的本质,反思我们是否运用了恰当的方法,并考察运用这种方法能否获得系统的知识。"[①]对于所有学科而言,具有方法意识都是其发展的前提。"如果一个学科对于自己应该使用什么方法或使用的是什么方法浑然不觉的话,那只能说明这个学科是非常幼稚的,因为这个时候它对自己研究对象的认识是不明确的,不知道该采取什么样的方法和途径去分析、研究,这个时候所获得的经验和认识显然是不可靠的,并没有真正成为公共的知识。"[②]

结合学科发展一般规律,进一步分析方法意识与学科关系的上述见解可以窥知,对一门学科而言,其方法意识发展可能存在两个不同阶段或者层次。第一阶段或层次是对方法的模糊需求,指向方法的有无问题,这通常是学科发展起步的阶段;第二阶段或层次是对方法的明确需求,指向方法的好坏问题(适用性),它意味着学科已日趋发展成熟。在1988年出版的《国防教育》一书中,研究者就提出了国防教育的研究方法问题,这标志着国防教育学研究方法意识的觉醒,也是国防教育学创生由"自在"走向"自为"的发端。但进一步的分析会发现的,这本著作在方法的开创性方面仅在于它提出了国防教育研究是需要方法的,除此之外,它并未对国防教育研究方法展开更多论述。它是国防教育学第一阶段或层次研究方法意识的典型代表。此后,2000年国防大学武炳等人撰写出版的《国防教育学》、吉首大学李先德2007年撰写的《国防教育学概论》也都专门论述了国防教育研究方法问题,但遗憾的是,这些著作对国防教育研究方法的探讨或止步于对方法有无的探讨,或仅是将其他学科方

---

① 潘懋元.高等教育研究方法[M].北京:高等教育出版社,2008:365.
② 潘懋元.高等教育研究方法[M].北京:高等教育出版社,2008:365.

法作简单移植,并未专门探讨国防教育研究方法的适切性问题。除此之外,截至目前,再无专门探讨国防教育研究方法的著作或论文。也就是说,关于国防教育学研究方法的研究将近30年来几乎没有任何突破。这也无怪乎多年来国防教育学学科创生迟缓,甚至几乎陷于停顿了。

在学科视野中系统探讨国防教育研究方法,一方面可以进一步引起人们对于国防教育研究方法应有的关注,这仍然是着眼于第一层次的方法意识,即国防教育研究应该使用规范方法;另一方面,通过对国防教育学研究对象对象、学科性质与归属等方法论层面以及具体学科研究方法等问题的探讨,将对国防教育方法的探讨从"有无"层面进一步推进到"好坏"层面,促使国防教育方法意识跃升至第二层次。方法意识的深化将进一步提升国防教育学发展的自觉性。"当一个学科对自己的研究方法有清醒、清晰的认识时,那么这个学科就开始真正独立起来了。因为这个时候它知道了自己真正的需要,并有了自我检验知识的方法,知道哪些知识是可靠的,哪些是不确定的,并知道如何进一步去发展和完善。因此可以说,有无方法意识是衡量一个新学科发展是否自觉的标志。"[①]

三、方法的探索有助于国防教育学理论体系的形成和发展

国防教育学要成为一个独立学科,必须形成言之成理、持之有故的国防教育基本理论体系。学科是对象、方法、理论的综合体,三者是高度相关的。某种程度上,国防教育学的基本理论可视为方法应用于对象的产物。具体来说,国防教育学的基本理论,其实质是人们通过一定的方法对国防教育研究对象本质的把握。从这个意义来说,国防教育研究方法的发展与国防教育学基本理论的生成直接相关。"一切理论的探索,归根到底也是方法的探索,在科学创造过程中,往往也伴随着科学方法的创新,尤其是在划时代的科学理论诞生之时。"[②]方法促进理论的生长,方法创新带来理论的突破,这是方法与理论之间最理想的图景。然而,现实的情形却往往是方法的滞后与缺失。正如心理学家巴普洛夫所说的:"初期的研究障碍,在于缺乏研究方法。我们可以说,科学是随着研究方法所获得的成就而前进的。"[③]

---

① 潘懋元.高等教育研究方法[M].北京:高等教育出版社,2008:366.
② 朱红文.社会科学方法[M].北京:科学出版社,2002:2.
③ 巴普洛夫.巴普洛夫选集[M].北京:科学出版社,1955:49.

创生中的国防教育学作为对国防教育活动本质及其内在规律的初步探讨,也面临研究方法缺乏这一"初期障碍"。基于国防教育学学科创生的视角,国防教育研究方法存在明显的不足,如方法意识不彰、方法论薄弱、方法规范缺失等。这使得国防教育学创生多年仍处于草创时期,学科研究对象模糊笼统,学科基本理论进展缓慢。而这很大程度是由于国防教育使用的研究方法盲目偶然、缺乏规范造成的。获得任何真正的知识都需要系统的、严密的方法。要想获得关于国防教育的真知识,形成关于国防教育的真理论,必须重视国防教育方法的探索和完善。国防教育研究者必须从学科理论生长、学科创生的高度,加强对国防教育研究方法的关注和探索,积极构建包括方法论、学科研究方法及具体研究技术三个层面的国防教育研究方法体系。这就需要研究者积极借鉴哲学、教育学、军事学、社会学、管理学、心理学、传播学等社会学科和自然学科研究方法的最新研究成果,融合创造形成科学、有效的国防教育学研究方法体系,着力对"国防教育的概念""国防教育的本质""国防教育学的研究对象""国防教育学的归属"等学科重要理论问题做出科学阐释,建构国防教育基本理论,以扎实推进国防教育学科的创生和发展。

第二节 方法探索与国防教育学学术共同体的成长

学术共同体是指致力于某一学科知识领域的学者群体,他们共享着某种价值和文化、态度和行为方式,也就是所谓的"学术部落"。[①] 学术共同体既是学科发展成熟的产物,也是学科形成发展的重要条件。"不建立学术共同体,在孤立中进行研究的孤独学者,其狭窄的研究范围、独断主义和未经经验的假设都是脆弱的,其知识无法得到扩展和传播,无法与相反的意见进行争论,无法接受不同经验的影响,无法用另外的视角对研究加以审视,也就无法检验他们提出的假设,无法扩展他们的理论,知识的发展就会受到限制。"[②]同样,没有国防教育学术共同体的存在,不仅个人的探究活动难以为继,而且也难以形成系统的国防教育学知识体系,学科创生也就无从谈起。因此,国防教育学的

---

① 边国英.学术文化的影响因素分析——《学术部落与学科领地》述评[J].北京大学教育评论,2007(4):167-172.
② 袁广林.大学学术共同体:特征与价值[J].高教探索,2011(1):12.

创生亟须形成致力于学科发展的学术共同体,而国防教育研究方法的探索可以促进其发育和成长。

一、方法意识是建构国防教育学学术共同体的基础

如前所述,对国防教育研究方法进行探索有助于唤醒并增强人们的方法意识,这是国防教育学学术共同体形成的基础和条件。对于一个国防教育学学术共同体来说,在国防教育研究过程中所使用的共同方法构成了他们相互认同的基础。也就是说,他们认同国防教育是相对独立的知识系统,认为采取某种方法才能获得关于国防教育的真正知识。基于这种理念、方法的共同信仰,国防教育形成自己的学术圈子,享有自己的精神生活。他们"开诚布公地交换看法,共同谈论有关自身团体未来发展的题目"。① 交流和对共同愿景的追求之所以是可能的,在于共同体内部使用的同样方法。共同的方法使得国防教育个体研究者的结论可以开放地接受质疑,供他人重新检验,进而使得个体知识进一步向公共知识转变,形成相对系统的学科知识体系。"因此,有效交流的前提是在方法上有充分的意识,明晰言语背后的背景,这样才可能避免误解,才能比较通畅的交流。"②

这意味着,方法意识的觉醒是国防教育学学术共同体形成的前提,没有方法意识,对国防教育研究应该使用什么方法或使用的是什么办法都浑然不知,当然谈不上国防教育共同的研究方法,相互认同自然也就缺乏基础。"因此可以说,方法意识是一门学科成熟的条件,也是学术共同体建设的条件。"③对于国防教育学及其学术共同体来说,由于其内部较大的异质性,如前面所呈现的国防教育师资队伍在学历、知识结构、经历的明显差异,使得国防教育内部交流存在先天的局限。其中,知识结构的差别可能尤其成为交流的障碍。个体的知识结构源于其所接受的具体学科规训,不同的学科往往意味着不同的思维模式、研究方式及研究技术和规范,这最终导致了个体知识结构的差异。国防教育学长期缺乏学科的独立建制,这使得目前的国防教育研究者基本都来自其他学科,如军事学、教育学、历史学、社会学、思想政治教育学等。这些来自不同学科的研究者,自然倾向采用各自的学科方法研究国防教育问题。不

① 雅斯贝尔斯.什么是教育[M].邹进,译.北京:生活·读书·新知三联书店,1991:169.
② 潘懋元.高等教育研究方法[M].北京:高等教育出版社,2008:374.
③ 潘懋元.高等教育研究方法[M].北京:高等教育出版社,2008:366.

可否认,不同学科在研究方法上存在某种程度的普遍性或交集,但这不足以构成国防教育内部充分交流的基础。相反,不同学科研究者的学科路径依赖及特定的思维方式,可能更明显地阻碍着他们相互的沟通及认同。这使得方法的探索及方法意识的唤醒对国防教育学共同体的形成有着特别的重要性。通过对国防教育研究方法进行系统、全面的探索,可以使研究者对国防教育研究方法的滞后、分裂有更清醒的认知,并进一步体认采取更一致的方法开展国防教育研究及对话的重要性。这种方法意识会促使研究者更自觉地去探求国防教育领域普遍认同的研究方法,为实现国防教育学内部的顺畅交流奠定基础,进而促进国防教育学学术共同体的成长。

二、方法体系是国防教育学学术共同体的有机组成部分

学术共同体是基于共同知识信仰的沟通、交流场域,他们共同使用的比较一致的方法为沟通、交流提供了便利。因此,一致的方法是学术共同体的内在有机组成部分。这体现了学术共同体的理智契约维度。所谓理智的契约,指的是"学术共同体内部学者之间业已认同的科学研究应遵守的一般理论、原则与方法的约定意识"。① 托马斯·库恩在《科学革命的结构》中,用"范式"的概念对学术共同体理智的契约进行了说明,"由不同的承诺和实践所组成的'一种范式',其中他强调的有符号概括、模型和范例",决定了共同体内部成员容易进行专业对话与学术交流,让他们的专业见解一致,"他们以共同的范式为基础进行研究,都承诺以同样的规则和标准从事科学实践。"② 共同的理智与方法将拥有高深学术造诣的学者凝聚在一起,以共同的方法研究相同或相似的问题,这使得共同的学问体系得以形成并进一步强化,进而确立学科共同体的知识权威形象。国防教育学术共同体发育程度反映的是国防教育方法体系的完备与否。如果认为国防教育的研究内容不需要有专业的识别和限制,没有一种学术共同体的约定,学科边界是相当宽泛的,那么研究方法也就没有技术要求,没有一种通约的、可识别、可积累的形式。换言之,不存在方法的同一性。如果认为国防教育的研究内容有专业限制,国防教育学研究者是严谨的学术共同体,那么研究方法也就要有相应的普遍认同的标准,也即方法具有一

---

① 唐松林,魏婷婷.学术共同体的契约精神:本质、背离与回归[J].教育发展研究,2015(7):71.

② 托马斯·库恩.科学革命的结构[M].金吾伦,胡新和,译.北京:北京大学出版社,2012:49.

致性。

探索国防教育研究方法,唤醒人们的方法意识只是手段而不是目的。方法意识的觉醒是为了促使人们进一步探索、构建共同的方法体系,最终确立国防教育学的学科地位。学科内部比较一致的方法是国防教育学学术共同体的应有之义。方法的一致或相似将会更好地将国防教育研究者聚集在一起,以彼此认同的程式就共同关注的问题展开探索,进而逐渐树立国防教育学学术共同体作为共同知识权威的形象,深入推进国防教育学的创生和发展。对于创生中的国防教育学来说,方法体系的探索和构建显得特别重要。国防教育学学术共同体是国防教育学创生的主体,其发育程度直接决定了国防教育学创生的可能性及速度。然而,国防教育学学术共同体的发育发展又直接与方法体系的发育发展相关。"方法形成对学术共同体的建设是非常重要的,尤其在学术共同体建设的初期。这个时候,人们特别需要在知识方面的认同,而人们认同的基础是有共同的知识主张,使用比较一致的方法。"①国防教育学的创生,同时也是国防教育学学术共同体建设的起步。这就要求人们要更加重视对国防教育研究方法体系的探索和构建,以形成国防教育研究者共同的问题意识、方法意识、归属意识,奠定国防教育研究者的认同基础,促进国防教育领域内部的有效沟通和交流,使得国防教育真正获得学科的意涵及形式。

三、方法探索是培育国防教育学学术共同体的现实需求

优秀的专业研究队伍是国防教育学术共同体的中流砥柱和知识传承、创新的主要源泉,优秀的国防教育专业研究队伍可以促进国防教育学术更快、更好地发展,可以加快国防教育学的创生进程。目前,国防教育学正处于艰难创生的过程之中,学术共同体发育程度较低,这与国防教育专业研究队伍建设水平不高有着直接关系。提升我国国防教育专业研究队伍的素质和层次,一方面需要着眼于提升现有的国防教育工作者、研究者的研究能力和水平,解决国防教育专业研究队伍水平提升的"存量"问题,另一方面需要重视国防教育新生力量的训练和培养,尤其是国防教育相关专业研究生的招收和培养,解决国防教育专业研究队伍水平提升的"增量"问题。无论是解决"存量"问题还是解决"增量"问题,都需要加大对国防教育研究方法体系的探索和构建。只有掌握了规范的国防教育研究方法,现有的国防教育工作者和研究者才能更好地

①　潘懋元.高等教育研究方法[M].北京:高等教育出版社,2008:369.

把握国防教育问题的实质，成长中的国防教育队伍也才能更好地对国防教育相关问题进行更加深入的研究。

就目前的情况而言，解决好国防教育专业研究队伍研究水平的"增量"问题，对国防教育研究方法探索提出了更加紧迫的要求。随着我国国防教育的发展，一些高校一直在探索培养国防教育硕士研究生。2003 年至 2009 年，为提升我国高校国防教育师资队伍学历层次和水平，教育部在六所高校招收培养在职国防教育硕士。2009 年之后，在职国防教育硕士招收终止。但仍有一些高校，如西安交通大学、东南大学等，在高等教育学、思想政治教育学专业招收国防教育方向硕士研究生。2012 年，厦门大学开始招收全日制国防教育学硕士研究生。这标志着国防教育学正式成为教育学的目录外二级学科，高校国防教育学科建设取得重大进展，国防教育专业研究队伍建设进入新的阶段。从国防教育在职硕士到国防教育方向硕士再到全日制国防教育学硕士，这意味着国防教育人才培养渐趋专业化、学科化，这就要求形成更加完善的国防教育课程体系、教材内容体系以及教学方法体系。人才的培养，课程是最基本的基础和载体。国防教育学硕士点的建立及国防教育硕士的培养，要求必须尽快形成系统、规范的国防教育学硕士课程体系。研究方法课程作为任何一门学科的基础课程，自然应该包括在国防教育学硕士课程体系当中。但目前的国防教育领域缺乏专门的方法研究，没有国防教育研究方法的专著，开设国防教育研究方法课程缺乏基础和支撑。在这种情况下，国防教育学硕士研究方法课程通常以其他学科的方法课程，如高等教育学研究方法替代。国防教育与高等教育在研究方法上有共通之处，但也存在差别。国防教育学的学科化发展，国防教育专门人才的培养，不可能一直依赖其他学科的方法滋养。因此，对国防教育研究方法进行探索，并在此基础上尽快形成国防教育研究方法专著，是培养国防教育专门人才的迫切需求。当然，这种国防教育专门人才正是国防教育学共同体的重要新生力量，从这个意义上说，方法的探索自然也就是培育国防教育学科学术共同体的现实需求了。

第三节　方法探索与国防教育学学术规范的形成

学术规范是学术工作的基本规则。任何一门学科要获得认同，一方面必须遵守一些公认的学术规则，另一方面还会逐渐形成具有自身特点的学科规范。一门学科的学术规范是由学科创立者们逐渐建立起来的，它有一个由不自觉到自觉,从不完善到完善的过程。学术规范与学科的发展有着紧密联系,学术规范的完善程度是该学科成熟程度的重要标志。国防教育学的学术规范,就是国防教育研究者所遵从的一般学术规则及自身特殊规范的结合体。作为创生中的学科,国防教育学正在努力形成自身的学术规范,划出自身的界限。国防教育研究方法的探索,一方面可以唤醒研究者的方法意识,有助于促进国防教育学学术规范的成熟,另一方面,方法探索可以加快国防教育研究方法形成,这本身就是对国防教育学学术规范的一种内在完善。此外,方法探索为开展国防教育学学术规范教育提供了必要基础。

一、方法意识有助于促进国防教育学学术规范的成熟

学术规范的成熟首先表现在人们对规范的遵从是自觉和自愿的。方法的探索唤醒国防教育研究者方法意识,研究者的方法意识越敏锐越会自觉自愿遵守学术规范。学术规范本质是学术的自我规范,是学术研究和知识生产的自我约束和调整。真正的学术规范不仅是对研究者的外部约束,更是为研究者内化的学术行为准则和规范。正如我国著名哲学家孙正聿指出:"学术规范是一种外在的约束,但是,只有把这种外在的约束升华为学者的内在的'规范',不屑于从事任何有损学术良心的活动,才能实现学术的'规范化'。"① 国防教育研究学术规范的发展成熟,需要国防教育研究者普遍体认到规范作为取得学术成功的基本路径,进而产生对规范的自觉需求、敬仰并自觉遵从。唯有如此,国防教育学的学术规范才会真正成为国防教育研究者的基本道德信仰和行为守则,真正推动国防教育学术研究的进展。"学术规范的产生和有效性也决不渊源于任何外部性的权力,而源出于知识分子个人对它的承认,以及学术共同体对违背这些规范对额行为所实施的道德谴责和相应的学术机构对它所实施的惩罚"。② 总而言之,只有研究者对学术规范的需求和遵守是自觉的、自愿的,才意味着这个学科的学术规范是较为成熟和有效的。而这有依赖于研究者的方法意识的觉醒。国防教育研究者的方法意识觉醒程度决定着国防教育学学术规范的发展与成熟。

其次,学术规范的形成发展过程就是研究者方法意识觉醒的过程。对于缺乏方法意识的学术团体或学科而言,由于它不确定该运用何种方法、不知道

① 孙正聿.学术规范与学术发展[J].吉林大学社会科学学报,2005(1):9.
② 邓正来.学术规范化与学术环境的建构[J].开放时代,2004(6):127.

该如何使用某种方法去开展研究,因此往往也无法提出一定的学术行为准则和规范。因此,"能否提出学术规范,是观察一个学术团体的方法意识是否觉醒的标志。"①规范是为自己划定活动的疆域和内部共同的行为准则,是确立自身学科地位及学科内涵的重要手段和方法。学术规范越成熟的学科在人们心目中的权威就越高,而权威性越高的学科,非专业学科人员随意闯入的可能性就越小。"当建立界限是保护某学科时,边界就标志着所有者的领土,外人不得擅入,以便跟其他学科划清界线。"②学术规范的提出及由此而逐渐形成的学科边界,意味着一个知识团体或学科向外界阐明自身独特的知识诉求和团体内部识别的标准,他们对自身行为后果有着充分的自知。"这种自知需要方法意识的觉醒为前提。反过来说,只有当一个学术团体对自己的方法形成坚定信念的时候,才敢于向外界公布自己的学术主张和规范,从而成为内部约束和外部监督的标准。这意味着,人们的方法意识越清晰,学术规范就越成熟。"③

二、方法探索促进国防教育学学术规范的完善

科学、规范的方法体系及其应用是国防教育学学术规范的应有之义。学术规范通常可被划分为三个层面:"第一是内容层面的规范,它包括科学研究的方法、自身的理论框架和概念范畴体系。在这方面,不同的学科有不同的规范。第二个层面是价值层面的规范,即约定俗成并得到学术界认同和共同遵守的观念道德和价值取向,其中心内容是学术道德或学术伦理,它也是从事学术研究职业者应当遵守的行为规范。第三个层面是技术操作层面的,包括各种符号的使用、成果的署名、注释的引用等。"④就学术规范三个层面来看,学术规范最起码在第一、第三个层面和方法有着高度的重合。学术规范的第一层次就包含着对完整方法体系的要求,而第三层次则是对研究成果呈现的具体方法要求,是对方法的技术性要求。后者虽然属于学术规范的技术层次,是外在的,形式上的要求,但有学者指出,它在很大程度上反映着学术规范内容

---

① 潘懋元.高等教育研究方法[M].北京:高等教育出版社,2008:368.
② 华勒斯坦.学科·知识·权力[M].刘健芝,等译.北京:生活·读书·新知三联书店,1999:22.
③ 潘懋元.高等教育研究方法[M].北京:高等教育出版社,2008:368.
④ 高晓清,顾明远.学术自由与学术规范对我国切实性问题的思考[J].高等教育研究,2004(3):6.

和道德层次所达到的水平,因而是基础性、核心性的规范要求。对此,著名科学社会学家默顿旗帜鲜明地强调:"我们这样开始了解,在学术领域中,引文和参考文献不是一件不重要的事。当许多一般读者——科学界和学术界以外的普通读者,认为文章的脚注、最后的尾注或参考文献都是不必要的和令人讨厌的时候,我们要说,这些是激励系统的核心和对知识进步起很大促进作用的公平分配的基础。"①

因此,对国防教育研究方法进行探索,一方面是要尝试构建包括方法论、学科研究视角、具体研究法在内的国防教育研究方法体系,另一方面,更要对国防教育研究程序及规范进行研究。当然,无论是国防教育研究方法探索的第一个方面,还是第二个方面,既是对国防教育方法的探索,同时也是对国防教育学学术规范的完善。随着国防教育研究方法体系的初步形成,国防教育研究者在方法的应用方面更加规范,国防教育学学术规范才会更加成熟和完善。

① 美国科学院,等.怎样当一名科学家——科学研究中的负责行为[M].何传启,译.北京:科学出版社,1996:11.

第三章　学科视野下的国防教育研究方法探索

　　国防教育研究方法的发展是国防教育学学科建设的一个重要内容。事实上，截至目前，人们通常都是在学科发展的视野下对国防教育研究方法问题进行探讨的。伴随着国防教育学的创生发展，国防教育研究方法方面的探索也取得了一些进展。但从国防教育学学科建设的实际情况来看，关于国防教育研究方法的研究明显滞后。

　　我国学者对国防教育研究方法的探索起步并不晚，但进展却非常缓慢，其取得的成果主要体现在三部致力于国防教育学创生发展的著作中。这三部著作分别是：毛文戎，兰书臣撰写的《国防教育》(1988)①、国防大学军训办公室撰写的《国防教育学》(2000)②、李先德撰写的《国防教育学概论》(2007)③。这三本著作代表了国防教育学创生发展的不同阶段，其中贯穿着国防教育研究方法问题从提出到探索再到进一步完善的清晰脉络。

第一节　国防教育学的提出及研究方法萌芽

　　1988 年出版的《国防教育》，是建国之后最早提出国防教育学的学科创生问题并进行初步探讨的著作。作为国防教育学学科创建的开山之作，作者明确提出国防教育有"学"。"国防教育有它本身的学问，有其特殊的规律性，有自己的专门知识。"④在此基础上，作者立足于国防教育学的创立，提出了国防教育学的基本概念及主要标志。"国防教育学，是指国防教育的理论知识体

---

① 毛文戎，兰书臣.国防教育[M].北京：解放军出版社，1988.
② 国防大学军训办公室.国防教育学[M].北京：国防大学出版社，2000.
③ 李先德.国防教育学概论[M].长沙：国防科技大学出版社，2007.
④ 毛文戎，兰书臣.国防教育[M].北京：解放军出版社，1988：292.

系。其主要标志有以下几条：一是有特定的研究对象；二是有科学的定义；三是有准确的概念和范畴；四是有一系列原理原则；五是有特殊的研究方法。"①

关于国防教育学的研究对象，作者认为，"国防教育学的所研究的对象不是别的，而是国防领域里的教育现象，即教与学的矛盾"。② 关于国防教育学的科学定义，作者提出，"所谓国防教育学，就是研究国防领域的教育现象，揭示其本质和规律的理论知识体系，是教育科学的分支学科"。③ 关于国防教育学的概念和范畴，作者认为主要有"国防观念、国防意识、国防知识和技能、国防体育；国防人才；居安思危、思则有备、有备无患；国防教育法、国防教育体制、国防教育制度，寓国防教育于各科教学；军队国防教育、民众国防教育、学生军事训练、青少年国防教育、干部国防教育；国防文学、国防科普、国防知识竞赛，等等"。④ 在国防教育学的理论和原则方面，作者认为除了可以借用教育学的一般理论和原则之外，还应该有自己的理论和原则："国防教育学应该有自己的理论和原则，在德育上，有公民履行国防义务的原则，保卫祖国、抵抗侵略的原则，关心和支持军队的原则，拥政爱民的原则，拥军优属的原则，爱国主义方向原则，民族自尊心与自信心原则，压倒一切敌人决不被敌人所屈服的革命英雄主义原则等。在教学上，有教育与训练结合的原则，一专多能原则，潜移默化原则，法制保证原则，可塑性原则，统筹规划原则等。"⑤此外，作者在书中还专门探讨了国防教育学的学科属性，认为"国防教育学是教育学的分支学科，同时又是介乎国防科学和教育科学之间的交叉学科"。⑥ "因此，在观察、分析、解决国防教育问题时，既要从国防的角度考虑，又要从教育的角度考虑，这样得出的结论才更准确，更符合实际。"⑦"从国防的角度考虑国防教育，就是把国防看作一个母系统，国防教育是其中的一个子系统。"⑧"从教育的角度考虑国防教育，就是把教育看作一个整体，国防教育是其中的一个局部。"⑨

---

① 毛文戎,兰书臣.国防教育[M].北京:解放军出版社,1988:297.
② 毛文戎,兰书臣.国防教育[M].北京:解放军出版社,1988:297.
③ 毛文戎,兰书臣.国防教育[M].北京:解放军出版社,1988:298.
④ 毛文戎,兰书臣.国防教育[M].北京:解放军出版社,1988:298.
⑤ 毛文戎,兰书臣.国防教育[M].北京:解放军出版社,1988:299.
⑥ 毛文戎,兰书臣.国防教育[M].北京:解放军出版社,1988:300.
⑦ 毛文戎,兰书臣.国防教育[M].北京:解放军出版社,1988:300.
⑧ 毛文戎,兰书臣.国防教育[M].北京:解放军出版社,1988:300.
⑨ 毛文戎,兰书臣.国防教育[M].北京:解放军出版社,1988:301.

在上述内容之外,致力于建构国防教育学完整体系的这两位学者也对国防教育学的研究方法进行了探究。关于国防教育学的研究方法,作者首先提到了国防教育学研究方法的体系和层次问题。"毛泽东研究战争问题时,曾经将战争区分为一般战争、革命战争、中国革命战争,从方法论角度讲,是一般、特殊、个别。这种研究问题的方法,又被人们概括为普遍方法、一般方法、专门方法。"①据此,作者认为,"国防教育学的研究方法,除了运用马克思主义哲学方法作为具有普遍指导意义的方法和经验方法、逻辑方法等一般研究方法之外,还必须有自己的专门方法。"②其次,作者指出了国防教育学专门方法的薄弱。"从目前情况看,这方面的经验③还不多,主要采用的有调查法、统计法、历史研究法、比较法、个案法等。国防教育学研究方法的专门性还不够突出,尚有待于进一步探索创新。"④

通过以上的梳理可以看到,《国防教育》一书的作者对国防教育学的创生做了很多开创性的工作,如对学科研究对象、学科定义、学科概念和范畴、学科原理原则以及学科研究方法的系统研究。相较于学科其他要素的讨论,作者对国防教育学研究方法的探讨较为单薄。但从作者提出国防教育学研究方法应包括方法论、一般方法和特殊方法三个部分,以及作者指出国防教育学专门研究方法的缺乏这两个方面事实,表明了方法意识在国防教育研究领域的萌发和觉醒。

第二节 国防教育学系统建构的发端及研究方法缺憾

《国防教育》一书提到国防教育有"学"12 年之后,才有了第一部明确以国防教育学创生为指向的著作面世——这就是国防大学军训办公室 2000 年编写出版的《国防教育学》。该书是我国最早以"国防教育学"命名的著作,也是学者首次尝试系统地建构国防教育学完整的学科体系。该书作者认为,经过长期的实践、积累,国防教育既有"学",也形成了"学",国防教育学成立的基本

---

① 毛文戎,兰书臣.国防教育[M].北京:解放军出版社,1988:299.
② 毛文戎,兰书臣.国防教育[M].北京:解放军出版社,1988:299.
③ 指国防教育学运用的专门方法。
④ 毛文戎,兰书臣.国防教育[M].北京:解放军出版社,1988:299-300.

条件已经具备。国防教育学不再仅是理论上的应然学科,而是逐渐显现的实然学科。

围绕现实的国防教育学内涵,《国防教育学》的作者就国防教育学的基本概念、研究对象、任务、目的、方法、学科性质与学科发展等问题进行了全面探讨,并在此基础上构建了一个初步的国防教育学理论体系。全书分为十五章,第一章是绪论,主要探讨国防教育学的基本概念、研究的对象、任务、目的与方法以及国防教育学与其他相关学科的关系等学科基本理论。第二章主要从历史角度探讨国防教育学的产生与发展。第三至十五章分别探讨国防教育的地位和作用、基本特征和规律、指导思想、方针与原则、对象与内容、形式与方法、教学大纲、教学计划与教科书、教学方法、教学环节与科研、物质保障、师资队伍建设、组织领导、管理、法制建设、思想政治工作。下面仅以第一章和第二章为依托,探讨该作者对国防教育学创生的推进及其方法内容。

在国防教育学的概念方面,作者基本采纳了《国防教育》一书的观点。用作者的话来说,"惟独毛文戎、兰书臣同志在《国防教育》一书中提出的'国防教育有学'的论点给了我们极为宝贵的启示"。[①] 据此,他们认为,"国防教育学,是研究国防领域里的教育现象,探索国防教育的本质,揭示国防教育客观规律的理论知识体系,并用于指导国防教育实践的学科。它是军事学与教育学的分支学科,是军事学与教育学相交叉而产生的新兴的综合性学科"。[②] 这和毛、兰对国防教育学的界定并无本质差异,所不同的是作者认为他们关于国防教育学的定义"更明确和更完善一些"。[③] 关于国防教育学研究对象,和毛文戎、兰书臣一样,作者也认为国防教育学研究的是国防领域教育这一特殊矛盾现象,但不同的是,作者进一步将研究对象具体化,指出国防教育学研究主要包括三个方面:一是研究国防教育与国防教育学的基本理论问题;二是研究关于国防教育的组织与实施的理论;三是研究关于国防教育的领导、管理与保障的理论。[④] 在国防教育学的学科性质方面,作者也基本认同毛、兰对国防教育属于军事学和教育学交叉学科的判断,并在此基础上深入探讨了国防教育学与军事学、国防教育学与教育学、国防教育学与军事教育学以及国防教育学与

① 国防大学军训办公室.国防教育学[M].北京:国防大学出版社,2000:5.
② 国防大学军训办公室.国防教育学[M].北京:国防大学出版社,2000:5.
③ 国防大学军训办公室.国防教育学[M].北京:国防大学出版社,2000:5.
④ 国防大学军训办公室.国防教育学[M].北京:国防大学出版社,2000:6-7.

人才学等相关学科的联系和区别。①

为了更进一步完善国防教育学的体系建构,《国防教育学》还深入探讨了国防教育学研究的任务、目的、发展等问题。关于国防教育学研究的任务,作者认为,国防教育学研究领域很宽,任务很多,但归纳起来主要包括四个方面:一是探索国防教育的本质;二是揭示国防教育的基本规律;三是总结交流国防教育经验;四是对未来的国防教育做出科学预测。② 关于国防教育学研究的目的,作为认为"国防教育学最终要达到的结果,是以深刻揭示的国防教育客观规律来指导国防教育的实践"。③ 因此,国防教育学研究的目的就是指导国防教育实践,具体包括思想认识、实践活动过程、管理和保障、师资队伍的培养、学术研究等方面的指导。关于国防教育学的发展,作者提出了应重点关注的三个方面,一是要研究国防教育与经济、社会发展总体战略的相互关系,使国防教育理论研究进入深层次;二是培养人才是国防教育的重点,国防教育学要探索新的教育形式,注重实际成效教育;三是国防教育学理论要明确阐述科技兴国的重大意义,加强国防科技教育,增强公民的未来国防意识。④

作为系统建构国防教育学的尝试,作者专门就国防教育学研究方法进行了探讨,指出"国防教育学以马列主义、毛泽东思想的立场、观点、方法,不断研究分析国防教育活动中出现的新情况、新问题、不断总结提高,不断充实完善"。⑤ 在这一总的指导思想下,作者总结归纳了国防教育学研究的三种方法,即理论联系实践的研究方法、历史唯物主义的研究方法、实事求是的研究方法。与《国防教育》一书简单提及国防教育学研究方法体系及关于专门方法的探讨薄弱不同,《国防教育学》作者试图更进一步建构国防教育学的研究方法体系,凸显国防教育研究方法的专门性。但遗憾的是,作者的努力并未奏效。首先,该书对国防教育研究方法的相关论述较为粗疏,甚至混乱。例如,该书虽然提出了所谓的三种国防教育学研究方法,但这三种方法的内涵并没有得到清晰的阐明。其次,就作者对三种方法的简单交代来看,基本可以判定作者仅是在方法论层面谈论国防教育学的研究方法。相较于《国防教育》提出的国防教育学研究方法体系而言,这不仅没有进步反而是一种倒退。再次,

---

① 国防大学军训办公室. 国防教育学[M]. 北京:国防大学出版社,2000:11-14.
② 国防大学军训办公室. 国防教育学[M]. 北京:国防大学出版社,2000:7-9.
③ 国防大学军训办公室. 国防教育学[M]. 北京:国防大学出版社,2000:9.
④ 国防大学军训办公室. 国防教育学[M]. 北京:国防大学出版社,2000:34-37.
⑤ 国防大学军训办公室. 国防教育学[M]. 北京:国防大学出版社,2000:10.

《国防教育学》对方法的归类也甚为牵强。实事求是的研究方法是该书提出的国防教育学研究方法之一，指的是"研究国防教育学，还要从实际出发，坚持实事求是"。① 就此而言，实事求是作为国防教育学的方法论基础未尝不可。但接着，作者进一步指出，实事求是的研究方法包括了三种具体研究方法，即观察法、调查法、统计法。② 这种方法归类明显缺乏学理基础和依据，难以令人信服。

《国防教育学》一书对国防教育学研究方法理解和论述的混乱，还体现在其混淆了国防教育研究的方法和国防教育实践的方法。在书中关于国防教育学的系统研究方法条目下，作者提到"关于国防教育学的研究方法，除了运用马克思主义哲学方法作为具有普遍指导意义的方法和经验方法、逻辑方法等一般研究方法之外，还可以通过教育实践来研究"。③ 这里的前半部分，明确谈论的是国防教育学的研究方法，没有什么问题。但作者后面提出的"通过教育实践来研究"是什么？如果是一种行动研究，也属于国防教育学研究方法的范畴，不存在混淆问题。但就作者对"通过教育实践来研究"的进一步阐释可以发现，他谈的并不是国防教育的行动研究，而是如何开展国防教育的手段和方法，用书中的话来说是"通过依法施教、抓典型、搞试点、以点带面，抓先进促一般，推动全局，激励人们向先进单位和个人学习等实践，来加强对国防教育学的研究"。④ 如果说从中还看不出作者已经从谈论国防教育学研究方法，滑向了对国防教育具体实践方法和手段的探讨，可以接着往下看书中陈述："但是，国防教育不是权宜之计，一蹴而就之事，它是一个深入持久长期开展的系统工程，只有依靠整个社会的力量，组成国家、军队、社会、学校和家庭'五位一体'的教育网络体系，才能在国家的主导下，自觉地贯彻执行国家关于国防教育的方针、政策、确保国防教育的落实。"⑤由此可见，作者最后已经明显不再是谈论作为研究工具的国防教育研究方法，而是在探讨采用何种具体手段和方法才能有效开展国防教育。

作者似乎并未察觉上述两种方法的混淆，因此还进一步兴致勃勃地谈论国防教育的实践手段和方法："国防教育的特殊性决定了国防教育必须采取特

---

① 国防大学军训办公室.国防教育学[M].北京:国防大学出版社,2000:11.
② 国防大学军训办公室.国防教育学[M].北京:国防大学出版社,2000:11.
③ 国防大学军训办公室.国防教育学[M].北京:国防大学出版社,2000:32.
④ 国防大学军训办公室.国防教育学[M].北京:国防大学出版社,2000:32.
⑤ 国防大学军训办公室.国防教育学[M].北京:国防大学出版社,2000:32-33.

殊的方法,但是这些方法也不是固定不变的模式。国防教育活动同其他任何事物一样,也是不断发展的,形势在变化,国防教育对象的政治觉悟、思想文化素质在提高,提供国防教育的手段和物质条件也在变化,国防教育的形式、方法也理所当然地应随之变化。否则,因循守旧,墨守成规,群众会觉得'老一套',国防教育就可能事倍功半,甚至收不到什么效果。"①至此,通过对原文不厌其烦的大段引用,该书对国防教育研究方法和国防教育实践手段和方法的混淆更加让人一目了然,也让人再一次意识到该书对国防教育研究方法的论述的确存在不严谨甚至错误的地方。

客观来说,《国防教育学》作为国内第一部冠名"国防教育学"的国防教育理论著作,在国防教育学的系统建构方面具有开拓性的意义。它意味着经过国防教育研究者多年的努力,国防教育有"学"的愿景逐渐变成了现实,国防教育学从应然学科走向了现实的实然学科。但具体到国防教育学研究方法方面,如上所述,该书则乏善可陈。作者明显意识到研究方法之于国防教育学的必要性,也试图提出国防教育学的研究方法,但力有未逮,相关论述存在诸多的疏漏甚至错误。如此明显的方法缺憾,未免令人遗憾。

第三节　国防教育学学科构建发展及研究方法突破

如果说 2000 年出版的《国防教育学》是系统建构国防教育学体系的初步尝试,是国防教育学正式创生的重要标志。那么,2007 年李先德撰写的《国防教育学概论》则是对国防教育学创生的进一步探索。对此,作者在该书前言中明确交代:"把国防教育学作为一门独立的学科来进行研究和系统的学科构建是本书具有探索性的一个特点。"②作者还进一步指出,"由于对国防教育能否成为一门独立学科,目前,各种观点并不一致,学术研究也比较滞后。因此,本书的结构体系和内容带有一定的探索性和开拓性,有的还有待进一步研究和探索"。③通过对全书的阅读和梳理,可以发现《国防教育学概论》和毛文戎、兰书臣所著的《国防教育》在章节甚至具体内容上有较多的重叠和相似之处。

① 国防大学军训办公室.国防教育学[M].北京:国防大学出版社,2000:33.

② 李先德.国防教育学概论[M].长沙:国防科技大学出版社,2007:前言 6.

③ 李先德.国防教育学概论[M].长沙:国防科技大学出版社,2007:前言 6.

但值得肯定的是,在国防教育学的基本理论探索方面,作者的某些视角及观点具有一定的开拓性。这主要体现在作者对国防教育学研究对象的新提法、对国防教育学学科性质探讨的新视角、对国防教育学研究方法的专门探讨。

与以往的研究者不同,李先德为国防教育学规定了新的研究对象。他认为:"国防教育学主要以全民性国防教育为研究对象,是揭示国防教育活动的特殊意义、探索国防教育活动的特殊规律、论述国防教育专门理论的一门新兴学科。"[①]"作为一门新兴学科,国防教育学在研究上以全民性国防教育为对象,重点研究军队国防教育、学生和领导干部国防教育的特殊作用,特别要围绕国际军事形势、国家安全形势,国防教育的研究对象要有所侧重。尤其是在新军事革命方兴未艾的背景下,科技战线也应作为国防教育学研究对象的重要范围。"[②]将国防教育学的研究对象限定在全民国防教育,并进一步指出国防教育学研究对象应有所侧重,这比之前将国防教育学研究对象限定为"国防领域里的教育现象"更有针对性和指向性,也更加契合国防教育的实际状况。研究对象的进一步厘清和明确,有助于国防教育学更加茁壮的成长和发展。

与其他学者主要从国防教育学与其他相关、相近学科的关系探讨国防教育学的性质不同,李先德运用更宏观的视角,即从科学门类划分的角度对国防教育学学科性质进行探索。"认识国防教育学学科性质可从科学门类划分的角度来研究。科学门类划分最早的是自然科学,通常人们将自然科学划分为三大门类:基础科学,技术科学和应用科学。社会科学通常也按自然科学这种划分来分类。"[③]在这一分类框架下,他明确主张国防教育学是社会科学门类的应用学科。其理由在于:"第一,国防教育学明显表现出来的与社会经济、政治、文化等方面之间的关系规律和联系,而这些领域明显属于社会科学门类。第二,作为教育科学的一个独立学科,国防教育学不可能全部承担国防教育理论的全部研究任务,而必然涉及经济学、社会学、政治学、哲学等一系列社会学科,与社会学科互相交叉,理论互为支撑。第三,国防教育学重点解决国防教育活动中出现的理论问题和实践问题的应用研究、应用理论和应用技术上,又不放弃与其相联系的学科理论和技术进行研究,在综合研究中解决国防教育活动和研究中的理论和实践问题,所以说,国防教育学是社会学科门类的应用

---

① 李先德.国防教育学概论[M].长沙:国防科技大学出版社,2007:2.
② 李先德.国防教育学概论[M].长沙:国防科技大学出版社,2007:2.
③ 李先德.国防教育学概论[M].长沙:国防科技大学出版社,2007:3.

学科。"①从科学门类的角度探讨国防教育学的学科性质,一方面,"这种认识符合国防教育学的研究实际和社会需要"。② 另一方面,可以使人们从更宽广的视野来看待国防教育学与相关学科的关系,尤其是社会科学相关学科的联系与区别,这不仅有助于人们更好地认识国防教育学本身,也为国防教育学更好地从其他学科汲取养分提供了可能,有助于加速国防教育学学科的创生发展。

对国防教育学研究方法的专门探讨,可能是《国防教育学概论》一书最具开创性的工作。就目前的文献来看,该书是国内首次以一节的篇幅来专门对国防教育学方法进行论述的著作。作者不仅对国防教育学研究方法下了定义,强调了国防教育学研究方法之于学科创生的重要性,并且明确提出了国防教育学研究方法的三个层次,最后,作者还详细介绍了国防教育学研究方法的三大类别以及其中若干具体方法的应用。关于国防教育学研究方法的概念,作者认为"国防教育学研究方法是实现国防教育研究目标的途径和手段,是分析解决国防教育理论与实践问题的原则、程序和措施"。③ 国防教育学创生,国防教育学研究方法不可或缺。"一个学科没有研究方法,难以揭示该学科的客观规律和内在本质,很难确立其科学体系,更谈不上理论的创新和发展。国防教育学的研究亦是如此。"④关于国防教育学研究方法体系,作者认为,"国防教育学的研究方法主要分成三个层次:一是辩证的思维方法和逻辑方法。辩证的思维与逻辑方法是认识世界的根本方法,也是国防教育学研究的根本方法。二是进行学科研究的基本方法。国防教育学作为社会科学的一种,一切适用于社会科学的研究方法,都适用于国防教育学的研究。它主要包括以理论研究为主的抽象研究方法,如比较法、文献法和历史的方法;另一类以实验研究为主的应用型研究方法,如观察法、调查等方法。三是以辅助研究的技术方法,如定量、统计、摄像、计算机、多媒体等"。⑤

作者进一步介绍的常用国防教育学研究方法包括三大类,他分别称之为理论研究法、实验性研究法、资料研究法。其中,理论研究法包括历史法、文献法、经验总结法、比较法。书中对理论研究法的若干小类介绍都较为详尽,每

① 李先德.国防教育学概论[M].长沙:国防科技大学出版社,2007:3.
② 李先德.国防教育学概论[M].长沙:国防科技大学出版社,2007:3.
③ 李先德.国防教育学概论[M].长沙:国防科技大学出版社,2007:4.
④ 李先德.国防教育学概论[M].长沙:国防科技大学出版社,2007:4.
⑤ 李先德.国防教育学概论[M].长沙:国防科技大学出版社,2007:4.

种方法的概念、内涵、基本规范都基本得以呈现,并且,作者还专门论述了每种方法的使用所应该注意的问题。以历史法为例,作者首先对其概念及内涵进行论述,"历史法是从事物发生、发展和消亡的过程中去探索其本质和规律的方法。运用历史法一般要经过搜集史料、鉴别史料、研究史料和得出结论几个步骤。国防教育史料是指能反映国防教育科学研究对象发生、发展过程及其规律的一切文字或非文字性的材料,包括文字记载、史迹遗存、口传习俗等。"①接着,作者探讨了国防教育学历史研究法具体操作规范,如如何搜集史料、鉴别史料、研究史料等。最后,作者结合国防教育研究的实际,提出了国防教育研究运用历史法应注意的四个问题。"一是必须以历史唯物主义为指导。"②"为此,首先,应肯定人民群众是推动历史和国防教育事业发展的基本动力。"③"其次,要承认杰出人物在群众实践基础上概括的思想学说对广大群众实践的指导作用以及对国防教育事业的推动作用。"④"第三,要对杰出人物的思想、学说、理论著作及全部活动进行全面的分析和评价。"⑤"第四,要善于按照批判继承、古为今用辩证吸收的原则,汲取已有的国防教育知识和前人的研究成果来丰富我们的国防教育理论。"⑥

实验性研究法包括观察法、调查法、实验法、测量法、预测法。作者也介绍了每种方法的概念及基本规范,对其中一些方法,也根据国防教育研究实际进行了针对性探讨。如在谈到测量法在国防教育研究的应用时,作者特别提到了国防教育测量的间接性和相对性问题。所谓间接性,指的是"国防教育测量只能进行间接的测量,如教学或训练效果只能通过考题来检查和推断"。⑦ 所谓相对性,指的是"自然科学的测量具有绝对意义,但国防教育测量没有绝对意义,只有相对意义。如学生的考试分数是零分,只能说明该学生本次考试成绩是零分,但不能说该学生没有学习能力"。⑧ 资料分析法是作者介绍的第三类国防教育学研究方法,它具体包括整理分析方法,"是指将搜集到的资料按

①　李先德.国防教育学概论[M].长沙:国防科技大学出版社,2007:5.
②　李先德.国防教育学概论[M].长沙:国防科技大学出版社,2007:5.
③　李先德.国防教育学概论[M].长沙:国防科技大学出版社,2007:5.
④　李先德.国防教育学概论[M].长沙:国防科技大学出版社,2007:5.
⑤　李先德.国防教育学概论[M].长沙:国防科技大学出版社,2007:5.
⑥　李先德.国防教育学概论[M].长沙:国防科技大学出版社,2007:5.
⑦　李先德.国防教育学概论[M].长沙:国防科技大学出版社,2007:10.
⑧　李先德.国防教育学概论[M].长沙:国防科技大学出版社,2007:10.

照一定的标准加以分类、加工,做初步的筛选、择优,从而为进一步分析、选用资料打下基础"。① 资料的定性分析方法,"就是通过抽象思维,比较事物的异同、概括事物的类型、把握事物的规律"。② 资料的定量分析方法,"就是对社会现象的数量关系进行度量、计算和说明"。③ 对这三种具体资料分析方法,作者也都进行了较为充分的探索。

因此,无论是篇章体量还是对国防教育学研究方法具体探讨的广度和深度,《国防教育学概论》可谓国防教育学研究方法理论研究的重大突破。当然,这个初生的国防教育学研究方法体系稍显稚嫩,存在诸多有待解答的问题,例如三大类国防教育学研究方法的具体内涵是什么,划分三大类国防教育学研究方法的依据和标准是什么,资料分析法里面的三种方法里面,整理分析方法能否与其他两种方法,即资料分析的定性和定量分析法相并列等。初生之物,其形必丑。但这并不能抹杀新生之物所昭示的新希望、新可能。总而言之,《国防教育学概论》一书对国防教育学研究方法的探讨,虽然有一些问题还有待商榷,但它仍扎实地推进了国防教育学研究方法的理论研究进程,为进一步探索和构建国防教育学研究方法提示提供了有益启示,奠定了坚实基础。

---

① 李先德.国防教育学概论[M].长沙:国防科技大学出版社,2007:11.
② 李先德.国防教育学概论[M].长沙:国防科技大学出版社,2007:12.
③ 李先德.国防教育学概论[M].长沙:国防科技大学出版社,2007:13.

第四章　国防教育研究方法应用现状

　　想要全面、准确地把握国防教育研究方法的发展，仅从学科视野探讨其理论研究进展是远远不够的，还必须深入国防教育研究的现实，考察人们开展国防教育研究时具体使用的研究方法。研究方法主要通过研究成果来体现。国防教育研究成果的表现形式尽管多种多样，但就目前来看，期刊学术论文、国防教育学术研讨会论文集、硕士学位论文可能是其主要形式。因此，本章主要通过对这三类国防教育研究成果所使用的研究方法进行调查研究，以了解国防教育研究方法现实应用的现状。

　　关于国防教育研究方法现状调查的基本框架，需要做几点说明。

　　第一，为了方便统计，对于期刊论文或会议论文，只选取其使用的一种主要研究方法。

　　第二，从方法论与具体研究方法层面两个维度对期刊或会议论文的研究方法进行归类分析。在方法论层面，将文献分为定性研究和定量研究或定性与思辨和定量与实证两大类。"定性研究：研究是用文字来描述现象，而不是用数字和量度……定量研究：研究是用数字和量度来描述的，而不是用语言文字。"[①]一般来说，多数研究都是一个定性定量的连续统一体。因此，这里的分类也主要是基于便于考察和操作的目的的权宜之策。在具体统计分析过程中，国防教育研究论文究竟被归入定性研究还是定量研究只是相对的，判断的标准是看论文是以数字、量度为主，还是以文字表述为主。在对期刊论文和会议论文的归类中，定性研究和定性与思辨研究所包含的具体研究方法稍有不同，定量研究和定量与实证研究对具体研究方法的分类也略有差异。详见以下第一、二节的具体方法分类框架。

　　第三，对硕士学位论文研究方法的考察，考虑到论文作者一般都会在论文

---

① Krathwohl D. R. Methods of Education and Social Science Research：An Integrated Approach[M]. New York：Longman，1993：740.

的引言或绪论中标注了自己采用的研究方法,对方法的适切性有模糊或清晰的认知。因此,对硕士学位论文中研究方法的调查以作者自陈的研究方法为主,对每篇论文涉及方法的部分逐篇研读、摘录、汇集、整理、归类分析统计,不制定和依托预设的分析框架。

第一节　国防教育期刊学术论文研究方法现状调查

一、调查的基本情况

(一)资料的来源和样本的选择

国防教育研究通常包括国防教育基本理论和学生军训两方面内容。通过检索中国知网(CNKI),"篇名"检索项中包含"国防教育",检索时间为1915—2016(即时间上覆盖知网收录的所有文章),匹配项选定为"精确",当来源类别项选定为"全部期刊"时,一共检索到3002篇文献,当"篇名"检索项改为"军训",其他检索条件不变时,一共检索到1620篇文献。当来源类别项选定为"CSSCI"时,篇名包含"国防教育"的文章为95篇,篇名包含"军训"的文章为25篇。虽说以CSSCI收录论文评价一个学科或领域的研究水准不一定全面,但国防教育相关论文如此低的CSSCI收录率,表明国防教育研究水平的确有待提高。国防教育文献总量颇为可观,但真正具有原创性、较为规范的研究却较为缺乏。有学者对我国2002—2010年的国防教育研究进行梳理回顾指出,"近十年来国防教育研究成果大量涌现,数量不断增长,但存在研究内容重复,观点普遍雷同,非科学性缺陷明显的现象,不少文献缺乏深刻的学理探究和学术规范,高水平和真正有学术价值的成果较少"。[①] 基于国防教育研究文献水平的参差不齐,本研究主要选择收录于CSSCI的120篇国防教育研究文献为初步调查对象,即95篇以"国防教育"为篇名的论文,以及25篇以"军训"为篇名的论文。这种取舍可能存在偏颇,但也并非全然不可取。正如南京大学青年社会学者陈云松所说,"发表在C刊[②]的不一定是好作品,但连C刊都没有

---

① 李科.我国国防教育研究现状与前瞻——基于CNKI(2002—2011年)的统计分析[J].教育文化论坛,2013(6):35.
② 即被CSSCI收录期刊。

发表的,有多大概率是好作品"?[①] 进一步的检查发现,95 篇"国防教育"文献里有 14 篇发表于相关期刊增刊,其质量明显低于正刊文章。25 篇"军训"文献有 5 篇为新闻报道或通讯,将这两部分予以剔除后,共余 101 篇作为最终研究对象。

(二)资料整理与归类

研究方法是作者在研究过程中所使用的有形或无形的工具。在刊发于期刊的国防教育相关论文中,大部分作者不会对所采用的研究方法或方法论作专门的说明。因此,要找出这些文章所使用的研究方法,必须使用精读和泛读相结合的办法。首先精读期刊论文的摘要、引言和其他涉及研究设计的部分,以此获得研究方法归类的初步信息,其次,泛读全文以进一步确证文章所使用的研究方法。基于前面分析框架的说明,具体框架主要借鉴田虎伟博士对高等教育研究方法进行分类的架构,并在其基础上进行微调。田虎伟在其博士论文——《我国高等教育研究方法的现状、问题及出路》提出了对高等教育研究方法进行分类的框架。在其方法框架里,一级分类除了定量研究方法以及定性研究方法之外,还包括混合方法研究,这种方法在其他学科应用也尚不多见,国防教育研究更少涉及。此外,混合方法到底能否作为与定量和定性研究相并列的方法论,目前还缺乏共识。基于以上原因,本研究的方法归类仍采取定量与定性的基本划分。此外,还将其原方法框架里"历史法"的三级观测点由"外国高等教育史"和"中国高等教育史",分别调整为"外国国防教育史"和"中国国防教育史",将其中的"系统科学方法"调整为"多学科方法"。具体见表 4-1。[②]

---

① 陈云松.走出费孝通悖论:谈社会学的方法之争.该文于 2016 年 4 月 22 日发表于"定量群学"微信公众号。"定量群学"主要由来自斯坦福大学、牛津大学、南京大学、清华大学、中山大学、东南大学和西安交通大学等高校的师生所运营的公众号。其宗旨是为社会学提供最新定量学术资讯,为定量分析学者提供人文交流的角落,其内容主要有:重要期刊的定量社会学文献、定量分析软件使用方法、定量研究者的人文作品等。我国著名社会学家、南京大学周晓虹教授专门为该公众号撰写了开篇寄语。著名社会学家林南、谢宇、边燕杰都曾为该公众号推荐文献。该公众号聚集了一批国内较为精通社会学研究方法的中青年学者,在社会学研究方法领域,尤其定量研究方面有较大影响。

② 田虎伟.我国高等教育研究方法的现状、问题及出路[D].武汉:华中科技大学,2007: 39.

表 4-1　期刊的国防教育学术论文研究方法分类及观测特征表

一级分类 （方法论）	二级分类 （研究法）	三级观测点
定量研究	实验法	被试随机分组
	准实验法	被试自然分组
	调查法	大量数据、量度
	测验法	大量数据、量度
	比较法	大量数据、量度
定性研究	历史法	外国国防教育史
		中国国防教育史
	理论研究法	描述观察情况
		介绍访谈情况
		问卷、个案、综述[a]
		发生学方法
		主要运用基本的逻辑思维
		从抽象上升到具体的方法
		历史与逻辑相统一的方法
		多学科方法
	经验总结法[b]	直觉观察水平
		探索原因水平
	比较法	迁移推广水平

　　a 指没有或仅有少量数字与量度的问卷调查、个案研究、书评等；

　　b 这里的经验总结法三个不同层次，第一个是解决"是什么"问题，第二个关注"为什么"问题，第三个是回答"怎么办"问题。通常来说，一个完整的经验总结应同时包含这三个方面。但在方法归类中，我们发现一篇文章可能仅包含其中某一层次，或者虽包含多个层次，但其中主要关注是其中的某一层次。我们归类就以其中主要层次为标准。此外，一般来说，经验总结法这三个层次通常被认为是后一层次的研究水平比前一层次水平更高。但在我们对国防教育文献方法归类过程中，我们发现，基于迁移推广水平的经验总结法文献主要是研究者基于个人经验、感悟、工作实践基础提出的指示性、主张性对策，这种研究由于缺乏详实的观察描述，缺乏对问题根源的深入探究，其研究水准甚至不及规范详实的直觉观察以及深入的原因探究。换言之，本研究经验总结法三个层次的先后并不代表其研究水准的高低。事实上，在归类过程中，我们会发现大量国防教育文献属于迁移推广水平的经验总结法。我们并不认为这是国防教育研究水平较高的标志。相反，这表明相当部分国防教育文献还处于个人感悟、经验总结、简单对策研究的水平，学术水准和规范还亟待提升。

（三）资料分析的方法

采用统计分析和理论分析相结合的分析技术对文献进行分析解读。

二、调查结果与分析

（一）从一级分类（即方法论）层面看，CSSCI 收录的国防教育学术论文，绝大部分属于定性研究，定量研究较为少见，而且集中体现为较为简单的调查法。

表 4-2　CSSCI 期刊收录国防教育学术论文的研究方法汇总

单位：篇

一级分类（方法论）	二级分类（研究法）	三级观测点	篇名分类		小计	合计	总计
			军训	国防教育			
定量研究	实验法	被试随机分组	0	0	0	0	6
	准实验法	被试自然分组	0	0	0	0	
	调查法	大量数据、量度	0	6	6	6	
	测验法	大量数据、量度	0	0	0	0	
	比较法	大量数据、量度	0	0	0	0	
定性研究	历史法	外国国防教育史	0	3	3	15	95
		中国国防教育史	4	8	12		
	描述法	描述观察情况	1	0	1	8	
		介绍访谈情况	0	0	0		
		问卷、个案、综述	4	3	7		
	理论研究法	发生学方法	0	0	0	37	
		主要运用基本的逻辑思维	2	8	10		
		从抽象上升到具体的方法	2	14	16		
		历史与逻辑相统一的方法	0	7	7		
		多学科方法	0	4	4		
	经验总结法	直觉观察水平	0	3	3	31	
		探索原因水平	4	8	12		
		迁移推广水平	3	13	16		
	比较法		0	4	4	4	
小计			20	81	101	101	101

表 4-2 呈现了调查的基本结果。由该表可以看到,101 篇国防教育相关研究论文,定性研究共 95 篇,占被调查文章总数的 94.1%;定量研究只有 6 篇,占比仅为 5.9%。以"军训"为篇名的论文全部属于定性研究,以"国防教育"为篇名的文章,有 6 篇属于定量研究,但全部使用的是定量研究中的调查法,从文章具体内容看,主要是对国防教育现状的调查。

(二)从二级分类(研究法)层面看,定性研究中的理论研究方法和经验总结法平分秋色,历史法也占有一定份额。定量研究中,除调查法之外,没有发现其他定量方法的使用(具体见表 4-3)。

表 4-3　CSSCI 期刊收录国防教育学术论文研究法的分布

二级分类	定量调查法	历史法	描述法	理论研究法	经验总结法	定性比较法	合计
篇	6	15	8	37	31	4	101
比例	0.059	0.149	0.079	0.366	0.307	0.040	1.0

从表 4-3 中可以看到,在定量研究中,仅使用了调查法,出现 6 次,仅占全部调查文章数的 5.9%。定量研究的其他方法,如实验法、准实验法、测验法、定量比较法等均为 0 次。

在定性研究中,理论研究法和经验总结法不相伯仲,理论研究法出现 37 篇,占被调查文章总数的 36.6%,经验总结法出现 31 篇,占比 30.7%。历史研究法使用也较为常见,出现 15 篇,占比 14.9%,此外,描述法和定性比较法也有少量运用,分别为 8 篇和 4 篇,分别占比 7.9%和 4%。

总体来看,从二级分类层面来看,在所有研究方法中,使用最多的是理论研究法,紧随其后的是经验总结法,其余依出现篇数的多寡分别为:历史法、描述法、定量调查法、定性比较法、实验法、准实验法、测验法、定量比较法。

从二级研究法所归属的不同方法论来看,定量研究内部具体研究法的使用较为失衡,除调查法之外,鲜见其他研究法的运用。定性研究内部具体研究法的使用则相对较为均衡,理论研究法、经验总结法都得到了比较充分的应用,历史法也受到一定的重视,描述法和定性比较法也有发展。

(三)从三级分类层面看,国防教育研究使用的具体方法较为零散多样。

从本研究中拟定的方法分类框架可见,我们对定量研究部分的二级分类没有再进行进一步的三级划分,所以这里仅对定性研究部分的三级分类进行探讨。从表 4-4 可以看到,从抽象上升到具体的方法与迁移推广层次的经验总结法使用最为频繁,各出现了 16 篇,中国国防教育史与探索原因层次的经验总结法紧随其后,各出现 12 篇,基本的逻辑思维方法处于第三梯队,出现 10 篇。其余方法按篇次多寡分别为:问卷、个案、综述,历史与逻辑相统一方法,系统科学方法,外国国防教育史,直觉观察层次的经验总结法,描述观察,介绍访谈以及发生学方法。

在国防教育使用的具体方法或层次上,虽然有两种方法出现 0 次,但就其他方法使用来看,各种具体方法或层次相对均衡,在统计的 13 种具体方法或层次中,超过 10 篇的方法或层次就有 5 种。这表明,国防教育研究具体方法的使用还较为散乱,并没形成较为主流的具体方法或技术。

表 4-4　CSSCI 期刊收录国防教育学术论文使用的具体方法

三级分类	外国国防教育史	中国国防教育史	描述观察	介绍访谈	问卷、个案、综述	发生学方法	基本的逻辑思维	从抽象上升到具体	历史与逻辑相统一	系统科学方法	直觉观察	探索原因	迁移推广	总计
篇	3	12	1	0	7	0	10	16	7	4	3	12	16	101

三、结论与讨论

(一)从国防教育研究方法的一级分类,即方法论层面来看,国防教育研究基本以定性研究为主,定量研究较为缺乏。

本研究的调查结果表明,在方法论层面,国防教育研究的定性研究处于绝对主导地位,定量研究仅占 5.9%。这一研究与李科更大样本量的调查结果基本一致。李科在对 2002—2011 年 CNKI 收录的 730 篇国防教育学术论文进行分析后指出,"十年来使用定量方法,或者定性、定量相结合的方法撰写的文献仅有 18 篇,不足总数的 3%"。[①] 我国学者薛其林认为,从方法传统的角度看,中国传统的义理阐释方法、朴素辩证方法、直觉体悟方法以及马克思主义唯物辩证方法可能是影响研究方法以定性研究为主的主要因素之一。[②]

---

① 李科.我国国防教育研究现状与前瞻——基于 CNKI(2002—2011 年)的统计分析[J].教育文化论坛,2013(6):35.
② 薛其林.民国时期学术研究方法论[D].湖南师范大学,2003:8.

当然,对于国防教育而言,学科的缺乏、研究者缺乏相关方法的训练等可能更是造成其定量研究薄弱的直接原因。一个学科发展成熟的程度不能全然视其运用数学方法的广度和深度,但如果一个学科或领域的研究成果几乎全部表现为定性研究,其学科地位及认可度不可能太高。当前国防教育学学科创生困难重重,学术研究一直处于边缘地带,这与其方法的单一应该有莫大的关系。

(二)从二级分类来看,国防教育研究法存在结构性差异,国防教育研究水平偏低。

从调查结果来看,在研究法层面,首先呈现较大结构性差异的是定量研究中的各研究法。在调查的国防教育相关文献中,仅有 6 篇使用了定量研究的调查法,其他定量研究方法,包括实验法、准实验法、测验法、定量比较法都没有使用。

其次,定性研究各研究法也存在一定结构差异。使用最多的方法出现频率超过 30%,但使用最少的仅占比 4%。最后,定性研究中,经验总结法的使用频率非常接近理论研究法,也超过了调查文章总数的 1/3。这表明国防教育研究还有相当部分仍停留于个人经验、工作总结的层次,学术研究水准亟待提升。

(三)从三级分类来看,国防教育研究使用的具体方法或层次较为散乱多样。

从调查结果来看,国防教育主要使用的具体方法或层次的主要有:从抽象上升到具体的方法、迁移推广层次的经验总结法,这两种方法各出现了 16 篇,各占调查总体的 15.8%。中国国防教育史、探索原因层次的经验总结法紧随其后,各出现 12 篇,各占比 11.9%。逻辑思维方法出现 10 篇,占比 9.9%。

这表明,在国防教育研究领域中,并不存在占据绝对地位的具体方法或层次,人们应用的具体方法或层次还较为散乱。此外,从国防教育研究方法的三级分类还可以窥见,研究者对中国国防教育史有较多的关注和研究,相对而言,外国国防教育史的研究有待进一步开拓和加强。

第二节　国防教育学术研讨会论文集
研究方法现状调查

一、调查的基本情况

（一）资料的来源和样本的选择

鉴于 CSSCI 期刊收录的国防教育及军训相关论文数量较少，其方法使用可能不足以反映国防教育研究领域的全面情况。因此，这里接着以五届全国普通高等学校国防教育学术研讨会的优秀论文为研究对象，检视这些文章所使用的研究方法，以进一步把握国防教育研究方法应用现状。

为提升我国高校国防教育水平，教育部国防教育办公室分别于 1997 年、2000 年、2005 年、2008 年、2010 年召开了第一届、第二届、第三届、第四届、第五届全国普通高校国防教育学术研讨会。其中前四届研讨会共收到论文 1753 篇，1997 年、2000 年、2006 年和 2009 年，分别出版了四本研讨会论文集，总共收集了 350 篇优秀论文。第五届研讨会收到论文数目不详，但 2011 年出版的论文集收录了其中的 75 篇优秀论文。这些会议论文大部分没有刊发于学术期刊，但却是国防教育领域重要的研究文献。正如有学者指出，"鉴于目前国防教育尚未成为一门独立的学科，全国迄今为止没有专门的国防教育学术期刊，因此可以认为，这些论文较全面地反映了中国普通高校国防教育研究十几年来的成果和水平"。[①] 由此可见，全国普通高等学校国防教育研讨会论文集所收录文章是有一定代表性的。

五届研讨会共计 425 篇优秀论文构成了考察的总体样本。历届研讨会论文集收录论文数见表 4-5。

---

① 郑宏. 中国普通高校国防教育研究：回顾与前瞻——基于 1997—2009 年全国普通高校国防教育学学术研讨会论文的分析[J]. 高等教育研究，2011(1)：87.

表 4-5　历届国防教育学术研讨会论文集收录论文数

论文集年份	1997 年	2000 年	2006 年	2009 年	2011 年	总计
论文数量(篇)	101*	65	94	90	75	425

　　* 在该年度论文集序中,编委会提到挑选了 100 篇优秀论文进行结集。但笔者对论文集所收录论文进行具体统计发现,该论文集总共收集了 101 篇论文。详见:胡凌云.国防星光——全国普通高校首届国防教育学术研讨会优秀文集[M].南京:东南大学出版社,1997.

（二）资料整理与归类

　　国防教育论文集虽然是以书籍的形式出现,但其本质是多篇论文的结集。换言之,国防教育论文集实质是将多篇论文集中在一起出版,其形式和期刊学术论文无本质的区别。因此,本书对论文集论文的整理和归类,其过程和框架都是和前面期刊论文一样。基本方法同样是精读和泛读相结合。稍有差别的是,由于第一届研讨会论文集所收录的文章都无摘要,这使得很多时候需要泛读全文去确证文中所使用的方法,阅读工作量更大。

　　在对方法进行归类过程中,本书采用的是徐辉、季诚钧在《高等教育研究方法现状及分析》一文所提出的方法分类框架并略作调整。该分类框架从研究者的研究方式与思维方式角度,将高等教育研究方法划分为定性与思辨方法、定量与实证方法两大类,每类具体包含不同研究方法。[①] 这一框架的优点在于可以较为方便地将论文所使用的具体研究方法进行归类,并可以透过各种具体方法使用频率判断某一学科研究方法运用水平。在其框架基础上,针对国防教育研究方法的运用实际进行了必要调整,即将"多学科思辨分析方法"的特征"从经济学、法学、系统理论等学科出发探讨高等教育问题"调整为"从哲学、教育学、心理学等学科探讨国防教育问题"。在"比较性思辨分析方法"的特征中,将"对不同时期、地点的教育问题进行考察比较、阐述观点"改为"对不同时期、地点、不同类型的教育问题进行考察比较、阐述观点"。经过上述调整,最终确定用于分析国防教育论文集论文研究方法使用情况的具体框架(见表 4-6)。

　　之所以不采用上节的分析框架,一方面是因为在对期刊国防教育文献进行方法归类时,我们发现该框架在方法论、研究法层面都可以对文献所使用的研究方法进行有效的划分,但在三级分类时,则时常出现具体方法难以归类的问题;另一方面,将定性研究区分为历史法、描述法、理论研究法、经验总结法

---

① 徐辉,季诚钧.高等教育研究方法现状及分析[J].中国高教研究,2004(1):13-15.

以及比较法,各种方法的优劣似乎也难以评判。

最后,采用一个新的分析框架,可以从另一个角度对上节国防教育研究方法运用现状进行验证。这相当于对国防教育研究方法现实运用的再审视,有助于人们更全面客观地把握国防教育研究方法的运用状况。

表 4-6　国防教育研究方法分类及特征一览表*

方法类别	具体方法	特征
定性与思辨	感悟性思辨分析方法	以自身经验、学识积累出发对研究对象进行解释或阐述
	哲学性思辨分析方法	引用哲学观点或从哲学高度进行相关论述
	历史性思辨分析方法	利用历史资料、历史事实对研究对象进行思辨阐发
	比较性思辨分析方法	对不同时期、地点、不同类型的教育问题进行考察比较、阐述观点
	多学科思辨分析方法	从哲学、教育学、心理学等学科出发探讨国防教育问题
定量与实证	观察方法	在自然状态下有目的有计划地观察对象的状态和现象
	调查方法	有目的有计划地搜集研究对象的有关资料
	个案研究	选择典型的案例加以研究,并得出一般结论
	数学分析	运用数学手段对数据进行处理,探寻事物关系
	实验方法	有意识地控制变量,揭示事物之间的因果关系
	多学科方法	从其他学科出发进行相关的定量与实证研究

＊　徐辉,季诚钧.高等教育研究方法现状及分析[J].中国高教研究,2004(1):14.

（三）资料分析的方法
基于基本的统计数据和结果,对文献使用方法进行理论分析解读。

二、调查结果与分析

（一）从一级方法类别分类看,论文集论文绝大多数属于定性与思辨研究,定量与实证研究相当稀少。

表 4-7　历届国防教育学术研讨会论文集两类方法的论文篇数及比例

方法类别	篇数	百分比（%）
定性与思辨	412	96.9
定量与实证	13	3.1
总　计	425	100

　　由表 4-7 可以看到,五届国防教育学术研讨会论文集所收录文章几乎是清一色的定性与思辨研究,五本论文集共 425 篇文章,412 篇属于定性与思辨研究,占了全部文章数的 96.9%。属于定量与实证研究的论文仅有 13 篇,占比 3.1%。因此,正如学者所指出的,国防教育"研究方法过于单一。大部分论文都是抽象的理论分析,或是泛泛的经验之谈,主观设想的多,缺乏深入的调查实证研究"。[①] 应该指出的是,这里的定性与思辨和定量与实证划分,基本可以等同于上一节的定性与定量分类,因此,这也再次印证了定性研究在国防教育领域的主导地位,以及国防教育定量研究的薄弱。

　　（二）从二级分类,也即国防教育研讨会论文集使用的具体方法来看,定性与思辨研究中的感悟性思辨分析方法独占鳌头,定量与实证研究中除调查法之外,其他具体方法难觅踪迹。各具体方法使用极不均衡,存在着巨大的结构性差异。

表 4-8　历届国防教育学术研讨会论文集收录论文使用的具体方法统计

具体方法	感悟性思辨	哲学性思辨	历史性思辨	比较性思辨	多学科思辨	观察方法	调查方法	个案研究	数学分析	实验方法	定量多学科	总计
篇数（篇）	336	32	7	19	18	0	13	0	0	0	0	425
百分比（%）	79.1	7.5	1.6	4.5	4.2	0	3.1	0	0	0	0	100

　　从表 4-8 可见,在具体方法的使用上,感悟性思辨分析方法使用频率最高,共计 336 篇,占收录全部论文的 79.1%,哲学性思辨分析方法使用频率位居第二,但仅 32 篇,占比 7.5%。

---

① 郑宏.中国普通高校国防教育研究:回顾与前瞻——基于 1997—2009 年全国普通高校国防教育学学术研讨会的分析[J].高等教育研究,2011(1):89.

其他具体方法依使用频率高低分别为:比较性思辨分析方法、多学科思辨分析方法、调查方法、历史性思辨分析方法、观察方法、个案研究法、数学分析法、实验方法以及定量多学科方法。值得注意的是,除了调查方法之外,属于定量与实证的其他五种具体方法出现次数均为零,这也表明,国防教育研究的定量研究还相当薄弱。所谓的国防教育定量与实证研究,往往还只局限于简单的调查和描述统计,国防教育还鲜见其他定量与实证具体方法的使用。

此外,从上述统计及分析也可以看到,居于第一位的感悟性思辨分析方法的使用频率远胜其他方法。这表明,国防教育研究在具体方法的运用上面存在巨大的结构性差异。

(三)从纵向来看,国防教育论文集收录论文在方法使用上出现了积极的变化,反映了国防教育研究方法运用的新进展。

从时间序列层面,透过对国防教育研讨会论文使用方法的不同年度统计,可以发现,虽然国防教育研究方法运用总体水平偏低,但随着研究者方法意识的觉醒以及学科创生提上议程,国防教育研究方法的运用也获得了一定进展。

首先,在方法的一级分类层面,国防教育定量与实证研究从无到有,而定性与思辨研究所占份额则逐年下降,从 1997 年的 100％下降到 2011 年的 90.7％,下降了近 10 个百分点(具体见表 4-9)。

表 4-9　国防教育学术研讨会论文集收录论文方法类别的年度统计

单位:篇

方法类别	1997 年	2000 年	2006 年	2009 年	2011 年
定性与思辨	101(100％)[①]	65(100％)	92(97.9％)	86(95.6％)	68(90.7％)
定量与实证	0	0	2(2.1％)	4(4.4％)	7(9.3％)
总计	101(100％)	65(100％)	94(100％)	90(100％)	75(100％)

其次,从方法二级分类,也即国防教育研讨会论文所使用的具体方法层面,国防教育研究方法运用的进展更为明显。从表 4-10 可以看到,在所统计的 6 种具体方法中,1997 年的论文仅运用了其中的 4 种,而到了 2011 年,对 6 种方法都有不同程度的应用。这表明,总体而言,国防教育研究在具体方法的运用方面更为全面了。

此外,进一步分析发现,从 1997 年到 2011 年,使用较低层次感悟性思辨

---

① 括号内数值表示使用该方法的论文占该年度论文总数的比例。

方法的文章逐年减少,2011 年使用该方法的文章仅占当年收录论文总数的 61.3%,较之 1997 年的 92.1% 下降了三分之一。与此同时,哲学性思辨分析方法、多学科思辨分析方法以及调查方法的使用频率则都有了较明显的增加。这进一步显示,在国防教育具体研究方法运用方面,研究者的研究方法视野有了进一步的拓展,使用的研究手段和工具也更为丰富多元。

表 4-10　国防教育学术研讨会论文集收录论文具体方法的年度统计

单位:篇

具体方法	1997 年	2000 年	2006 年	2009 年	2011 年
感悟性思辨	93(92.1%)*	56(86.2%)	75(79.8%)	66(73.3%)	46(61.3%)
哲学性思辨	4(4.0%)	6(9.2%)	8(8.5%)	6(6.7%)	8(10.7%)
历史性思辨	0	0	1(1.1%)	3(3.3%)	3(4.0%)
比较性思辨	3(3.0%)壹量研究	0	6(6.4%)	8(9.0%)	2(2.7%)
多学科思辨	1(0.9%)	3(4.6%)	2(2.1%)	3(3.3%)	9(12%)
调查方法	0	0	2(2.1%)	4(4.4%)	7(9.3%)
年度合计	101(100%)	65(100%)	94(100%)	90(100%)	75(100%)

＊ 括号内数值表示使用该方法的论文占该年度论文总数的比例。

三、结论与讨论

通过上面的统计和分析可以看到,在国防教育研究中,定性与思辨占据主导,其中又以较低层次的感悟性思辨分析为主;定量与实证方法运用才刚刚起步,主要体现为运用问卷对国防教育进行现状的调查。这也反映了我国国防教育研究及其方法的薄弱。这种方法的薄弱主要体现在以下三个方面:

第一,研究的方法意识淡薄,思辨倾向严重。当前我国国防教育研究的描述性、经验性成分较重,还存在较多的工作总结式论文和研究,重思辨轻实证,但思辨层次又偏低,多从个人经验、感悟出发进行低水平的对策性研究。

第二,研究方法视野狭窄,不仅缺乏多元研究方法的意识,也缺乏相关研究方法的训练。对一些社会科学常用研究方法,如历史法、比较法运用偏低。在同一篇文章里,基本只使用一种方法,甚少使用多元方法对问题展开研究。

第三,研究方法陈旧,使用欠缺规范。就国防教育研究领域而言,不仅很多社会科学研究早已广泛运用的成熟方法,如个案研究、实验方法、数学分析等,在国防教育研究领域都难得一见,更遑论更前沿的大数据研究、现象学研究等现代方法。在方法的运用中,无论是思辨研究,还是实证研究,都明显缺乏规范。例如思辨研究中运用的概念模糊,缺乏逻辑性,随意性突出;在实证研究中,就最常见的问卷调查法而言,就往往存在抽样不科学、问卷设计粗糙、调查结果呈现不完备等诸多问题。这也再一次表明,国防教育研究方法的探讨具有相当的紧迫性和必要性。

第三节 国防教育硕士研究生学位论文研究方法调查

期刊论文和会议论文一般都没有对运用方法的具体交代,因此,对使用的研究方法是基于笔者拟定的框架来进行梳理和分类的。这种分类可能掺杂了研究者主观的意志和判断,不能有完全如实反映论文研究方法的使用情况。对国防教育硕士研究生学位论文进行研究方法调查,可以最大限度避免笔者对以上研究可能存在的主观臆断问题,因为学位论文一般都会有作者对自己使用方法的明确说明。这可能更接近国防教育研究方法运用的原生态。

为什么选取硕士学位论文进行统计,而不是选取层次和水平更高的博士学位论文,这是囿于国防教育学科的发展。国防教育至今仍不是一个独立学科,并没有形成从本科到博士的完整人才培养体系。截至目前,国防教育领域既无博士学位点,也无相关博士论文,硕士研究生代表了目前国防教育专门人才培养水平的最高层次。因此,这里的分析只能以硕士学位论文为对象。硕士的培养水平和层次要低于博士,但其学位论文仍能一定程度反映某一学科的发展水平。"硕士学位论文作为专业训练的一个重要环节,既是研究者自身研究能力的集中体现,是衡量硕士培养水平的重要标志,同时也可以从一个侧面反映出整个学科的学术水平。"[①]据此,以国防教育相关硕士学位论文为研究对象对国防教育研究方法运用现状进行探究,还是具有一定价值的。

---

① 宋蓓.音乐教育学科研究方法现状分析——基于五所高校硕士学位论文的定量研究[J].人民音乐,2010(6):32.

一、调查的基本情况

（一）资料的来源和样本的选择

笔者于 2016 年 2 月 10 日对中国知网（CNKI）博硕论文专门数据库——中国优秀硕士学位论文全文数据库进行相关文献检索。通过检索，"题名"检索项中包含"国防教育"，检索时间为 1915—2016（即时间上覆盖知网收录的所有文章），匹配项选定为"精确"，可得 106 篇国防教育相关硕士学位论文。当"题名"检索项改为"军训"，其他检索条件不变时，一共检索到 61 篇相关文献。进一步检查发现，61 篇军训相关文献，大部分是探讨军队军训问题的学位论文，与本研究主题关系不大。将这部分文献剔除后，"军训"题名的有效文献为 12 篇。因此，最终选定的研究对象为 118 篇硕士学位论文。

（二）资料的整理与分析

首先对收集到的文章进行编码分类，记录每篇论文的标题、学科、专业、所属院校和年份等。其次，对收集到的每篇论文按照年份排列，按照年份先后对论文进行分篇、分层、分条进行仔细阅读，重点关注每篇论文的"研究方法"章节，记录作者所提到的"使用的研究方法"，整理汇集论文包含的研究方法信息。对论文使用的方法分析首先遵循自然主义，对所有论文提到的研究方法进行描述统计。在此基础上，再从收集资料与研究分析两个维度将方法进行归类。

（三）资料分析的技术和手段

主要采用统计分析、比较分析等方法和手段来分析所得资料。

二、结果与分析

（一）国防教育及军训硕士学位论文的基本情况

"军训"题名的相关论文仅有 12 篇，最早的见于 2010 年。12 篇文章中，3 篇属于 2010 年度，2011 和 2012 年度各有 1 篇，4 篇属于 2013 年度，3 篇属于 2015 年度。"国防教育"题名的论文共 106 篇，最早论文见于 2003 年，其他各年度论文见表 4-11。

表 4-11 题名为"国防教育"的硕士学位论文年度统计

单位:篇

年份	2003年	2005年	2006年	2007年	2008年	2009年	2010年	2011年	2012年	2013年	2014年	2015年	2016年
论文	1	3	14	13	16	6	12	6	14	10	7	3	1

由于国防教育不是独立学科,上述学位论文都分属相近学科,归属于不同的学科专业。从表 4-12 可见,国防教育硕士学位论文集中于高等教育学与马克思主义理论与思想政治教育两个学科。这是因为国防教育不是独立学科,国防教育硕士主要依托教育学和马克思主义理论与思想政治教育两个学科招收和培养。

表 4-12 "题名"为"国防教育"的硕士学位论文学科专业分布

单位:篇

学科专业	高等教育学	马克思主义理论与思想政治教育	行政管理	课程与教学论	教育经济与管理	体育人文社会学	计算机软件与理论	教育史	中共党史	新闻传播学	世界史	农业经济管理	中国近现代史	教育史	合计
篇数	69	17	3	3	2	1	1	1	1	1	1	1	1	1	106

(二)国防教育及军训硕士学位论文自陈方法论统计

对 118 篇国防教育及学生军训相关学位论文研究方法的调查表明,个别硕士论文体现了作者的方法论意识,提及了研究所遵循的基本方法论。统计显示,共有 15 篇论文涉及方法论论述,占被调查论文总数 12.7%。各篇文章关于方法论的具体论述见表 4-13。

表 4-13 国防教育及军训硕士学位论文自陈方法论一览

篇名	方法论
大学生军训中的思想政治教育研究	"本文坚持以马克思主义理论为指导,以科学发展观的思想为引导,……综合采用思想政治教育的具体研究方法,坚持系统理论的研究方法、坚持文献研究与实证研究相结合,坚持质的研究方法与量的研究方法相结合……"[a]

续表

篇名	方法论
高校军训学生突发事件处置预防研究	"对责任感培养导向下高校国防教育的研究由于条件和其自身特点限制,往往是一种'伪参与式'研究,鉴于此,本研究拟采用涂尔干在对自杀者的研究中所采用的'非介入式'研究,这指的是一和在不影响研究对象的情况下研究社会行为的方法。"b
当代军人的国防观教育	"在研究方法上,以辩证唯物主义和历史唯物主义为总的方法论原则。"c
高校国防教育存在的主要问题与对策研究	"……在研究中坚持以辩证唯物主义与历史唯物主义为指导,阐明其基本的立场、观点、方法,体现创新精神,赋予马克思主义唯物史观以时代性特性。"d
高校国防教育对大学生责任感的培养研究	"对责任感培养导向下高校国防教育的研究由于条件和其自身特点限制,往往是一种'伪参与式'研究,鉴于此,本研究拟采用涂尔干在对自杀者的研究中所采用的'非介入式'研究,这指的是一种在不影响研究对象的情况下研究社会行为的方法。"e
高校国防教育实效性探析	"全文坚持以马克思关于人的全面发展的理论、思想政治教育方法论的学科理论和国防教育基本理论指导本选题的研究……"f
高校国防教育中信息战教育研究	"对任何一个学术问题的研究,都必须建立在一定的科学研究方法和工具的基础之上,否则对该问题的研究将不可能深入,将陷入对现象的堆砌和无根据的推测上,而不能发现问题背后的规律和逻辑关系,所以研究方法的选择是研究过程和结论是否科学的衡量标准。"g
高中思想政治教学中实施国防教育的研究	"在研究过程中,坚持理论与实践相结合,历史与现实相结合,宏观与微观相结合的原则。"h
河北普通高校大学生的国防教育研究	"本研究采取理论与实证相结合、定量与定性分析相结合的研究方法。"i
普通高等学校国防教育的功能研究	"本文在探讨普通高校国防教育功能的过程中,以马克思主义的辩证唯物主义和历史唯物主义作为方法论。"j
体育教学中军事武术概念缺失对国防教育的影响	"此次论文的研究过程中,由于牵涉面广,研究内容和对象的特殊性,将研究方法分为主要研究方法和辅助研究方法,两者之间以'反证'的关系相互印证。以辅助研究方法中得出的特例、小样本数据印证主要研究方法得出的推论和分析。如两者完全吻合,说明推论和分析师准确、可信的,如果只能有部分吻合,则说明推论和分析还需要进一步研究、探讨。"k

续表

篇名	方法论
我国普通高校国防教育育人体系研究	"对课题的全面了解，可以使我们在研究中少走弯路，确立研究的主攻方向，这就是我们常说的：'知己知彼，百战百胜'，只有研究的方法得当，才能事半功倍。"[l]
新形势下我国高校国防教育问题研究	"本文运用定量分析与定性分析相结合、理论与实践相结合、历史与现实相结合的研究方法……"[m]
中美高校国防教育比较研究	"科学的研究离不开正确的研究方法。如果没有切实可行的研究方法，很难达到预期的研究目的""比较研究是一个牵扯多个方面的综合性研究，单一的研究方法是不可取的，必须把各种研究方法融合起来加以灵活地运用。"[n]
左宗棠国防思想及对高校国防教育的启示	"……中国社会史的基本视角应该是'全方位'的视角。这种'全方位'，除了前后贯一、上下结合外，还应兼顾静态与动态、社会与人物的研究。特定社会运行和发展中的人，同样是社会史研究的重要视角之一。"[o]

a 金璐璐.大学生军训中的思想政治教育研究[D].哈尔滨：哈尔滨工程大学，2012：10.

b 廖国强.高校军训学生突发事件处置预防研究[D].长沙：中南大学，2011：5.

c 肖飞.当代军人的国防观教育[D].哈尔滨：哈尔滨理工大学，2015：14.

d 程涛.高校国防教育存在的主要问题与对策研究[D].武汉：华中师范大学，2012：6.

e 万馨.高校国防教育对大学生责任感的培养研究[D].长沙：中南大学，2010：6.

f 张学兵.高校国防教育实效性探析[D].长沙：中南大学，2006：4.

g 张金学.高校国防教育中信息战研究[D].长沙：中南大学，2006：11.

h 陈进宏.高中思想政治教学中实施国防教育的研究[D].上海：上海师范大学，2008：4.

i 王晓静.河北普通高校大学生的国防教育研究[D].秦皇岛：燕山大学，2014：7.

j 石虎.普通高等学校国防教育的功能研究[D].武汉：武汉理工大学，2008：4.

k 宁恒.体育教学中军事武术概念缺失对国防教育的影响[D].新乡：河南师范大学，2011：17.

l 李维佳.我国普通高校国防教育育人体系研究[D.哈尔滨：哈尔滨工程大学，2013：5.

m 孙善浩.新形势下我国高校国防教育问题研究[D].哈尔滨：哈尔滨工程大学，2008：14.

n 卢萍.中美高校国防教育比较研究[D].长沙：中南大学，2009：6.

o 刘建武.左宗棠国防思想及对高校国防教育的启示[D].长沙：中南大学，2008：3.

（三）国防教育及军训硕士学位论文自陈研究法统计

在研究方法的第二个层面，即具体研究法方面，大部分论文对自身采用的具体研究方法进行了说明。统计显示，未说明具体研究方法的论文为 14 篇，仅占被调查论文总数的 11.9％。其余被调查的 104 篇文章，占比 88.1％，都说明了其所采用的具体研究方法。这 104 篇文章所采用的研究法具体分布见表 4-14。

表 4-14　104 篇论文中的研究法一览表*

名称	频次	名称	频次
文献研究法（含文献研究法、文献资料法、文献分析法、历史文献法、文献整理研究法、文献资料综述法、文献收集法、文献搜集法、文献索引法、文献检索法、理性分析法、质的研究法）	89	学科研究方法（含系统综合法、学科方法、跨学科研究法、理论分析法）	8
调查研究法（含调查研究法、问卷调查法、社会调查法、走访调查法、实际调查法）	59	归纳法（含归纳法、逻辑归纳法、归纳演绎法）	5
比较研究法（含比较研究法、对比法、比较分析法）	36	系统方法（含系统方法、系统研究法、系统分析法）	5
访谈法（含访谈调查法、访谈法、专家访谈法、座谈访谈法、个别访谈法、网上访谈法）	22	案例法（含案例分析方法、案例法、个案分析法）	4
统计分析法（含统计分析法、数理统计法、SPSS 统计分析法、层次分析法、定量分析法、数据分析法、聚类分析法）	18	实证研究法（含实证研究法、实证分析法）	4
经验总结法（含经验总结法、分析综合方法、系统分析研究方法、综合分析法）	13	实验法（含实验法、量表法）	3
历史法（含历史分析法、历史研究方法、历史法）	12	定量分析与定性分析相结合的研究方法	3

续表

名称	频次	名称	频次
理论联系实际方法(含理论研究与实践研究相结合方法)	12	观察法(含观察法、教育观察法)	2
演绎研究方法(含演绎研究方法、逻辑分析法、机理分析法、思维迁移法)	9	内容分析法(含内容分析法、内容研究法)	2

* 频次仅为 1 次的方法:共性研究和个性研究相结合方法、调查统计和系统分析相结合方法、批判和继承相结合方法、历史和逻辑相统一方法、静态研究与动态研究相结合研究方法、宏观与微观相结合研究方法。

通过表 4-14 统计可知,104 篇论文共涉及 24 种研究法,其下包括的不同名称具体方法为 73 种,共计 307 频次。其中,居于研究法前四位的是文献研究法、调查研究法、比较研究法和访谈法,出现频次分别为 89 次、59 次和 36 次,各占总频次的 29.0%、19.2%、11.7%、7.2%,四项合计约占总频次的 67.1%。这一方面表明,国防教育研究所采用的具体研究法相对集中,另一方面,这四种方法都是社会科学较为传统的常规方法,说明国防教育研究法相对陈旧,方法的前沿性和创新性较为欠缺。

三、结论与讨论

(一)国防教育及军训硕士学位论文反映的国防教育研究方法进展

透过上述分析可以看到,国防教育及军训硕士学位论文的方法应用反映了国防教育研究方法的一定进展。这种进展体现在两个方面。第一,从形式上来说,大部分硕士学位论文都对自身的研究方法进行了说明。前面的统计表明,在被调查的 118 篇论文里,绝大部分都对采用的方法进行了交代。硕士学位论文虽是初步的学术专门研究形式和成果,但通常都有研究方法的要求和规范。国防教育及军训硕士学位论文普遍包含了对方法的说明,这表明国防教育研究者起码具备了一定的方法意识,接触过相关研究方法的知识和训练。这是国防教育研究方法体系发展完善的良好发端。

第二,从方法的层次来看,部分国防教育研究者对方法体系的层次划分有清晰的认知,并且对国防教育研究方法论有了初步深入探讨。通常来讲,方法论的探讨可以分为三个层面,即哲学层面、学科层面、原则层面。对于一个具体学科而言,原则层面的方法论探讨往往更能体现该学科研究者的方法自觉程度。一个学科的方法论探讨如果超越了一般的哲学层面,而更多是在具体的学科层面或者原则层面展开,那表明这个学科进入了更实质的方法论层次,也表明该领域研究者方法意识的进一步觉醒和成熟。从前面15篇国防教育及军训硕士学位论文对其方法论的具体表述可以看到,除了个别论文仅从哲学层面,也即从马克思主义哲学、历史唯物主义、辩证唯物主义等国防教育研究方法论泛泛而论之外,其他更多的论文则是从方法论的原则层次探讨了方法选用的缘由、方法的适切性、方法的运用准则等更根本、具体的问题。这反映了国防教育研究方法论层面可喜的进展。

(二)国防教育及军训硕士学位论文中研究方法存在的问题

国防教育及军训硕士学位论文虽体现了国防教育研究方法的一定进展,但也暴露了不少的问题。第一,就论文所涉及的具体研究法可以看到,同一种方法,在不同论文里面可能就会有不同的称谓,而且存在"法"不对题的情况。仅就最常用的文献研究法而言,在对论文的研究法归类时,我们就发现关于文献研究法的不同称谓多达12种。有论文标示自己的研究法是"理性分析法"或"质的研究法",但其具体论述却是文献法的运用。方法的称谓看似是形式的问题,但对一种已经相当普及和成熟的研究法——文献法而言,还出现如此之多的不同称谓,这说明在具体研究方法的理论基础及基本训练方面,国防教育领域还相当薄弱。

第二,国防教育及军训硕士论文对研究方法的理解存在偏差。"研究方法是关于科学活动中的认识方法和活动方法,是人们认识自然、社会和人文世界获得科学知识的程序或过程。选择和恰当使用研究方法是研究成果的科学性、有效性的保证。"[①]方法的选择和运用基于对方法的了解和把握。如果对什么是方法、具体的方法体系应该包括哪些部分、方法使用应该遵循什么规范等问题一无所知,或知之甚少,那么方法选择和运用的恰切就很难得到保证。从上述的调查结果可以窥见,相当一部分论文作者对什么是研究方法、研究方法是否有层次、有哪些层次及各层次之间的关系、什么样的方法才算得上独立的研究法、如何规范地使用各种研究法等一系列基本问题缺乏必要的认知。由此,从上面对论文具体研究法的归类就可以看到,不

① 田虎伟.我国高等教育研究方法的现状、问题及出路[D].武汉:华中科技大学,2007:55.

少论文混淆了方法的不同层次。既有把研究方法论当作具体研究法,如表 4-14 所呈现的,把共性研究和个性研究相结合方法、调查统计和系统分析相结合方法、批判和继承相结合方法、历史和逻辑相统一方法、静态研究与动态研究相结合研究方法、宏观与微观相结合研究方法等方法论层面表述当作具体研究法。

此外,还有更多的是将研究法等同于研究方法的全部,忽视研究方法的方法论层次及具体方法和技术层次。从表 4-14 也可以看到,论文所涉及的方法中,大部分是收集资料的方法。资料分析具体方法,尤其是资料的定量研究分析方法和技术寥寥无几。这也再一次确证了前面多次提到的国防教育定量研究的薄弱。此外,这还表明国防教育研究大部分仍处于现状描述、资料收集的水平,国防教育学研究水平的提升,国防教育方法的发展完善,国防教育学的学科创生,任重而道远。

第二编

国防教育研究方法论

　　透过上编的剖析，可以看到，国防教育学学科创生的基础还相当薄弱。这种薄弱与其研究方法研究及运用的滞后直接相关。就方法之于学科创生的理论意义来说，方法体系的研究和构建是学科创生的必要基础和可行路径。一个学科的完整方法体系通常包含方法论、学科方法及具体技术三个层面。本篇主要探讨国防教育研究方法的方法论部分。方法论通常包括哲学层面的方法论和学科方法论。这里的方法论指涉的是后者。刘少杰在《中国社会学的发端与扩展》一书中说道："学科方法论是从原则上对本学科的思维方式、理论视域、概念架构、理论追求和价值取向等方面做出的论述，也就是从思想原则上对本学科如何建构自身、开展学术研究做出的论述。"依循这一方法论限定，本编主要从国防教育学研究对象、国防教育学学科归属两个方面探讨国防教育学的方法论。

第五章 国防教育学研究对象探析

国防教育学的研究对象,既是国防教育学学科创生的前提,也是学科的根本规范。能否明晰界定国防教育学的研究对象,直接影响着国防教育学能否真正成为独立学科。正如著名教育哲学家黄济先生所说:"研究任何一门科学,必须首先申明这门科学的研究对象,它特定的研究范围和领域。否则,这门科学便不能成立。"①研究对象之所以对学科如此重要,在于它内在蕴含了一门学科的所有一般性规定。或者用我国著名社会学家郑杭生先生的话说,研究对象是一门学科的本质规定和根本规范。在谈社会学的学术规范问题时,他指出:"事实上,一个学科的研究对象作为该学科的本质规定,同时也是该学科的根本规范。"②他以哲学和社会学为例,指出,"哲学中的和社会学中的实证主义规范之所以有区别,正是由各自作为学科本质规定的研究对象不同决定的。一门学科的对象对这门学科的其他范式进行这样那样的规范,这既说明了它是该学科的根本规范,也说明了学术规范与研究对象是密切联系,不能截然分开的"。③ 更具体地说,就是"任何研究领域都有自己特殊的对象,每一个领域的对象又都有自己特殊的性质,正是这两个'特殊',决定了各学科之间在内容和研究方法上的差别"。④

直言之,是否有关于研究对象的明确设定不仅是学科是否成熟和相对独立的标志,它也规定着学科的性质、任务、具体探索路径和手段等方面。换言之,对国防教育学科研究对象的探讨有着相当丰富的方法探究意味。对象规定着方法,方法是把握对象的工具。某种程度上,离开具体的研究对象去谈研究方法是没有意义的。"因为,用数学语言来说,'研究方法'本身不是一个独立变量,它是自变量'研究问题'的因变量,也就是说,它必须与要'研究的问

---

① 黄济.教育哲学通论[M].山西:山西教育出版社,2008:314.
② 郑杭生.也谈社会学的学术规范问题[J].江苏社会科学,2000(1):33.
③ 郑杭生.也谈社会学的学术规范问题[J].江苏社会科学,2000(1):33.
④ 叶澜.教育研究及其方法[M].北京:中国科学技术出版社,1990:1.

题'放在一起判断才会产生意义。方法只是手段,它是用来解决问题的,是由什么样的'问题'决定使用什么样的'研究方法',而不是用某种特定的方法一成不变地解决所有的问题。"①"方法的效力存在于它同其对象的适用关系中。"② 因此,合乎逻辑的结论是"既然'研究方法'是'研究问题'的因变量,是研究问题或研究对象决定其研究方法,因此,对某一领域研究方法独特性的诉求其实质就是对该领域研究对象独特性的探索"。③ 在这个意义上,国防教育学研究方法的探讨可以毫无障碍地转换为关于国防教育学研究对象的讨论。

第一节　关于国防教育学研究对象的主要观点

任何相对独立和成熟的学科,都必须清楚交代自己是"研究什么的"。一门学科对于研究对象的界说,是对这一问题最直接明了的回答。研究对象的明确,一方面可以向外界彰显某一学科相对独立的功用和价值,另一方面可以在学科内部确立认知标识,以使研究者不至于走错门牌号码。"因为只有知道自己的学科是研究什么的,以什么为研究对象,才有可能把自己应该研究的内容研究清楚,并且也才能把自己与其他学科做出明确的区分。"④在国防教育学科化的道路上,国防教育研究者也一直致力于寻求一个稳定而成熟的研究对象,并提出了关于国防教育学研究对象的几种初步界说。这些界说几乎都带着其母学科——教育学的印记。对于创生中的国防教育学而言,依循教育学的理论言说自身的研究对象存在两个问题:一是实质性的,即作为模仿借鉴的范本,教育学对自身研究对象的规定遭受质疑;二是形式性的,即在研究对象的界定上,国防教育学对教育学的借鉴引介是局部的,并且严重滞后。

---

① 刘美凤.关于教育技术及其学科的研究方法的几点认识[J].电化教育研究,2008(12):93.

② 刘少杰.中国社会学的发端与扩展[M].北京:中国人民大学出版社,2007:19.

③ 刘美凤.关于教育技术及其学科的研究方法的几点认识[J].电化教育研究,2008(12):93-94.

④ 王立仁.论思想政治教育学的研究对象[J].北京交通大学学报(社会科学版),2011(3):104.

一、国防教育学研究对象的几种界说

关于国防教育学研究对象,大体可以归纳为"国防教育现象说"(以下简称"现象说")、"国防教育活动及其规律说"(以下简称"活动及其规律说")以及"全民国防教育说"(以下简称"国防教育说")。就目前的情形看,国防教育研究界似乎较为倾向"现象说",后两者暂时更多表现为学界个别团体或学者的探索。

(一)现象说

1988 年,毛文戎、兰书臣在《国防教育》一书提出了国防教育有"学",并对这一学科的研究对象——国防领域里的教育现象进行了说明。这是目前见诸文献的关于国防教育研究对象最早界说。这一界说谨守研究对象作为学科区分根本信条,追求国防教育学的独特研究对象。在对国防教育学的研究对象说明中,作者首先援引了毛泽东的经典论述:"科学研究的区分,就是根据科学对象所具有的特殊的矛盾性。因此,对于某一现象领域所特有的某一种矛盾的研究,就构成某一门科学的对象。"以此为依据,作者进一步指出研究对象对于国防教育学科化发展的重要性,并具体阐述了国防教育学的研究对象。"所以,每一门科学都以某一现象的领域所特有的某一种矛盾作为自己的研究对象,没有自己的研究对象,也就不能称为科学。国防教育学所研究的对象不是别的,而是国防领域里的教育现象,即教与学的矛盾。"①将国防领域里的教育现象或国防教育现象作为国防教育学的研究对象,目前仍是国防教育学界较为主流的看法。国防大学军训办公室出版的国内首部着眼于国防教育学学科建设的著作——《国防教育学》就认为,"国防教育学,是研究国防领域里的教育现象,探索国防教育的本质,揭示国防教育客观规律的理论知识体系,并用于指导国防教育实践的学科"②,"国防教育学就是研究国防领域教育这一特殊矛盾现象"③。所谓国防领域的教育现象无非就是国防教育现象。我国著名国防教育学者厦门大学吴温暖教授在考察国防教育学的学科归属时提到:"国防教育学是研究国防教育的一般现象,揭示其本质和规律,并用于指导国

① 毛文戎,兰书臣.国防教育[M].北京:解放军出版社,1988:297.
② 国防大学军训办公室.国防教育学[M].北京:国防大学出版社,2000:5.
③ 国防大学军训办公室.国防教育学[M].北京:国防大学出版社,2000:6.

防教育实践的科学,是教育学与军事学的交叉学科,从属于教育学。"①从国防领域的教育现象到国防教育的一般现象,体现了国防教育现象作为国防教育学研究对象的内在脉络。当然,后者将国防教育的一般现象作为国防教育学的研究对象,较之"国防领域里的教育现象"这一说法可能更为具象。

(二)活动及其规律说

这一说法最先见于《中国军事百科全书》。该书对国防教育学的界定是:"国防教育学是研究国防教育活动及其发展规律的学科。是国防教育实践经验的系统总结和升华,用于指导国防教育实践。"②关于国防教育学的研究对象,该书进一步指出,"国防教育学以国防意识培养、国防知识传播、军事技能培训的实践活动为研究对象。任务是揭示国防教育的本质和规律,为组织实施国防教育提供理论依据"③。就其对国防教育学的界定来看,作者似乎是将国防教育活动及其规律都看作国防教育学的研究对象,但就其后对研究对象的具体说明来看,作者仅将国防教育活动作为国防教育学的研究对象。这似乎反映了在学科界定过程中,作者一定程度上混淆了学科的研究对象与研究任务的界限。为了彻底消除这种可能的混淆,有学者更加明确地提出了将国防教育规律作为国防教育学的研究对象。"国防教育学以人的国防意识与国防行为能力的形成、变化、发展规律以及在全体公民中实施国防教育的规律作为自身的研究对象。它是揭示全民国防教育活动的特殊意义,探索全民国防教育活动的特殊规律,论述全民国防教育的组织、实施、领导、管理、保障等理论的一门新兴学科。"④

(三)国防教育说

"国防教育说"首先是吉首大学李先德在其《国防教育学概论》一书提出的关于国防教育学研究对象的新观点。从创生独立的国防教育学学科出发,李先德指出,"国防教育学主要以全民性国防教育为研究对象,是揭示国防教育活动的特殊意义、探索国防教育活动的特殊规律、论述国防教育专门理论的一门新兴学科"⑤。在学科研究对象上,他认为,"作为一门新兴学科,国防教育

① 吴温暖,郑宏.论国防教育学的学科归属[J].厦门大学学报(哲学社会科学版),2010(4):72.

② 余高达.中国军事百科全书:国防教育[M].北京:中国大百科全书出版社,2007:22.

③ 余高达.中国军事百科全书:国防教育[M].北京:中国大百科全书出版社,2007:24.

④ 李科,问鸿滨.国防教育学的学科地位与学科价值及学科归属[J].军事交通学院学报,2014(3):76.

⑤ 李先德.国防教育学概论[M].长沙:国防科技大学出版社,2007:2.

学在研究上以全民性国防教育为对象,重点研究军队国防教育、学生和领导干部国防教育的特殊作用"①。将"全民性国防教育"看作国防教育学的研究对象具有一定创新性,但就作者最终将其限定于对特定对象的国防教育实践及作用上,表明作者对研究对象的规定是存在问题的。作者某种程度上可能是将学科的研究内容或范围等同于研究对象。当然,即便存在瑕疵,这种说法仍有支持者。有学者立足于我国国防教育的全民性,明确指出,"国防教育学以全民性国防教育为研究对象""国防教育学的研究对象是包括社会国防教育与学校国防教育的全民性国防教育"。②

二、国防教育学研究对象界说的教育学根源

国防教育学是教育学和军事学的交叉学科,教育学是国防教育学的母学科之一。国防教育学的研究范式、理论架构、概念体系等对教育学多有移植和借鉴。国防教育学对自身研究对象的界定就相当突出地体现了这一点。事实上,国防教育学关于研究对象的界定是建基于教育学对其研究对象的探讨之上的。一直以来,着眼于教育学的学科独立及地位的提升,教育学者围绕教育学的研究对象问题展开了漫长的探索和论争。"我国教育学者关于教育学研究对象的判断一直存在争论,整体而言,自建国以来大体经历了'人—教育—教育现象—教育问题—教育存在'等不同观点的提出和抵牾,至今依然没有统一的结论,其中'教育现象说'和'教育问题说'认可度较高,基本重演了西方教育史上自夸美纽斯以来教育学研究的历史进程。"③从国防教育学科研究对象的上述几种界说来看,国防教育学科对其研究对象的规定,跨越了教育学以"人"为研究对象的层次,主要受教育学将"教育"(以下简称"教育说")或"教育现象"(以下简称"教育现象说")作为研究对象的影响,将"全民国防教育"或"国防教育现象"作为国防教育学科的研究对象。

国内关于教育学研究对象的"教育说"源自苏联的相关教育学著作,是苏联及其之后的俄罗斯教育学翻版。建国初期,教育学界翻译出版了一些在苏联颇为流行的教育学著作,例如凯洛夫主编的《教育学》。该书认为,"教育学

---

① 李先德.国防教育学概论[M].长沙:国防科技大学出版社,2007:2.
② 李科.问鸿滨.国防教育学:科学界定与建设策略[J].武汉科技大学学报(社会科学版),2012(6):685.
③ 钟柏昌.中国教育技术学基础理论问题研究——关于研究对象的评述[J].电化教育研究,2013(9):10.

的对象就是青年一代的教育"①。改革开放后，又出版了苏联巴班斯基主编的《教育学》，关于研究对象，该书提到："教育学是关于教育的科学。苏维埃教育学研究的领域是培养正在成长一代参加共产主义建设的共产主义教育。"②苏联解体后，类似的说法仍可见于俄罗斯的相关教育学著作。如当代俄罗斯教育家弗·弗·克拉耶夫斯基所著的《教育学原理》。在该书中，所谓教育学的客体即是教育学的研究对象。"教育学的客体是教育，而教育则是一种特殊的、由社会和个人决定的、具有明确性和教育导向功能的、帮助人参与社会生活的活动。……不仅教育学家对教育学有兴趣，其他学科的学者也在研究教育，如教育心理学、教育哲学和社会教育学等学科的学者。但是在各自研究教育活动的不同方面的众多学科中，教育学是唯一专门教育的学科。只有教育学将自身的各个组成部分构成一个整体来研究教育。教育，也只有教育才是教育学自己专注的研究客体。"③受上述苏联模式的影响，我国学者也提出了相近观点："教育科学的各门学科都是以人类社会特有的教育为研究对象的，但它们又都是以教育现象的不同领域和层面为各自特定的研究对象。"④

"教育现象说"认为教育学的研究对象是"教育现象"或"教育现象及其规律"。这是国内教育学界关于研究对象设定更为流行的一种观点，国内广泛使用的若干本《教育学》教材都基本接受了这一界定。如上海师范大学《教育学》认为，"教育学的研究对象是教育现象及其规律""教育学的任务是要从客观的教育现象和实际的教育工作中去揭露它的规律"。⑤ 五院校《教育学》认为，"教育学是研究教育现象及其规律的一门科学"。⑥ 南京师范大学《教育学》则在援引毛泽东在《矛盾论》有关科学研究对象的论述——"科学研究的区分，就是根据科学对象所具有的特殊矛盾性。因此，对于某一现象的领域所特有的某一种矛盾的研究，就构成某一门科学的对象"⑦之后，对"教育现象及其规律"做出进一步限定："这本《教育学》所研究的主要是学校教育这一特定的现象，研究在这一现象领域内所特有的矛盾运动规律。"⑧

---

① 凯洛夫.教育学[M].沈颖，南致善，等译.北京：人民教育出版社，1950：1.
② 巴班斯基.教育学[M].李子卓，杜殿坤，吴文侃，译.北京：人民教育出版社，1986：14.
③ 弗·弗·克拉耶夫斯基.教育学原理[M].张男星，曲程，等译.北京：教育科学出版社，2007：5.
④ 石佩臣.教育学基础理论[M].长春：东北师范大学出版社，1996：15.
⑤ 上海师范大学《教育学》编写组.教育学[M].北京：人民教育出版社，1979：1.
⑥ 华中师范学院教育系，等.教育学[M].北京：人民教育出版社，1982：1.
⑦ 毛泽东选集：第1卷[M].北京：人民出版社，1966：284.
⑧ 南京师范大学教育系.教育学[M].北京：人民教育出版社，1984：1-2.

通过对教育学关于研究对象的其中两种观点的简单梳理,可以更加清晰地看到国防教育学设定自身研究对象背后的教育学思维和影响。国防教育学研究对象的"现象说""活动及其规律说"无非是对教育学研究对象"教育现象说"的套用,而国防教育学研究对象的"国防教育说"则是教育学研究对象"教育说"在国防教育领域的具体推演。国防教育学作为教育学的分支学科,在界定自身研究对象过程中,转向母学科寻求智慧和灵感,这是一种合乎逻辑的自然反应。虽然在学习借鉴的过程中,模仿、甚至照搬的痕迹相当浓重,它仍然构成了国防教育学创生的重要基础和开端。

三、教育学根源的国防教育学研究对象界说之缺陷

但人们应该清醒认识这种对母学科模仿借鉴所潜在的风险。在国防教育学学习教育学的经验如何合理界定自身研究对象这一问题上,国防教育学研究者应注意两种危险。一是实质性的,即作为国防教育学学习的范本,教育学对于自身研究对象的设定仍遭受质疑。二是形式性的,即国防教育学界定自身研究对象过程中,对教育学的研究仍然是局部的,滞后的。例如,对于认可度较高的研究对象"教育问题说",国防教育学界似仍无着墨。

在实质性危险方面,教育学关于自身研究对象仍存争论。国防教育学在界定自身研究对象所主要模仿、借鉴的"教育现象说""教育说"虽具有一定合理性,但其内在缺陷也同样明显。例如,"教育现象说"比教育学研究对象的"人"和"教育"的提法更为具体,并且由于扎根于辩证唯物主义认识论,以透过现象揭示本质和规律为上位概念,赋予了哲学的说明,故被更多学者所认同。① 但"教育现象说"仍存在难以克服的局限。如将"教育现象"作为教育学研究对象的话,那么很大程度上已将价值性问题或基本理论问题排除在外。因此,正如一些学者指出的,教育学研究对象的"教育现象说"充其量属于感性层次的对象观,"以'教育现象'为研究对象,有利于促进实然性的现象研究,但诸如元教育学研究等某些应然性的理论研究,则可能被排除在外"。② 而把教育规律也作为教育研究的对象,一方面是混淆了研究对象与研究任务之间的任务。教育学研究旨在揭示人类教育活动的规律,但这是就这一学科的目的

---

① 钟柏昌.中国教育技术学基础理论问题研究——关于研究对象的评述[J].电化教育研究,2013(9):11.

② 吴定初,雷云.教育研究对象观探新[J].社会科学战线,2005(3):229.

和任务而言的,并不是对其学科研究对象的规定。假如在开展教育研究之前,研究者的认识和思维就已经指向规律,那么教育学的研究和探索过程也就没有存在的必要了。正如马克思所说,"如果事物的表现形式和事物的本质直接合二为一,一切科学都成为多余的了"。①

另一方面,将教育规律作为教育学研究对象,是以教育学以自然科学为范本追求学科的独立,提升学科的位阶的尝试。但这种尝试注定是失败的。社会中并不存在可与自然世界比拟的永恒的、确定性的规律。人文社会科学追求的所谓客观规律是一种虚妄的存在。"不仅是教育学,哲学、经济学、社会学、法学等学科中,大部分过去被称为规律的东西今天都被证明并不是规律,有的甚至成了谬见。"②因此,"规律其实是社会科学界为证明人文社会知识的确定性而创造出来的一种幻觉,是一种形而上学假设,是传统科学的科学理性在社会科学领域中的一种反映。在人文社会领域中,规律与其看成是一种真存在,不如看成是社会科学受传统科学观的确定性假设影响而产生的一个隐喻。"③退一步说,即便教育活动中真存在亘古不变的客观规律,那么诸多的教育学研究究竟揭示了什么堪称"规律"的规律?这恐怕也无教育学者可以回答。

教育学研究对象的"教育说",其缺陷同样突出。这一明显存在同语反复、自我循环的定义,并无法使人获得实在有效的关于教育学研究对象的知识。"如果只是简单地认定教育学以'教育'为研究对象,而未对'研究对象'的把握有所设定,那么关于'研究对象'问题几乎等于没有说什么或说了不必要的话:教育学不研究'非教育'现象。"④类似的批评还有并且更直白:"教育学是研究教育的科学,这话一点不错。犹如说,历史学是研究历史,法学是研究法律,文艺是研究文艺,这话也是对的。然而,这样的表述,并没有给我们提供出更好的、更深入的认识。在科学意义上说,它不过是同义语的反复,不含有任何说明的成分,这种表述并未促认识深化,并未指明研究的对象是什么。"⑤

---

① 马克思恩格斯全集:第 25 卷[M].北京:人民出版社,1974:923.

② 劳凯声.人文社会科学研究的问题意识、学理意识和方法意识[J].北京师范大学学报(社会科学版),2009(1):8.

③ 劳凯声.人文社会科学研究的问题意识、学理意识和方法意识[J].北京师范大学学报(社会科学版),2009(1):8.

④ 陈桂生.教育学的建构[M].增订版.上海:华东师范大学出版社,2009:4.

⑤ 孙喜亭.教育学问题研究概述[M].天津:天津教育出版社,1989:7.

　　作为对母学科的学习模仿,国防教育学依循教育学理路界定自身研究对象的实质性风险,就是国防教育学对研究对象的设定不可避免地存在与教育学设定同样的问题。具体来说,国防教育学根据教育学研究对象的"教育现象说",将自身研究对象设定为"国防教育现象"或"国防教育活动及其规律",一方面有可能窄化国防教育学的研究对象,因为除了国防教育现象之外,国防教育观念性认识成果,如国防教育历史、国防教育基本理论也应属于国防教育学研究对象的范畴。另一方面,国防教育规律不是国防教育学的研究对象,而应该是国防教育学研究的目的和任务。人们研究国防教育,就是为了揭示、把握国防教育实践中规律,从而指导国防教育的开展。同样,国防教育学受教育学将"教育"视为研究对象的启发,将"全民性国防教育"作为学科研究对象,也同样存在同语反复的问题。这种说法认为国防教育研究就是研究国防教育,虽然去掉了现象、活动与规律等字眼,但是对象边界却更加模糊,使人更难把握国防教育学的研究对象。其中的缘由,可能就在于这种界定"造成了研究对象的可能范围和现实的研究对象之间的混淆,模糊了研究对象的'整体'与'部分'的界线"。① 换言之,这并不是对国防教育学研究对象的完满解答。

　　在实质性风险之外,国防教育学界定研究对象对教育学经验的借鉴还存在形式上的缺陷,这表现在国防教育学对教育学的引介和借鉴的不完整和滞后。前面提到,教育学关于自身研究对象的设定经历了漫长的探讨和争论,而"教育现象说"和"教育问题说"是目前认可度较高的两种设定。但通过对国防教育学关于研究对象的界说梳理,可以发现,国防教育学在借鉴教育学理论及经验设定自身研究对象时,仅涉及了"教育现象说"和"教育说",颇受认可的"教育问题说"似乎并没引起国防教育学界的关注。这一定程度反映了国防教育学学科基本理论视野的狭窄和薄弱。一般认为,在学科研究对象、基本理论的等学科创生基本问题探讨方面,仅仅模仿、借鉴其他学科可能是一种无能的表现。对此,我们认为,对于创生中的国防教育学来说,由于其起步较晚、基础较弱,且教育学毫无疑问是其创生发展的重要依托,所以,对教育学概念、体系架构、理论的借鉴移植可能是其学科发展不可跨越的阶段。现阶段制约国防教育学发展水平的问题不是对教育学模仿过多过重,而是缺乏对教育学概念、体系及理论的有效和及时的移植和引介。从国防教育学研究对象设定并无涉及"教育问题说"也可大体窥知,国防教育学对教育学相关研究成果的引介是

① 陈·巴特尔.关于民族教育研究对象的思考[J].民族教育研究,2012(2):6.

远远落后于教育学理论研究所取得的进展的。

　　基于国防教育学研究对象界定存在的实质及形式风险，下两节将着重探讨国防教育问题作为国防教育学研究对象的学科依据、学科价值及具体内涵。需要指出的是，提出将"国防教育问题"作为国防教育学研究对象，并不意味着对国防教育研究对象"现象说"和"国防教育说"的彻底否定。正如研究者指出："'现象说'和'问题说'各有其依据和论证，并有不同的内涵，争论实属正常。"①因此，我们并不希望陷入布雷岑卡指出的教育理论争论的陷阱：大多数参加讨论的人都认为能够而且必定只有一种教育理论。从而每一种观点都以己之长攻人之短，把自己的观点看成是对教育理论实质的唯一正确的理解。对此，布雷岑卡指出，只有一种教育理论的假设或信念本身是值得怀疑的。②同样，我们认为，现阶段就提出唯一的、稳定的国防教育研究对象，一劳永逸地解决国防教育学学科建构的基点问题是不可能的，也是不现实的。比较可行的办法是，国防教育学需要继续借鉴教育学的相关理论成果，探讨诸如"国防教育问题""国防教育存在""国防教育世界"作为其学科研究对象的可能性及价值，并就各种界说展开充分的论争，唯其如此，国防教育学研究对象才能越辩越明，国防教育学的学科创生也才能最终瓜熟蒂落，成长为独立于母体的真正学科。下面仅就"国防教育问题"作为国防教育学研究对象的理论基础及意义进行探讨。

第二节　国防教育问题作为国防教育学研究对象

　　将国防教育问题作为国防教育学研究对象，是受教育学对其研究对象界定的直接影响。正如前面提到，和"教育现象说"一样，"教育问题说"也是教育学界较为认可的关于研究对象的设定。教育学关于研究对象的探讨构成了"国防教育问题"作为国防教育学研究对象的最直接理论基础。进一步的考察表明，教育学将"教育问题"设定为自身研究对象深受科学哲学和哲学建构论的影响。因此，科学哲学和哲学建构论也构成了将"国防教育问题"设定为国

① 钟柏昌.中国教育技术学基础理论问题研究——关于研究对象的评述[J].电化教育研究,2013(9):14.
② 翟葆奎.元教育学研究[M].杭州:浙江教育出版社,1999:10.

防教育学研究对象的间接理论来源。设定国防教育问题作为国防教育学研究对象,其意义不只是对教育学的追随和模仿,而更在于其内在的学科创生和发展价值。

一、教育学研究对象的"教育问题说"

国内教育学界将教育问题设定为教育学研究对象源于日本学者及其著作的影响。1984年,国内翻译出版了日本学者大河内一男等编著的《教育学的理论问题》。作为本书编者之一的日本学者村井实在对教育学的研究对象进行全面系统的梳理后,提出不能把教育现象作为教育学的研究对象,因为"教育现象"的提法含糊不清,而唯有以"教育问题"为研究对象,教育学才能成为科学,并把教育学定义为"研究教育问题的科学"。[①] 国内大批学者对这一观点进行了深入评介和阐发,尝试将"教育问题"设定为教育学的研究对象。著名教育学者陈桂生在梳理了10种关于教育学研究对象的陈述后指出,"所以,教育的科学研究,虽然像是从观察教育事实开始,其实是从对'教育问题'的关注开始,是出于对教育情境如何、教育目的如何、教育手段如何、教育手段与教育目的的关系如何、教育效果如何之类的教育问题的关注,并力图检验有关这类问题的原有假设。或谓'教育问题'是在观察教育现象过程中才发生的,其实在观察过程中所发生的'问题',正是同检验原有假设相关的问题"[②]。在此基础上,他判定"唯有村井实的陈述,反映了现代'研究对象'观念"[③]。据此,他明确表明自己的立场:"如果要对'教育学的研究对象'问题有一个一般的回答,还是以采用'教育问题'的表述最为恰当。"[④]而这已被教育学的历史发展被确证:"分析历史上的教育学,我们可以看到,教育学不是随意思考的结果,而是教育家有意识的自觉研究教育问题所获得的知识和观念的体系。著名的教育家总是立足于他生活的那个时代,有意改变教育现状而发现和提出教育问题,用他们自己的方法进行持续研究,才写成富有创造性的教育名著。可见,教育问题是教育学的研究对象。"[⑤]

---

① 大河内一男,海后宗臣,等.教育学的理论问题[M].曲程,迟风年,译.北京:教育科学出版社,1984:32.
② 陈桂生.教育学的建构[M].增订版.上海:华东师范大学出版社,2009:8.
③ 陈桂生.教育学的建构[M].增订版.上海:华东师范大学出版社,2009:8.
④ 陈桂生."教育学"辩——"元教育学"的探索[M].福州:福建教育出版社,1998:43.
⑤ 陈桂生."教育学"辩——"元教育学"的探索[M].福州:福建教育出版社,1998:44.

　　除陈桂生之外,同一时期的著名教育学者如成有信、孙喜亭等在教育学研究对象设定上,也实现了从"教育现象说"到"教育问题说"的转换或部分转换。如成有信就提出:"教育学科群整体的研究对象是整个教育问题。某类教育学科的对象是某类教育问题。某门教育学科的对象是某种教育问题。"[①]孙喜亭则指出:"教育学的对象应是以教育事实为基础的教育中的一般问题,教育学是研究教育中一般性问题的科学"。[②] 在这些知名教育学者的推动下,"教育问题"作为教育学研究对象渐入人心。在教育学研究对象设定上,"教育问题说"与"教育现象说"是目前最具影响力的观念。国防教育研究者既然可以将"教育现象说"进行迁移,引申出国防教育学研究对象的"国防教育现象说",那么,同样也可以将"教育问题说"替换为"国防教育问题说",将国防教育问题设定为国防教育学研究对象。

二、科学哲学的问题论

　　教育学将教育问题设定为研究对象,其灵感很大一部分来自于科学哲学对问题的重视。而这也构成了国防教育将国防教育问题作为研究对象的重要理论基础。在对科学本质的认识上,存在着演绎逻辑和归纳逻辑两种传统。在培根之前,概念被看作是科学的研究对象,科学研究遵循演绎逻辑,凡是符合亚里士多德三段论的就是科学的,但"三段论不是应用于科学的第一性原理,应用中间性原理又属徒劳;这都是由于它本不足以匹对自然的精微之故。所以,它是只就命题迫人同意,而不是抓住事物的本身"[③]。培根在对演绎逻辑批判的基础上,提出了归纳逻辑的观点,即科学开始于对事物的观察,通过归纳观察所积累的经验,揭示出事物的普遍原理。[④] 这种科学观一直影响着近代科学的发展,但随着科学哲学的发展,这种传统观点受到了巨大冲击。新的观点发端于对问题之于科学发现的重视。爱因斯坦曾指出:"提出一个问题往往比解决一个问题更重要,因为解决一个问题也许仅是一个数学上或实验上的技能而已。而提出新的问题,新的可能性,从新的角度去看旧的问题,却

---

① 成有信.教育学的对象及其两个相关问题[J].北京师范大学学报(社会科学版),1992(6):13.

② 孙喜亭.教育学问题研究概述[M].天津:天津教育出版社,1989:13.

③ 培根.新工具[M].许宝骙,译.北京:商务印书馆,1984:10.

④ 培根.新工具[M].许宝骙,译.北京:商务印书馆,1984:11.

需要有创造性的想象力,而且标志着科学的真正进步。"①这一观点为著名科学哲学家波普尔所继承并系统化。波普尔曾坦言:"爱因斯坦对我思想的影响是极其巨大的。我甚至可以说,我所做的工作主要就是使暗含在爱因斯坦工作中的某些论点明确化。"②追随爱因斯坦的脚步,"他认为科学理论不是起源于经验观察,不是一批观察命题和推理的总和,而是起源于问题,它本身不过是假设和猜想。"③波普尔强调:"科学只能从问题开始。问题会突然发生,当我们的预期落空或我们的理论陷入困难、矛盾之中时,尤其是这样","科学和知识的增长永远始于问题,终于问题——愈来愈深化的问题,愈来愈能启发大量新问题的问题"。④

尽管波普尔因过分强调猜想和证伪而受到库恩等学者的批判,但他把问题作为科学的起始和研究对象被后来的许多学者所认可。库恩的科学范式理论也把问题作为研究对象,只不过在波普尔那里,问题可能是单个的或随时的,而在库恩的理论中,问题是集束的和系统化的,只有系统的或集束的问题才会引起科学家团体的广泛关注和研究,才会引发科学的革命。⑤ 正如美国科学哲学家劳丹总结的:"科学本质上是解决问题的活动。"⑥西方科学哲学对问题的这种重视,中国古代思想家也多有论述。儒家经典《中庸》就有"博学之、审问之、慎思之、明辨之、笃行之"的说法。北宋理学家张载提出过"所以观书者,释己之疑,明己之未达,每见每知所益,则学进矣,于不疑处有疑,方是进矣"⑦。南宋心学大家陆九渊则提出"为学患无疑,疑则有进"⑧,"大疑有大进,小疑有小进。"⑨中国传统思想与西方科学哲学在问题重要性方面的契合,使

---

① 艾·爱因斯坦,利·英费尔德.物理学的进化[M].周肇威,译.长沙:湖南教育出版社,1999:66-67.
② 波普尔.科学知识进化论:波普尔科学哲学选集[M].纪树立,编译.北京:生活·读书·新知三联书店,1987:49.
③ 劳凯声.人文社会科学研究的问题意识、学理意识和方法意识[J].北京师范大学学报(社会科学版),2009(1):11.
④ 波普尔.科学知识进化论:波普尔科学哲学选集[M].纪树立,编译.北京:生活·读书·新知三联书店,1987:48,184.
⑤ 黄崴.教育管理学的研究对象及其分类[J].教育研究,2005(7):26.
⑥ 拉里·劳丹.进步及其问题——科学增长理论刍议[M].方在庆,译.上海:上海译文出版社,1991:3.
⑦ 张载.张载集[M].北京:中华书局,1978:275.
⑧ 陆九渊.陆九渊集[M].北京:中华书局,1980:472.
⑨ 陆九渊.陆九渊集[M].北京:中华书局,1980:482.

得西方科学哲学关于问题的重要性观点也备受中国传统学人接受。20 世纪初那场著名的"问题与主义"之争,胡适就旗帜鲜明地指出:"凡是有价值的思想,都是从这个那个具体的问题下手的。先研究了问题的种种方面的种种事实,看看究竟病在何处,这是思想的第一步功夫。"①因此,有价值的国防教育研究也应从一个个具体的国防教育问题开始。通过收集和归纳国防教育实践中存在的问题出发,谈论本学科应予关注和解决的问题,由问题构筑学科的基本框架。这是与学科逻辑相对的问题逻辑。"前者以学科为本位,强调学科的规范性,重视理论体系的建构,而后者则是以问题为本位,强调具体问题额解决,关注选择和行动。"②与学科相比,问题更具原初性。"实际上分门别类的学科界限完全是人为的,客观世界中并没有这样一种分类和界限,这是人类理性对世界的一种划分的结果。这种为知识研究和传承、保留的需要而贴的标签,有可能与实际存在的问题相符,也有可能不相符,甚至相悖。社会科学不应过分强调学科的界限,因为这种界限往往会形成学科壁垒,限制我们的眼界。"③

对于学科建制尚未成型的国防教育学学科而言,更需要从问题出发。从对一个个具体问题的解决中寻求和彰显自身的学科价值,并最终获得独立学科的内涵和形式。

三、哲学认识论的建构论转换

"教育现象说"的盛行,有其哲学的理论基石,是传统哲学认识论的反映论在教育领域的运用和体现。"按照'描述教育学'(以教育现象及规律为对象的教育学,如洛赫纳、费希尔)的观点,事实是一种纯粹的客观存在。人们在接触这种事实之前,头脑中关于这种事实仿佛是一片空白,以致人们的头脑仿佛像镜子一样反映它。"④因此,当人们说教育学的研究对象是"教育现象"时,一个隐含的假设是:作为教育学研究对象的"教育现象"是独立于主体的实存,它决定其自身。这显然是从本体论意义上理解研究对象的概念及其性质。但事实

① 胡适.多研究些问题,少谈些"主义"[N].每周评论,1919-07-20.
② 劳凯声.人文社会科学研究的问题意识、学理意识和方法意识[J].北京师范大学学报(社会科学版),2009(1):10.
③ 劳凯声.人文社会科学研究的问题意识、学理意识和方法意识[J].北京师范大学学报(社会科学版),2009(1):10.
④ 陈桂生.教育学的建构[M].增订版.上海:华东师范大学出版社,2009:7.

上,研究对象应该是一个认识论意义上的概念。"人类的实践和认识都是对象性活动。人是主体,构成对象性活动的一极;另一极就是客体。它是对象性活动所指向的事物的总称。"①科学认识本质上就是一种对象化活动。这有两重截然不同的含义。一指科学认识一种关于对象的活动,此系反映论的范畴;二指科学认识一种设定或建构对象的活动,此为生成论或建构论的范畴。② 教育学将研究对象设定为问题而不是现象,反映了当代哲学认识论从反映论向生成论的转换。

传统实证主义认识论是以反映论为基础的,在这种认识论中,事物是独立的、客观存在的,研究者与现实之间是割裂和分离的,研究者必须保持超然和价值中立的态度认识研究对象,保证客观地进入和反映客观现实。但现实表明,即便在相对客观独立的自然科学研究中,研究者与研究对象也有相当的纠缠。研究者既是现实的入侵者又是被侵入者,研究者与对象之间的相互作用似乎是无法消除的。德国著名物理学家海森堡提出的著名"测不准原理"有力地说明了这一点:我们所观察的自然,并不完全是其本身;我们所采用的方法,在相当的程度上决定了自然的呈现。换言之,无条件客观地进入客观的现实的希望已经被摧毁。与传统实证主义不同,后实证主义和自然主义教育范式主张建构论,认为教育研究者试图以自然、非冒犯的、无威胁的方式接触他的研究对象,实际上影响到教育行动者对其所建构的现实及其意义的理解,这种教育研究者与教育行动者、教育现实之间相互影响的结果,最终构成了教育研究的对象。③ 而狄尔泰关于"对话"的对象观则进一步指出,研究主体所拥有的历史、观念、理解力,都有可能介入到被经验的教育现象中,成为它的一部分,而构成研究对象。④

后实证主义、自然主义以及狄尔泰的"对象观"反映了当代西方哲学认识论的建构论转向。在他们看来,研究对象不是外在的、客观的,而是研究者有意选择和建构的结果。这正是教育学研究对象由"教育现象"转换为"教育问题"背后的哲学逻辑。"这些所谓'教育问题'、'社会问题'、'文化问题'或'心理问题',属同一客观现象的不同的'问题领域',惟其如此,如今关于某一门学

---

① 徐跃权.关于图书馆学的研究对象问题的哲学解答[J].图书馆学研究,2014(3):2.

② 吴国盛.追思自然[M].沈阳:辽海出版社,1998:247.

③ 唐莹.元教育学[M].北京:人民教育出版社,2002:168.

④ 钟柏昌.中国教育技术学基础理论问题研究——关于研究对象的评述[J].电化教育研究,2013(9):13.

科研究对象问题的见识,已经改变了视角:不再是局限于划定客观现象的范围,而是根据主观意图对客观现象的范围做出抉择,尽管这种主观意图应是客观需要的反映。这种主观意图的确定,取决于研究主体与客体之间的关系,即主体对客体关注的视角。以教育学而论,它的研究对象似乎是'教育现象',而实际上是'教育问题'。"①据此,在哲学认识论的建构论及教育学对其的采纳基础上,国防教育学研究对象也可以从研究者及学科发展的主观需要出发,将之界定为"国防教育问题"。

四、国防教育问题作为国防教育学研究对象的学科价值

将国防教育问题设定为国防教育学研究对象不是对教育学的单纯学步,也不是简单地将科学哲学、哲学认识论的一般理论移植到国防教育领域。就国防教育学学科的创生发展而言,将国防教育问题设定为其研究对象有着非常现实的价值。

第一,有助于国防教育学回应社会的现实需要,提升学科的地位及社会认可度。任何研究、学科、知识,都源自一定的社会认知或实践需要。马克思、恩格斯指出"一切划时代的体系的真正的内容都是由于产出这些体系的那个时期的需要而形成起来的"。② 对此,美国科学史权威萨顿在总结其毕生治科学史研究之经验提到:"按照辩证唯物主义体系,科学首先(如果不是唯一的话)要从社会和经济的角度来说明。这种解释包含着一个真理的内核,因为科学并不是在社会真空中发展,科学家作为一个平民,在许多方面受到国家和雇主的利用和摧残。"③对于社会需要与科学发展的关系,苏联学者凯德洛夫也曾提出著名的论断:"科学的突破点往往发生在社会需要和科学内在逻辑的交叉点上。"④综合上述言论,一个合理的推论就是,国防教育学作为一门新兴学科,其初始动因就在于社会的需要。现实中存在许多令人困惑的国防教育现象或问题,需要探求新的知识体系予以回应和解答。具体来说,只有深入到国防教育的实践当中,把握住国防教育发展的脉搏,发现阻碍国防教育发展的普遍性问题,特别是长期困扰人们的一般性、基础性问题,给予科学的解决,这样才能在满足社会需要中获得人们的承认,得到人们的喜爱,实现自己的价值,

① 陈桂生.教育学的建构[M].增订版.上海:华东师范大学出版社,2009:6-7.
② 马克思恩格斯全集:第3卷[M].北京:人民出版社,1960:544.
③ 金吾伦.自然观与科学观[M].北京:知识出版社,1985:409.
④ 解书森,陈冰.对科技进步因果链的探讨[J].贵州社会科学,1986(5):36.

确立自己的社会位置,从而在社会发展的潮流中实现自身的发展。

学科作为系统的知识或理论,其功用或价值的大小有赖于其满足社会需要程度的高低。正如毛泽东同志对马克思主义理论功用的评论:"对于马克思主义的理论,要能够精通它、应用它,精通的目的全在于应用。如果你能应用马克思列宁主义的观点,说明一两个实际问题,那就要受到称赞,就算有了几分成绩。被你说明的东西越多,越普遍,越深刻,你的成绩就越大。"①同样,国防教育学越能对国防教育现实或问题做出解释,就越会赢得社会的重视,就越能开辟自己学科的广阔天地。

值得注意的是,对于身处强调"经世致用"的中国学术语境国防教育学来说,以问题为研究对象,以满足社会需要为指向显得更为重要。"自先秦时代起,中国文化就表现出'经世致用'的鲜明特点。学者们重视人生、讲究实用,漠视各种与现实人生无关的自然知识或抽象理论。在他们看来,任何学问必须有利于社会人生才有价值。于是,'治国平天下'、'为人生而学问'成为根本的学术目的。应当肯定,中华民族不乏'求知求真'的精神,然而,中国传统文化压倒一切的价值目标是追求一种理想的道德境界和实际的社会利益。这一点极其顽强地贯穿在学者们'求知求真'的活动中:为了'经世致用',才去'求知求真'。"②对于创生中的国防教育学来说,"经世致用"并不是一种逝去的传统,而是建构其生存场域的重要且真实的存在。例如,国防教育学如能进入国家的高等教育的招生、人才培养计划的正式目录,那将是国防教育学学科创生的重大突破。但就目前国家学科目录及学位点的设置来看,这是以学科是否能满足社会需要为前提的。"坚持把社会需求放在第一位,同时加强建设,创造条件,努力使每个学位点在导师队伍、研究方向、课题及成果、实验仪器设备等方面能够达到培养社会所需人才和出高质量科研成果的要求。如果没有社会需求,条件再好、力量再强的学科,也不宜增列为新的学位点。如果社会需求旺盛,暂不具备条件,既不能勉强增列新点,更不能放弃,而要下大力气进行学位点的建设。"③在这种规则下,国防教育学要获得体制内的身份和认同,关键在于直面问题,增强对相关问题的解释力,提升问题解决水平和能力。

第二,有助于锻造国防教育研究者理论思维,提升国防教育研究学术水

---

① 毛泽东选集:第 3 卷[M].北京:人民出版社,1991:813.
② 辛望旦.对社会需要与科学发展关系的再思考[J].南京大学学报(哲学·人文科学·社会科学版),2000(6):23.
③ 问青松.进行学位点立项建设的几点启示[J].学位与研究生教育,2000(4):25.

准。一门学科的形成和发展,首先取决于社会实践和社会需求。但是有了社会实践和社会需求,并不等于就有了系统的学科理论。"社会实践中提出需要解决的问题只有转化为科学技术领域中的矛盾,转化为人们头脑中须知与未知的矛盾,从而提出命题、猜想等,才能成为人们去进行科学研究的直接动力。"①对于国防教育学而言,一直都存在着大量的国防教育现象和事实,也有相当多关于国防教育现象和事实的研究文献。但由于缺乏问题意识,缺乏深层次的理性思考,大部分国防教育研究仍处于浅薄的感性层次,并且颇为单一。有论者对四届高校国防教育学术研讨会论文分析后指出:"有些研究处于没有前进的重复状态,比如国防教育与学生素质教育,每届研讨会都有大量论文研究这一主题,连标题、内容都大同小异,多年来没有太多新意也没有实质性进展。"②究其原因,就在于国防教育研究者缺乏足够的问题敏感性,更多的仍是就现象谈现象。而将国防教育问题作为学科研究对象,它首先需要研究者运用一定的理论思维,将大量相同或类似的国防教育现象或事实予以归纳提炼,将其转化为人们头脑中的须知和未知的矛盾,进而发现和提出需要研究的命题。"'教育问题'对象观反映了对感性教育的超越,因为'问题'总要经过'筛选性'思考后才能确定,因而这一层次的对象观是对教育的感性与理性的两维关注。"③更为重要的是,作为主体的研究者和作为研究对象的客体是相互规定的,研究对象的设定彰显的是主体的能动性和认识能力。"主体与客体是相互规定的。这取决于客体的性质及与之相适应的主体的本质力量的性质;客体是主体的一种本质力量的确证。"④

因此,将"国防教育问题"设定为国防教育学研究对象,对国防教育研究者的学术积累、理论思维能力提出了新的要求。因为"能否发现重大教育问题,并使之成为研究的焦点问题,这取决于教育研究者的教育观念、学术视野和其在教育领域的影响力"⑤。国防教育问题的发现、提炼本身就是一种学术加工、创造的过程,这使得国防教育研究者更有可能突破单纯的国防教育现象束缚,深入现象把握其本质。这将大大减少无问题的国防教育研究以及无结论

---

① 张乐育.关于"任务带学科"的讨论[J].科学学研究,2007,25(a02):216.

② 郑宏.中国普通高校国防教育研究:回顾与前瞻——基于1997—2009年全国普通高校国防教育学术研讨会的分析[J].高等教育研究,2011(1):88.

③ 吴定初,雷云.教育研究对象观探新[J].社会科学战线,2005(3):229.

④ 徐跃权.关于图书馆学的研究对象问题的哲学解答[J].图书馆学研究,2014(3):3.

⑤ 张海波,杨兆山."教育问题"探析[J].教育研究,2011(11):109.

的国防教育研究成果,实质性提升国防教育研究的学术水准。正如有论者指出:"一旦当研究者选择了合适的教育问题之后,他便有了持续研究该教育问题(自然就遮蔽了其他教育问题)的信心与决心,这时候他已经踏上了教育学的研究之旅,其间当然会出现对于该教育问题的分类汇总与抽象概括,不仅如此,还将对该教育问题作出有相当说服力的理论解释。"①

当然,教育问题作为教育学研究对象的意义和价值,其更突出和直接的功用在于:"确立以教育问题为教育学的研究对象,较之以教育现象为教育学的研究对象,将更加有助于培植起教育学者研究教育现象(教育的事实状态)时的问题意识,而不再会有留滞于司空见惯的教育现象居然还浑然不觉。"②最后,论者自信地强调:"由此不难看出,提出以教育问题作为教育学的研究对象与领域,将极大地纠正目前教育学研究中由于无(去)问题化现象而导致的诸如表浅化、雷同化、低效甚或无效化等等结果。"③较之教育学,国防教育学起步更晚,基础更差,研究趋于现象化、表面化、趋同化、低效化更为突出和严重。在此背景下,提出"国防教育问题"作为国防教育学研究对象,其意义已不言而喻。

第三,有助于国防教育研究方法的运用和发展,促进国防教育学学科的完善发展。"研究对象须与研究方法相适应。不同的研究对象有不同的特性,适应不同的方法,不同方法也都是各有优长,选择不当无异于缘木求鱼。"④就国防教育学而言,将"国防教育现象"或"国防教育活动及其规律"作为研究对象,这无疑是模仿自然科学的模式,试图通过自然科学的方法寻求国防教育的所谓规律。但是国防教育学作为一门人文社会科学,其中虽有可用自然科学方法进行论证的客观现象和事实,但从根本上来说,它与自然科学对研究对象的认知是不同的。"自然科学是将研究对象作为客体来认识和把握,而这一客体

---

① 余小茅.试论教育学的研究对象是"教育问题"——兼与高鹏、杨兆山商榷[J].学术界,2014(9):120.

② 余小茅.试论教育学的研究对象是"教育问题"——兼与高鹏、杨兆山商榷[J].学术界,2014(9):122.

③ 余小茅.试论教育学的研究对象是"教育问题"——兼与高鹏、杨兆山商榷[J].学术界,2014(9):123.

④ 雷云,吴定初."教育研究对象"的哲学思考[J].社会科学战线,2009(1):264.

又存在不变的'规律'与'现象'。"①然而,国防教育学研究对象与主体性的"人"相关,必然不是所有经验研究,因果决定论所能完全说明和描述的。如前所述,作为国防教育学研究对象的国防教育问题,它是主客体相互作用、相互建构的结果。这表明,纯粹以自然科学对其研究对象展开认识的思维路径来判定和研究国防教育学的研究对象是不恰当的。例如,有关大学生的国防意识问题,采用实证研究的方法可以把握大学生群体国防意识的强弱,但是为何国防意识会有个体差异,可能就不是实证研究方法所能回答的了。

因此,将国防教育学研究对象设定为国防教育问题,使得国防教育学的学科研究对象性质发生了根本性的转换,这就要求国防教育研究在方法的运用与发展上需要更广阔的视野。国防教育研究者要根据问题的性质来确定和发展合适的方法,而不是相反。"学科门类、理论体系的划分都是相对的、次要的,而问题的研究、真理的探索才是学术追求的根本目标。没有了'问题',理论研究便没有了对象,没有了对象,也就谈不上方法。"②以国防教育问题为学科研究对象,对于创生中的国防教育学来说,更利于其避开以学科体系为本位,以方法为目的的误区。根据问题的性质选定和发展相应的研究方法,"尽可能广视域、多视角地看待问题,寻求答案"。③ 总之,国防教育学的研究对象,是特定思维视角下看到的各种不同的"国防教育问题",而不是学科分类硬性划定的事物;国防教育学的研究方法,就是取决于研究对象(国防教育问题)所需要的解决手段,而非按照学科属性所限定的思维模式和话语系统。只有明确了这一点,国防教育学的研究方法才会越来越全面和成熟,国防教育学的学术研究之路才会愈走愈宽。

第三节　作为国防教育学研究对象的国防教育问题

在前面的论述中,我们已经明确提出了将"国防教育问题"设定为新的学

---

① 虞滢,金林南.思想政治教育学科研究对象之"人"的审思与路向[J].思想政治教育研究,2016(3):15.

② 邢维凯.关于音乐学研究对象与方法的再思考[J].南京艺术学院学报(音乐与表演版),2013(2):2.

③ 邢维凯.关于音乐学研究对象与方法的再思考[J].南京艺术学院学报(音乐与表演版),2013(2):2.

科研究对象。下面将对作为国防教育学研究对象的"国防教育问题"内涵展开探讨。

一、国防教育问题是"全民"国防教育问题

作为国防教育学研究对象的国防教育问题,首先是"全民"国防教育问题。强调国防教育问题的全民性,在于我国国防教育的全民性及当前我国国防教育研究的非全民性偏颇。关于我国国防教育的全民性,我国宪法规定,我国所有公民对于国家的安全与防务都负有神圣而不可推卸的责任。《中华人民共和国国防教育法》进一步明确规定:"中华人民共和国公民都有接受国防教育的权利和义务",毫无疑问,我国的国防教育是面向全体公民的教育活动。在我国,全民国防教育被划分为学校国防教育和社会国防教育两个层面。学校国防教育是我国全民国防教育的基础。《中华人民共和国国防教育法》第 13 条明确指出:"学校的国防教育是全民国防教育的基础。"学校国防教育依举办机构性质不同分为中小学国防教育、高等学校国防教育、各类教育机构国防教育三类。对此,《国防教育法》第 14、15、17 条分别规定:"小学和初级中学应当将国防教育的内容纳入有关课程,将课堂教学与课外活动相结合,对学生进行国防教育。""高等学校、高级中学和相当于高级中学的学校应当将课堂教学与军事训练相结合,对学生进行国防教育。""负责培训国家工作人员的各类教育机构,应当将国防教育纳入培训计划,设置适当的国防教育课程。"

对于社会国防教育,《国防教育法》同样做出了细致规定。该法第 5 条是社会开展国防教育的总纲领:"一切国家机关和武装力量、各政党和各社会团体、各企业事业组织以及基层群众性自治组织,都应当根据各自的实际情况组织本地区、本部门、本单位开展国防教育。"第 18~23 条对各社会机构或团体开展国防教育做出具体规定。如第 18 条规定:"国家机关应当根据各自的工作性质和特点,采取多种形式对工作人员进行国防教育。"第 19 条规定:"企业事业组织应当将国防教育列入职工教育计划,结合政治教育、业务培训、文化体育等活动,对职工进行国防教育。"余下 20、21、22、23 条则分别就军区及人民武装部,城市居民委员会和农村村民委员会,文化、新闻、出版、广播、电影、电视等部门,以及具有国防教育功能的烈士陵园、革命遗址等场所开展国防教育做出了相关规定。

这里大段引述《国防教育法》的相关规定,是想进一步凸显和重申国防教育的全民性,或者说国防教育的完整性或整体性问题。就我国国防的性质及国防教育法律的相关规定来说,完整的国防教育体系包含了学校国防教育和

社会国防教育两大部分。而学校国防教育部分又包含了从小学到大学,从普通教育体系到诸如党校、军校之类专业教育组织的国防教育。社会国防教育除了包括对一般社会民众的国防教育之外,还包括了对国家机关工作人员、民兵、预备役人员等人群的国防教育。按理说,与全民性国防教育相对的应该是全民性国防教育的研究。但是我国当前的国防教育研究,离"全民性"还有相当的距离。具体表现就是对国防教育的两大部分及其内部组成部分的研究明显失衡。总的来说,学校国防教育研究较为系统、发达,社会国防教育研究较为零散、薄弱。在学校国防教育内部,对于高校国防教育的研究较为集中,文献数量众多,对中小学及党校、军校开展国防教育研究甚为少见。以"国防教育"为篇名在中国知网(CNKI)进行检索,共有3002篇文章,据笔者粗略统计,大概超过80%以上的文章探讨的是高校国防教育问题,涉及中小学国防教育的文章(其中还包括若干篇工作总结、新闻报道)只有77篇,仅占文章总数的2.6%。关于党校开展国防教育文章不超过10篇,军校开展国防教育培训的相关理论文章则尚未发现。在社会国防教育内部,则几乎所有类型的机构或组织开展国防教育的研究都不多见。现有的相关文献多是社会各机构或组织开展国防教育的经验总结或新闻报道,真正意义上的学术研究相当缺乏。

总而言之,我国的国防教育是"全民国防教育",但由于学界一直倾向将"国防教育现象"或"国防教育活动及其规律"作为研究对象,国防教育研究者较为关注的仅是相对规范的高校国防教育,对国防教育的其他层次和范畴的研究则明显不足。因此,当前的国防教育研究很大程度已经等同于高校国防教育研究。人们在谈所谓国防教育学的时候,实际很多时候谈论的是高校国防教育学。基于这样一种由"现象对象观"造成的学科窄化、异化风险,提出将"国防教育问题"设定为国防教育学研究对象,首先强调的是其全民性,或者说国防教育的整体性。作为国防教育学研究对象的"国防教育问题",不仅仅是高校国防教育问题,还包括了中小学国防教育问题,党校、军校开展国防教育的问题,以及同样重要且丰富的社会各机构、组织和团体开展国防教育的问题,即社会国防教育问题。真正意义的国防教育学应该是研究整体性国防教育问题的学科,即学校国防教育和社会国防教育问题的科学。

二、国防教育问题是"成问题"的国防教育问题

"'教育问题'并不是一个不言自明的词汇",[①]因此,"以'教育问题'表征

---

① 张海波,杨兆山."教育问题"探析[J].教育研究,2011(11):109.

其所探讨的内容,并不意味着其必然是教育问题"①。正是因为"教育问题"词义所指和能指的错位,使得人们对于作为教育学研究对象的"教育问题"远未达成共识。"教育问题"本身的这种不确定性,一定程度上压缩了其作为学科研究对象广大的可能空间。这种不确定的直接体现就是对"教育问题"这一概念进行随意性解读,并以此否定"教育问题"作为教育学研究对象的合理性。这种情形似乎至今仍相当普遍。例如高鹏、杨兆山发表于《教育研究》2014年第2期的文章《"教育现象"何以是教育学的研究对象》为了论证"教育现象"作为教育研究对象的合理性,专门论述了"教育问题"作为教育学研究对象的缺陷。该文认为,教育问题的属性很多,一是主观性,二是相对性。因此,教育问题作为教育学研究对象的局限性在于:"一方面,教育问题是研究者基于个人的立场和旨趣在教育事实中觉察到的矛盾,这便导致尽管有些教育问题可能转化为被多数教育学者所关注的公共话题,但其中的很多'问题'还是会带有个体相对性和时空相对性,它们可能会随着研究者和具体情境的改变而不再成为'问题',这并不符合成为学科研究对象所需的普遍性和稳定性。另一方面,教育问题是教育事实中一些处于分散状态的个别化'矛盾',教育学不可能也没有必要对其中的全部内容展开研究,只有那些频繁发生和十分突出的相似'问题',经过研究者的分类汇总与抽象概括才可能成为教育学的研究对象。"②对此,有学者提出质疑,认为作者对于教育对象的确认带有相当的随意性,并指出其根本问题在于对于学科研究对象的论证缺乏方法论的自觉与检视。在对作者提出的"教育问题"作为教育学研究对象的两方面局限批驳的基础上,这位学者针锋相对地指出:"这就充分证明了教育学的研究对象因教育问题的不同而不同,但总归依旧是教育问题而不是别的什么问题构成了教育学的研究对象。"③

对于后一位学者将"教育问题"作为教育学研究对象,我们十分赞同,并且也同意其对《"教育现象"何以是教育学的研究对象》一文论证存在方法论缺失的判断。但令人遗憾的是,这位学者对原作者将"教育问题"作为教育学研究对象局限的批驳仍显薄弱,难以使人完全信服并转而服膺"教育问题对象说"。换言之,教育学研究对象的"教育问题对象说"仍存争议,这直接影响国防教育

① 张海波,杨兆山."教育问题"探析[J].教育研究,2011(11):109.
② 高鹏,杨兆山."教育现象"何以是教育学的研究对象[J].教育研究,2014(2):59.
③ 余小茅.试论教育学的研究对象是"教育问题"——兼与高鹏、杨兆山商榷[J].学术界,2014(9):120.

学移植这一界说的意义和价值。由此,进一步确立国防教育问题作为国防教育学研究对象的合理性,仍须回到讨论的起点,予以"问题"明确的规定性。

那么,何谓问题?教育学为何会将"教育问题"设定为学科研究对象?对此,陈桂生先生的相关论述颇有见地:"'问题'有两义:一是所'问'之'题',或有疑问之事;一是指事物的严重性,如通常所谓'成问题'。社会学注重研究的'社会问题',主要指'成问题'的事。把'教育问题'作为教育学的研究对象,多少受到社会学的启发。"①由此可以看到,作为教育学研究对象的"教育问题"是"成问题"的"问题",是社会学意义上的"问题"。社会问题一直是社会学的重要研究领域和内容,有人甚至因此断言:社会学是研究社会问题的一门科学。② 这种界说有可能过于把社会学狭隘化和工具化了,但它却真实反映了社会学对社会问题的关注和痴迷。

围绕社会问题,众多社会学者提出了不同的界说。如美国社会学家米尔斯对个人烦恼和公共问题做出了明确区分,将社会问题定位为公众问题,是社会中许多人遇到的公共麻烦。社会的公众问题常常包含着制度上、结构上的危机,也常常包含着马克思所说的"矛盾"和"斗争"。③ 这至今仍被视为关于社会问题最为简洁但却最具想象力的定义。其他类似的观点还有,美国斯卡皮蒂认为,只有具备了两个条件,一般的公共问题才会变成社会问题:"1. 大部分人必须认为是社会问题。2. 大部分或者社会上一些重要成员必须相信这个问题可以通过社会运动加以解决。"④台湾学者张镜予认为:"凡是危害社会秩序的事件,扰乱大众生活的行动,就是社会问题。"⑤我国早期社会学家陶孟和先生则指出:"人类都有极密切的社会关系,有许多种的状况,有时可以影响社会的势力、人的行为,有时可以改变全社会的行为。这种影响或改变社会的势力扩大,足以妨害我们人类共同生活的时候,就成为社会问题。"⑥我国社会学

---

① 陈桂生.教育学的建构[M].增订版.上海:华东师范大学出版社,2009:8.

② 陈沂.社会学是研究社会问题的一门科学——我对社会学研究的一点看法[J].社会,1981(00):9-11.

③ 赖特·米尔斯,塔尔考特·帕森斯,等.社会学与社会组织[M].何维凌,黄晓京,译.杭州:浙江人民出版社,1986:10.

④ 弗·斯卡皮蒂.美国社会问题[M].刘泰星,张世灏,译.北京:中国社会科学出版社,1986:2.

⑤ 王维林,等.中外社会问题比较研究[M].台北:"中央文物供应社",1982:1.

⑥ 陶孟和.社会问题[M].上海:商务印书馆,1924:12.

重建的关键人物费孝通先生主持编写的《社会学概论》则认为："社会问题是社会关系或环境失调，致使社会全体成员或部分成员的正常生活乃至社会进步发生障碍，从而引起了人们的关注，并需要采取社会的力量加以解决的问题。"①

综合来看，社会学界似乎并没形成关于社会问题的统一概念，但正如学者归纳指出，在社会学界对社会问题的理解分歧之中存在一定共识，主要这体现在四个方面。第一，社会问题是一种"客观事实"，是一种超常的或失常的社会现象；社会问题是现实存在的，不是人们的假想或臆想；第二，社会问题是一种"公共问题"，是对全体社会成员或部分社会成员及对社会进步不利的或有害的社会现象；第三，社会问题是一种"公众认定"，是引起社会大多数人关注、一致确认并希望改变和解决的社会现象；第四，社会问题是一种借助社会力量、采取社会行动加以解决的社会现象。② 这反映了社会学所研究的社会问题的三大基本特征，即客观性和主观性的统一、普遍性和特殊性的统一及联系性。③ 至此，回过头再看《"教育现象"何以是教育学的研究对象》一文指出的所谓"教育问题对象说"的局限，如果就社会问题的社会学规定性来看，根本就是无的放矢。按照社会问题的社会学逻辑，作为教育学研究对象的教育问题只能是公共问题，而不可能是"研究者基于个人的立场和旨趣在教育事实中觉察到的矛盾"。④ 带有个人性或相对性的教育问题只有成为大多数教育学者关注的公共论题才是教育学的研究对象。此外，教育问题如果遵从社会学对社会问题的界定，它也就不是作者说的，"是教育事实中一些处于分散状态的个别化'矛盾'"。⑤ 教育问题内在地指向"那些频繁发生和十分突出的相似'问题'"，⑥这些问题经过研究者的分类汇总与抽象概括最终成为教育学的研究对象。

通过回到对教育问题的社会学根源及逻辑，我们进一步澄清了目前对"教育问题对象说"存在的理解误区，进而再次确认了教育问题作为教育学研究对象及其合理延伸——国防教育问题作为国防教育学研究对象的合理性。在此

① 《社会学概论》编写组.社会学概论[M].天津：天津人民出版社，1984：308.
② 青连斌.社会问题的界定和成因[J].中共中央党校学报，2002(3)：98.
③ 蔡菁.关于社会问题的几点看法[J].社会学研究，1987(6)：94-96.
④ 高鹏，杨兆山."教育现象"何以是教育学的研究对象[J].教育研究，2014(2)：59.
⑤ 高鹏，杨兆山."教育现象"何以是教育学的研究对象[J].教育研究，2014(2)：59.
⑥ 高鹏，杨兆山."教育现象"何以是教育学的研究对象[J].教育研究，2014(2)：59.

基础上,我们进一步提出,作为国防教育学研究对象的国防教育问题是社会学意义上的所谓"成问题"的问题。具体来说,作为国防教育学研究对象的"国防教育问题"指的是国防教育实践或理论研究中客观存在明显的失常或失调,致使国防教育实践和研究的发展受到了严重阻碍,从而引起了大多数国防教育实际工作者或研究者的关注,并需要通过群体的行动予以消除或改进的公共问题。

三、国防教育问题是"价值—事实—实践"问题的复合体

"国防教育问题"作为国防教育学研究对象,它理论上应涵盖这一学科所有已经存在的问题对象,并且还应为涵盖未来的问题对象预留可能性。"任何一个合理的研究对象都不是无中生有,都必须依据本学科既有的具体问题、具体问题的对象及其理论成果来抽象和概括出来并预留学科的发展空间。"[①]因此,依据上述内含的现实性、全面性以及发展性原则,作为国防教育学研究对象的国防教育问题应该是"价值—事实—实践"问题的复合体,即国防教育问题可以细化为为什么、是什么以及怎么办三个方面的问题。

首先是为何进行国防教育的问题。这是对国防教育存在与发展的根本追问。和其他任何事物一样,国防教育也有其产生、发展的历史与原因,其生存与发展受一定要素的制约。要深刻把握国防教育这一事物的本性,就要求必须重视对其历史起源和前提的考察。就如恩格斯所说:"马克思研究任何事物时都考查它的历史起源和它的前提,因此,在他那里,每一单个问题都自然要产生一系列的新问题。"[②]因此,研究国防教育,首先应该探究国防教育为何产生以及在社会的发展中人类为何要接受国防教育的教化、调节与引导。这虽是历史的追溯,但却指向当下。因为在国防教育实践中,人们必然(自觉或不自觉)会问,人类为什么会需要国防教育,人类为什么必须接受国防教育,这事实上是对国防教育存在意义和价值的追问。如果国防教育学研究不先解答这一问题,那么国防教育的实践及理论研究也就无从谈起。所以,我们要研究国防教育的学科地位、历史根源和现实作用。就学科地位来说,我们要探讨国防教育与军事教育、思想政治教育、普通教育、体育等学科或领域的联系与区别,要着重说明为何在已存在大量相近学科的情况下,还需要国防教育这种特殊

---

① 徐跃权.关于图书馆学的研究对象问题的哲学解答[J].图书馆学研究,2014(3):4.

② 马克思恩格斯全集:第 20 卷[M].北京:人民出版社,1965:400.

的教育活动,并为此分立出一门新的学科。就历史根源方面,需要从国防教育产生、发展的历史入手,探讨其得以产生并发展起来的政治、经济、文化等原因。就现实作用方面,需要理论和现实两个维度探讨国防教育的个体价值和社会价值。因此,为何进行国防教育的问题,是对社会中国防教育的客观现象所进行的反思性研究,它凸显了国防教育学科的学科性质、形成历程及其学科价值研究。具体来说,其主要包括国防教育学科元研究、国防教育史、国防教育功能价值论以及比较国防教育学等。

其次是何为国防教育的问题。这是对国防教育的整体认识,是对国防教育这一客观现象的研究,其探讨的是"国防教育是什么"这一国防教育理论体系中的最基本问题。任何从事国防教育实践和理论研究的人都绕不开这一问题。虽然国防教育具有阶级性,并且人们一直从事着国防教育的实践,但人们在实践与研究国防教育的过程中,在关注"怎样教育""如何教育"以及"用什么教育"等其他问题时,"国防教育是什么"的思索通常贯穿其始终。人们国防教育的实践越拓展,对国防教育认知越广泛,这一问题就表现得越明显,对国防教育研究得越深入,这一问题的研究就越重要。简单来说,如果人们对于国防教育没有基本的认识和了解,探讨为何要进行国防教育以及如何对人进行国防教育的问题时,就会缺乏具体的基础和指向。探讨国防教育是什么,需要人们梳理国防教育概念的谱系,回到其历史本源,回归其自身,寻求"国防教育之所以是国防教育"的内在规定性。就此而言,国防教育是什么的研究问题域具体包括:国防教育的本质、国防教育的内涵、国防教育的构成要素、国防教育的基本内容、国防教育的目的任务等国防教育的基本范畴及其相互关系,国防教育认识论、国防教育的学科化等等。

再次是如何开展国防教育的问题。这是关于国防教育的原则、方法、理论武器、组织管理、过程规律等的研究。追问国防教育产生的原因及其价值,探求国防教育的本性,其最终目的是为了保证国防教育的有序、有效开展。就这个意义来说,如何开展国防教育可谓国防教育最重要的问题,也是国防教育研究与实践的最为核心的问题。具体研究通常包括国防教育经验总结、国防教育的过程规律、国防教育研究的方法途径、国防教育的管理等。

从现有文献来看,绝大多数国防教育著作或文章属于第三个方面的研究。理论的价值在于指导实践,从这个角度来说,国防教育理论研究集中于国防教育的"怎么办"问题似乎无可厚非。但鉴于国防教育学科的稚嫩,人们对国防教育的"为什么""是什么"问题研究仍较为浅薄,且迟迟没有突破。在这种背景下,大量关于"国防教育怎么办"的研究表现为一种单纯的经验性认识,无法有效引导和促进国防教育的真正发展。这不能不说是当前学界在将国防教育问题作为学科研究对象的认识和把握上的一个缺陷。正如学者评论思想政治教育学存在的同样缺陷时指出："因为作为一门学科，必须展现出很强的科学性，不应无条件地承认某一既定的前提，而应对任何一个既定的前提作反思性的研究，并最终说明彼此之间的关系，才能全面而深入地开发其功能，促进怎样进行思想政治教育的深化研究。否则，就只会注意研究思想政治教育过程中主、客体以及教育内容之间的关系，只注重探索思想政治教育的方法，因而必然减弱这门学科的科学性。"①基于思想政治教育学的经验和教训，在对作为国防教育学研究对象的"国防教育问题"进行探究的过程中，国防教育研究者应该更加重视对国防教育问题的前两个方面的研究，夯实对国防教育问题第三个层面研究的理论基础，以有效提升国防教育操作策略研究乃至整个学科的质量与科学性。

---

① 刘新庚，李四益，文银花.对思想政治教育学科研究对象的新认识[J].探索，2002(4)：113.

第六章 国防教育学的学科归属论辩

不同的学科往往代表着认识世界事物的不同视角及与之相关的一整套思维、方法和技术。探讨国防教育学的学科归属,不是国防教育学的简单认祖归宗,而是国防教育学研究视角和方法的拓展过程。"借助于其他学科的理论体系,可观照到教育研究对象的不同侧面,提供教育研究的信度和效度。利用其他学科理论的成熟度,可迅速提高教育研究的水平,加快实现教育研究对象的螺旋上升运动。"①正如社会学重要奠基者迪尔凯姆所说:"毫无疑问,当一门学科正在产生的时候,要想取得进步,必须借鉴所有现存的科学,将这些学科中宝贵的经验弃之不用,显然是很不明智的。"②在这个意义上,考察国防教育学的学科归属,内在地蕴含着借助其他学科的研究视角、方法审视国防教育研究对象的方法论意义。不同的学科提供了不同的视角和方法,视角和方法则如同"阶梯",站在不同学科的肩膀,借用其独特的视角、方法便能站得更高,也自然看得更远。

作为一门创生之中的交叉学科,国防教育学不仅是军事学科的延伸和扩展,也是教育学原理和方法的应用和拓展,同时,也与思想政治教育学有着千丝万缕的联系。这使得人们对于国防教育学的归属出现了分歧。由于国防教育与军事的天然联系,军事科学领域较早开展了对国防教育的系统研究和专门人才的培养。国防教育学至今仍未进入国务院学位办公布的普通高校学科目录,但在军队院校,国防教育是作为军事学科门类下的战略学学科群中的战争动员学下的一个研究方向存在的,包括军事科学院在内的若干所军队院校招收该方向的研究生。在这里,国防教育学显然被归入军事学这一大学科门类。1989年出版的《中国大百科全书·军事》在军事科学条目中就提出:"军事科学同其他领域中一些学科的联系日益加强,互相交叉,互相渗透,从而逐

---

① 雷云,吴定初."教育研究对象"的哲学思考[J].社会科学战线,2009(1):264.
② 迪尔凯姆.社会学研究方法论[M].胡伟,译.北京:华夏出版社,1988:118.

步形成一些新的边缘学科,如……国防教育学。"①侯树栋主编的《国防教育大词典》也认为,国防教育是国防领域的教育现象,国防教育学属于军事学科的分支。② 这种观点和看法至今仍颇有市场。

对此,也有学者提出不同意见,如较早提出国防教育学学科创生问题的毛文戎、兰书臣就认为,国防教育学是教育科学的分支学科,明确将国防教育学划归教育学门类之下。③ 这一观点近年在学界获得越来越多的认同。如厦门大学吴温暖教授在《论国防教育学的学科归属》一文中,从国防教育学研究对象的本质、国防教育研究问题、国防教育功能实现的途径三个方面的"教育"属性,翔实论证了国防教育归属于教育学的合理性。④ 厦门大学何峰博士、邵贵文等则分别从历史的角度⑤以及国防教育的逻辑起点⑥两个不同维度对国防教育学的教育学归属进行了论证。西安交通大学的年轻学者李科也从国防教育学的研究对象、研究目的及历史发展论证了其教育学归属。⑦ 在这两种意见之外,还有一些学者在探讨国防教育与思想政治教育之间的联系,并提出了将国防教育学纳入思想政治教育学科体系中的设想。⑧

综上所述,关于国防教育学的学科归属,学界大致存在三种不同意见。客观来说,这三种划分都有一定的基础和理由,具有一定合理性,但同时又都存在着一些问题和困难,这使得国防教育学至今仍无现实的安身之所。对国防教育学归属于上述不同学科的理由及障碍进行探讨,可进一步明确国防教育学的学科归属,确立国防教育学在学科之林的角色和身份,同时也更利于国防教育学学习、借鉴相近学科的理论、视角和方法,拓展自身研究视野,提升自身研究水准。

---

① 中国大百科全书军事编委会.中国大百科全书·军事[M].北京:中国大百科全书出版社,1989:21.

② 侯树栋,冯少武,崔辉政,等.国防教育大词典[M].北京:军事科学出版社,1992:644.

③ 毛文戎,兰书臣.国防教育[M].北京:解放军出版社,1988:298.

④ 吴温暖,郑宏.论国防教育学的学科归属[J].厦门大学学报(哲学社会科学版),2010(4):66-73.

⑤ 何峰.从历史角度论国防教育学的学科归属[C]//廖文科.全国普通高等学校第五届国防教育学术研讨会论文集.北京:高等教育出版社,2011:39-43.

⑥ 邵贵文.论国防教育学的逻辑起点[C]//廖文科.全国普通高等学校第五届国防教育学术研讨会论文集.北京:高等教育出版社,2011:37.

⑦ 李科,问鸿宾.国防教育学的学科地位与学科价值及学科归属[J].军事交通学院学报,2014(3):74-77.

⑧ 郭忠禄.对普通高等学校军事课程体系与内容的思考[C]//廖文科.全国普通高等学校第五届国防教育学术研讨会论文集.北京:高等教育出版社,2011:52.

第一节 国防教育学归属于军事学的缘由及缺憾

国防教育学归属于军事学科门类有着十分充足的理由,但亦存在尚待商榷的理论及现实问题。

一、国防教育学归属于军事学的缘由

通过对文献的解读,可以发现人们之所以自然而然地将国防教育学归属于军事学,主要源于三个方面的逻辑。

首先,国防教育的内容、手段和目的具有明显的军事属性。"从教育内容和教育手段看,国防教育学与教育学的其他学科的最大不同点在于它的军事性,因为国防是指'国家为防备和抵抗侵略,制止武装颠覆,保卫国家的主权、统一、领土完整和完全所进行的军事活动,以及与军事有关的政治、经济、外交、科技、教育等方面的活动。'既然国防的主要活动是军事,那么,毫无疑问,国防教育学的教育内容和教育手段的最突出特点也必然是它的军事性,这是其他学科所不具备也无法替代的显著特点。"[1]现实中的国防教育在内容上主要就是以军事理论和军事技能为主体的国防相关理论和技能的传授,其方法过程则通常带着军事教育特有的强制性。例如,我国当前的国防教育内容主要有国防理论教育、国防精神教育、国防知识教育、国防历史教育、国防法制教育、国防形势与任务教育以及国防技能训练等。其中,国防理论教育主要包括马克思列宁主义军事理论、毛泽东军事思想、邓小平新时期军队建设思想、江泽民国防和军队建设思想、胡锦涛国防和军队建设重要论述,国防政策和军事战略,国防建设、国防斗争特别是信息化战争理论等。国防知识教育包括国家领土、领海、领空和海洋权益及信息化战争、军事高科技、国防经济等知识,人民军队的性质、宗旨和任务,国防领导体制、武装力量体制、兵役制度和国防动员体制等。国防历史包括中国古代、近代和现代国防与战争的历史,中华民族为国家统一、独立、富强而奋斗的历程,中国共产党领导全国人民和人民军队在中国革命各个历史阶段建立的功勋,革命先烈、民族英雄和仁人志士的高尚品格和事迹等。国防法制教育包括与国防相关的宪法有关条款,国防法、兵役

---

① 吴温暖,郑宏,谢素蓉.论国防教育学科的创生[J].高等教育研究,2008(11):75.

法、国防教育法、军事设施保护法等法律法规基本内容的教育。国防形势与任务教育重在讲解国际国内形势,国家安全面临的战略环境,国防建设与国防斗争的任务等。国防技能训练主要包括学生军训和群众性国防体育活动,例如防空演练、战场救护、轻武器使用、单兵和分队战术操练等。

由此可见,我国的国防教育虽关涉国防的诸多方面,但其主线是围绕军事这一国防主要活动展开。与国防教育内容的军事性相匹配的是国防教育手段和过程的军事强制性。与一般教育相比,国防教育的军事指向使其更强调教育的严格纪律和标准。"又如国防教育的过程也有自己的特殊性,在国防教育的内容中有相当的成分是军事训练和军事理论教育,这部分内容的传授属于军事教育的范畴,它与普通教育就有着很大的不同,军事教育训练对受教育对象的培养过程,强调'自觉性与强制性的辩证统一','一方面要激发受教育者的学习动机,调动积极性,启发自觉性,从而自觉接受教育,自觉搞好训练;另一方面又要靠强制的力量,达到教育训练的标准,实现教育训练的目标。'"①此外,在国防教育目的上,国防教育也带着明显的军事性。我国国防教育法第3条规定:"国家通过开展国防教育,使公民增强国防观念,掌握基本的国防知识,学习必要的军事技能,激发爱国热情,自觉履行国防义务。"这是对我国国防教育目的的一般规定,里面有明确的军事指向。国家教育部和中国人民解放军总参谋部、总政治部2002年6月颁布,并于2006年重新修订的《普通高等学校军事课教学大纲》更是明确指出,高校军事课程以国防教育为主线,以军事理论教学为重点,其目标是通过军事教学,使学生掌握基本军事理论与军事技能,增强国防观念和国家安全意识,强化爱国主义、集体主义观念,加强组织纪律性,促进综合素质的提高,为人民解放军训练储备合格后备兵员和培养预备役军官打下坚实基础。换言之,作为国防教育重要形式的高校军事课担负着为军队培养和输送人才的直接使命,其目的的军事色彩不言而喻。

其次,军队在国防教育中的重要地位决定了其军事学归属。有相当一部分的人认为,军队是国防教育的主角。根据这种逻辑,国防教育毫无疑问应该归属于军事学。在他们看来,军队之所以要在国防教育中唱"主角",是由军队在国防教育中的地位、作用和所担负的任务决定的。具体来说,军队是国防力量的主体,军队建设是国防建设的主要内容。军人国防意识的强弱,军队现代

---

① 吴温暖,郑宏.国防教育学的学科归属探析[C]//廖文科.全国普通高等学校第四届国防教育学术研讨会论文集.北京:高等教育出版社,2009:43.

化程度的高低对建设一个强大巩固的国防来说,起着极为重要的促进或制约
作用。因此,军队本身的国防教育理应是国防教育的重点。此外,部队官兵在
全民国防教育体系中处于特殊地位,是全民国防教育的主要组织者和实施者,
因此,搞好军队系统内部的国防教育,对于推动和促进全民国防教育广泛、深
入、持久地开展,有着十分深远的意义。① 基于军队既是国防教育的"被教育
者",又是国防教育的"教育者",国防教育学归属于军事学似乎无可厚非。因
此,有学者明确提出,"军队职能决定了军队在国防教育中的主体地位"。② 他
认为,协助国家和其他社会组织开展国防教育,是由军队保卫祖国,抵御侵略,
保卫人民的和平劳动这一社会职能所决定的。即便在"和平与发展"的大环境
中,我军的职能仍没有改变,"它以强大的军事实力教训和慑服一切敌人,为国
家的社会主义现代化建设提供了和平稳定的社会环境。与战争年代相同,我
军强大的威慑力和战斗力来自我军的宗旨和全体官兵对武器装备的娴熟运用
以及与所掌握的精湛的战术技术能力相结合所释放出来的巨大威力。由于军
队在国防建设中的特殊地位和职能,从而也就决定了军队在为使全民掌握国
防知识和军事技能为主要目的的国防教育中的主体地位。"③

对于军队在国防教育中的这种主体地位,作者还从历史、现实的国防教育
网络体系以及国防教育的目的三个方面进行论述。在历史方面,作者通过对
中国古代以及我党创建初期的历史经验梳理得出结论:"中国古时的国防教
育,就是由国家和军队齐抓共管,以国家为主导,军队为主体的。"④"我党自创
建以来,一直十分重视人民军队在国防教育中的主体地位。"⑤在"国家、军队、
社会、学校和家庭五位一体"的国防教育网络体系方面,作者指出,军队在全民
国防教育中处于主体地位。因为"军队在国防教育中的地位和作用主要体现
在内部和外部两个方面。在军队内部,通过严格的军政训练,使全体指战员牢
牢掌握保卫祖国的过硬本领,树立马克思主义的战争观以及革命英雄主义和
集体主义观念。同时,还要通过扎实的文化和科学技术培训,使广大指战员掌
握建设祖国的专门技能,成为一专多能的军地两用人才。在军队外部,负责并
实施对预备役人员、民兵、国家公务员、青年学生及社会其他人员的军事训练,

---

① 董明.军队应在国防教育中唱"主角"[J].国防,1990(3):15.
② 王晓光.军队在国防教育中的地位和作用[J].国防,1995(5):19.
③ 王晓光.军队在国防教育中的地位和作用[J].国防,1995(5):19.
④ 王晓光.军队在国防教育中的地位和作用[J].国防,1995(5):19.
⑤ 王晓光.军队在国防教育中的地位和作用[J].国防,1995(5):19.

同时在国家的统一安排下编写有关教材,培养师资力量等"。① 在国防教育目的方面,作者指出,无论是军队还是普通民众国防教育的目的达成,都仰赖于军队承担与落实。据此,作者总结道:"可以说,没有军队,全民国防教育就失去了前提和基础,也就谈不上国家对全体公民履行国防教育义务的规范与制约。"②可以想见,对于坚持军队在国防教育主体地位的人而言,国防教育学不归于军事学科门类之下是不可想象的。

再次,国防教育实践的军事路径依赖也是人们将其归属于军事学科的重要原因。新中国成立以来,我国的国防教育,尤其是学校国防教育虽形式多样,但军事形势、军事理论教学及军事技能训练一直是其最基本、最核心的样式。建国初期的国防教育以抗美援朝为中心,主要形式有进行战时政治动员,要求高等学校参与"抗美援朝,保家卫国"的战时政治动员工作,宣传党和政府的军政主张,动员学校师生员工和人民群众支持党和政府抗美援朝决定,用实际行动支援战争;积极发动青年学生参军或支前;开设与军事密切相关的政治理论课程和时事讲座。总之,这一时期的国防教育是紧密围绕战争而展开的,其中有着鲜明而直接的军事指向。1955 年冬季到 1957 年秋季,部分高校和高级中学进行了短暂的学生军事训练试点工作,这为日后的大中学校国防教育开展积累了一些有益的经验。1958 年,根据党中央和毛泽东主席"大办民兵师"的号召,高等学校和部分中等学校建立了民兵组织,主要以民兵训练形式对学生实施军事训练。自 1964 年以后,大多数学校的民兵训练已很少落实,对学生进行国防教育的形式转向到部队短期当兵,直接体验军事生活。"学军"这一独特国防教育模式一直延续到"文革"结束。尤其在"文革"后期,"学军",即学生直接部队接受军政训练甚至成了主要的国防教育模式。

1974 年 7 月 11 日,中央军委转发了总参谋部、总政治部、总后勤部《关于地方大专院校学生到部队学军问题的请示报告》,对地方大专院校要求组织学生到部队学军,专门提出了解决意见:地方大专院校的学生要求到部队学军的,经各院校提出计划,由省、市或上级机关与所在军区,军、兵种协商,根据部队的实际情况,给予适当安排。国防工业的高等院校的学生学军,可按照"专业对口"的原则进行安排。学生学军的内容,应根据部队的可能和学生的需要,共同商定,一般可与部队一起进行政治教育和军事训练。这一报告批转后,进一步引发了"学军"热潮。辽宁大学、东北工学院、阜新矿业学院、成都电

---

① 　王晓光.军队在国防教育中的地位和作用[J].国防,1995(5):19.
② 　王晓光.军队在国防教育中的地位和作用[J].国防,1995(5):19.

讯学院等许多大专院校,纷纷分期分批组织师生到部队学军。①

1984年10月1日,第六届全国人民代表大会第二次会议通过了《中华人民共和国兵役法》,以此为契机,我国学校国防教育开始进入了以新军训模式为核心的试点阶段。1986年8月国家教委等八部委下发《关于加强高等学校学生军事训练试点工作的通知》,要求各试点院校将军事训练作为学生的一门重要的必修课,纳入学校教学计划,严格训练、严格要求。2001年5月29日,教育部等三部委下发《关于在普通高等学校和高级中学开展学生军事训练工作的意见》,计划从2001年起,所有高等学校和高级中学要逐步统筹安排开展学生军训工作。这标志着学生军训结束了试点工作,进入了普及化的阶段。②

通过对我国国防教育,尤其是学校国防教育发展脉络的简单梳理,可以清楚看到贯穿其中的军事教育主线,而这种军事教育又以军训为基本形式。以高校国防教育为例,"我们在高等学校开展学生军训,对学生进行军事教育,至今已走过了40多年的艰苦历程。首先是从20世纪50年代中期开始的少数学校实施军训试点到50年代后期开始的民兵训练,60年代到80年代前期的学军活动,以及80年代中期至今较正规的学生军训工作"③。事实上,新中国成立以来的国防教育,尤其是目前的学校国防教育,其实践主要就体现为以军训为基本形式的军事教育。国防教育长期以来的军事色彩及军事实践,造成了国防教育一定的军事路径依赖。关于国防教育,人们已形成一定的思维定式。在他们看来,国防教育,尤其是学校国防教育就等同于学生军事教育或学生军训。在这种思维惯性下,人们自然倾向将国防教育学划归于军事学学科。

二、国防教育学归属于军事学的缺憾

国防教育学归属于军事学有着理论的依据和实践的支撑。但这并不意味着这种归类不存在瑕疵。事实上,将国防教育学归属于军事学科门类之下,确有值得商榷之处。

第一,军事无法完全涵盖国防教育的内容和范畴。首先,就军事与国防的概念来看,国防与军事是不能画等号的两个概念。国防是"国家为防备和抵抗

① 朱世杰,廖文科.学校国防教育史[M].北京:军事谊文出版社,2003:68.
② 详见2001年5月29日教育部、总参谋部、总政治部《关于在普通高等学校和高级中学开展学生军事训练工作的意见》,国办发〔2001〕48号。
③ 杨邵愈.加强军事学科建设的探讨[C]//胡凌云.国防星光——全国普通高校首届国防教育学术研讨会优秀文集.南京:东南大学出版社,1997:4.

侵略，制止武装颠覆，保卫国家的主权、统一、领土完整和完全所进行的军事及与军事有关的政治、经济、外交、科技、教育等方面的活动"。军事是"直接有关武装斗争的理论与实践的统称"。① 从两个概念的内涵和外延可以看到，国防包含军事，军事只是为实现国防目的、任务的主要手段之一，它是国防的手段要素。其次，就国防和军事的主体而言，国防的主体是国家，而军事的主体是武装部队。与之相对应的，国防教育的主体是国家，而军事训练的主体则是武装部队。我国国防教育法明确规定，国防教育是国家以"建设和巩固国防奠定基础，增强民族凝聚力，提高全民素质"为目的，有计划地施以影响，使公民增强国防观念、掌握国防知识、发扬爱国主义精神，自觉履行国防义务的活动。而军事训练则是"军队和其他组织进行的军事理论教育和作战技能教练的活动"。② 由此可见，国防教育主体包含军事训练主体，国防教育内容也比军事教育更为广泛。再次，国家安全观及安全概念的现实嬗变，进一步彰显了国防的非军事层面。随着冷战结束，以军事安全为内核的传统安全观，逐渐为新的综合安全观所取代。国家、地区安全概念的内涵及外延更为丰富和宽泛。对于安全造成威胁的来源，由原来所关注的军事、政治议题，慢慢扩及经济、环境、文化、科技，甚至社会认同等非军事领域。针对大众或学生的军事教育或军训作为传统安全观下的国防后备力量制度安排，其主要指向是培养和储备后备兵员，以增强国家、地区应对军事威胁的能力，其强调的是国防的军事、政治面向。这种单向度的国防教育制度设计和安排，显然已不适应日趋多维的国家安全形势，大众或学生军事教育或军训必然要走向更为综合全面的国防教育模式。在这种背景下，将国防教育归属于军事学显然也是不合适的。

第二，将国防教育学归属于军事学，有可能会导致国防教育的窄化。一直以来，由于军事之于国防的不可或缺性，以及军队在国防教育中的重要地位和角色，使得一直以来存在着一种关于国防教育的误区，即国防教育是军队的事情。在国防教育的实践中，这种误区有两种具体表现，一是认为国防教育的主体是军队，开展国防教育是军队的职责，与其他组织和机构无关。二是认为国防教育的对象只是部队官兵，与其他公民无关。虽然国家近年一直对国防教育的全民性进行宣传和强调，但客观来说，现实中仍有不少人持有这种狭隘看法。正如相关研究指出，在对国防教育的主体——"国家"的理解上，一种代表

---

① 《中国军事辞典》编纂组. 中国军事辞典[M]. 北京：解放军出版社，1990：187.
② 《中国军事辞典》编纂组. 中国军事辞典[M]. 北京：解放军出版社，1990：194.

性观点就是把"国家"窄化为"军事部门"。① 在实践中,"人们对国防教育的理解,往往比较狭窄,认为国防教育就是增强国防观念的教育,有的则把国防教育仅仅局限于对军人和民兵进行的教育,单纯看作是具有'兵'的特点的教育,具有很大的局限性,影响了国防教育的普及、深入和发展"②。因此,将国防教育仅单纯划归军事学科门类之下,无疑更进一步削弱对我国国防教育的全民性,加深"国防教育是军队的事情"的误区,并最终影响我国国防教育的健康发展。对此,有学者似乎深有体会,指出高校国防教育沿用学生军训和军事课的名称,"一是让人感到这就是军队的事,使学校有一种对军队的依赖感;二是给人一种学生军训工作就组织几天技能训练就行了的误解。正是这种依赖与误解,在一些高校根本就没有考虑机构设置、师资配备和课程建设的问题。同时,也正是这种依赖与误解,使得军地双方、政府与学校都缺乏相应的责任心和积极性,缺乏相应的评估机制与法律监督,使得学生军训工作开展长期处在一种放任自流、没有监督的状态"③。

第三,国防教育学归属于军事学不能解决大部分的国防教育师资职称聘评问题。讨论国防教育学的学科归属,不仅有理论上的意义和价值,还有着现实的指向和考虑。确定了国防教育理论上的学科归属,才能进一步将其归入现实的高校学科门类和院系之下,国防教育教师的职称聘评和晋升也才有了明确的序列和渠道。这关系到国防教育师资队伍的成长和发展,也是国防教育发展的前提和基础。"建设一支稳定的高素质的国防教育师资队伍,是搞好高等学校国防教育的关键。"④然而,现实来看,将国防教育学归属于军事学很大程度上并不能有效促进对高校国防教育师资队伍建设。其原因在于,当前高校国防教育的主体主要是高校内从事国防教育的普通教师,他们的职称聘评通常也是在普通高校系统内部进行。前面曾提到,在普通高校内部设立军事学科存在着难以克服的多重障碍,我国国防教育学界曾提出在普通高校建立军事学科,但几乎未经尝试就已宣告失败。换言之,如果将国防教育学归属于军事学科,作为军事学科的国防教育学可能仅会在军队院校得以发展和存在,而普通高等院校则仍无法设立这一学科。这也就是说,将国防教育学归属

① 谢素蓉.国防教育主体辨析[J].厦门大学学报(哲学社会科学版),2015(6):65.
② 傅景云.国防教育概论[M].北京:军事科学出版社,2003:6.
③ 任宏权.对高校军事课更名为国防教育课的研究[J].安徽工业大学学报(社会科学版),2010(4):124.
④ 吴温暖.高等学校国防教育[M].厦门:厦门大学出版社,2007:204.

于军事学科,有可能在理论上解决了国防教育学的学科归属问题,也会使得国防教育学在军队院校系统获得一定发展。但对于大部分普通高校而言,属于军事学的国防教育学仍难以设立,这也就意味着绝大多数普通高校国防教育教师仍将缺乏职业发展的学科基础和依托。

第二节 国防教育学归属于思想政治教育学的基础及问题

从对文献的梳理来看,只有少数学者明确将国防教育学归属于思想政治教育学科,更多的人是在探讨国防教育与思想政治教育的联系与区别。但从国防教育与思想政治教育众多的契合,或者互补方面,可以轻易把握国防教育学归属思想政治学科的基础和可能。当然,将国防教育学归属于思想政治教育学也存在风险和障碍。

一、国防教育学归属于思想政治教育学的基础

与思想政治教育目的的内在一致性、内容的交叉性以及发展的互补性,是国防教育学可以归属于思想政治教育学的坚实基础。

首先是国防教育与思想政治教育目的的内在一致性。国家思想政治教育主要是对公民进行思想教育、道德教育、政治教育等,其目标是把公民培养成有理想、有道德、有文化、有纪律的适应社会主义现代化建设的"四有"新人,使其最终成为合格的社会主义事业的建设者和接班人。从这个角度看,我国的思想政治教育是保证无产阶级专政、人民当家做主的工具。因为,"从社会角度看,思想政治教育也是一定社会和社会群体培养、教育其成员接受社会政治规范,支持现行政治制度,承认统治阶级的统治,并积极参与政治活动、发挥一定促进作用的过程,这是思想政治教育的社会价值所在"①。事实上,从政治的角度来看,思想政治教育无非就是特定国家或社会必要的意识形态。"在政治学视野中,思想政治教育不仅仅是一种用于建构一种权利关系合法性的基础,更是巩固自身政治统治和意识形态的最为有效的途径,也正是由于不同的

---

① 刘新庚,高超杰.关于思想政治教育学科研究对象的学理审视[J].探索,2012(5):131.

权利关系之间的相互作用,才使得思想政治教育成为必要的意识形态的国家
机器。"①

国防教育则是旨在提高全体公民保卫国防的意识和能力而实施的教育活动。作为社会主义国家的国防教育,它是完全服务于社会主义国家及其事业的巩固和发展,保卫社会主义国家是它明确的立脚点和意识形态指向。毛泽东同志指出,"教育必须为无产阶级政治服务",国防教育更是如此。"抽象的国防和国防教育,任何阶级政权、任何社会制度的国家都是有的。我们所要进行的国防教育是指要对我国公民进行坚持以马克思主义为指导的、坚持共产党领导下的、坚持无产阶级专政的、坚持社会主义制度的国防教育。"②我国现代国防教育以维护国家和民族的最高利益为目的。由此可见,我国的思想政治教育和国防教育,都是维护社会主义国家及其事业的一种意识形态工具和武器,其终极目的都在于维护国家的稳定和发展,以保护最大多数人民群众的财产利益和生命安全,两者内在高度一致。

其次,国防教育与思想政治教育在内容上具有交叉性。教育的内容,是达到教育目的、培养人才的基本前提和基础。由于国防教育与思想教育在目的方面高度一致,其内容自然也会存在重叠和交叉。国防教育内容往往是根据国防建设和国防斗争的需要而设定,随着国防形势和战争局势的发展,国防教育内容也在不断变化和更新。但一般来说,国防教育内容主要包括:国防历史教育、国防理论教育、国防精神教育、国防知识教育、国防法规教育、国防动员教育、国际形势教育等。可以看到,国防教育内容具有高度的综合性,"包括品德、智力和体质诸方面的教育"③。作为国防教育内容的品德教育主要体现为国防精神教育。"国防精神是指一个国家的公民关心祖国的前途和命运,维护国家的尊严和安全,支持国防的巩固与强大所表现出的一种民族意识和道德规范。"④国防精神教育具体包括爱国主义精神教育、革命英雄主义精神教育、爱军尚武精神教育以及国际主义精神教育。国防精神教育在众多国防教育内容中处于中心地位,这基于国防教育的特定实质。"国防教育,实质是爱国主义和革命英雄主义教育,是民族精神和气节的教育,是提高全民素质的教育,

---

① 黄菊,蓝江.作为意识形态国家机器的思想政治教育:一个思想政治教育元问题研究 [J].武汉理工大学学报(社会科学版),2009(1):95.

② 杨邵愈.关于建立国防教育学的思考[J].中国高教研究,1990(4):81.

③ 苏仲仁.国防教育瞭望[M].北京:中国人民大学出版社,1993:2.

④ 傅景云.国防教育概论[M].北京:军事科学出版社,2003:106.

是唤起人民忧患意识和民族危机感的教育。"①对此,有学者指出:"因此,国防精神是国防教育的中心内容,也可以说是军事理论课应该贯穿的一条'主线'。"②

我国当前的学校思想政治教育,尤其是高校思想政治教育,其具体教育内容虽与国防教育有一定区别,但就其内容内核而言,两者的交叉重叠则非常突出。"高校思想政治教育,主要包括世界观、人生观和价值观教育、爱国主义精神教育、公民道德教育、全民素质教育等教育内容。其中爱国主义教育、民族精神教育、理想信念教育,是高校思想政治教育的重要内容,而这正是高校国防教育的重点,国防教育从根本上抓住了高校思想政治教育的主线,思想政治教育则拓展了国防教育的中心,从而实现了两者教育内容的辩证统一。"③由此可见,国防教育内容,尤其是其中处于中心地位的国防精神内容,与思想政治教育的世界观、人生观和价值观教育,尤其是其中的爱国主义精神教育、全民素质教育是相互渗透交叉的,有学者甚至认为"思想政治教育在爱国主义、安全观、国防观等方面与国防教育在内容上直接重叠的"。④ 对此,有学者进行了更细致的对比:"国防史、日常国防教育包含有大量的爱国主义教育素材,讲述爱国英雄故事,演绎保家卫国经典,参观革命遗址,走访抗战老兵等,也是大学生思想政治教育的重要载体。军事训练更是增强学生身体健康素质的重要途径,磨炼学生的意志品质,培养集体主义精神的好机会,这也是促进大学生素质全面发展的有效方式。""这些内容的统一,是高校国防教育教育与思想政治教育相互配合的契合点,也是提高二者教育效果的结合点。"⑤

再次,国防教育学与思想政治教育学在学科发展上具有互补性。国防教育学与思想政治教育学都面临着学科建设和发展的问题。对于国防教育学而言,这主要体现为如何加强学科内部和外部建制的建设,以使国防教育学能尽快进入国家学科目录,实现国防教育学学科的真正创生。而对于思想政治教育学而言,其作为国家学科目录马克思主义理论学科下的二级学科,意味着其

① 王震.加强全民国防教育[J].中国民兵,1988(6):1.
② 杨邵愈.高校国防教育与人才培养研究[M].北京:军事科学出版社,1999:109-110.
③ 昝金生.高校国防教育与思想政治教育关系新论[J].长江大学学报(社会科学版),2012(4):130.
④ 孙芳.论高校国防教育与思想政治教育的科学整合[J].济南职业学院学报,2012(6):30.
⑤ 宋英,陈红祥.高校国防教育与思想政治教育耦合作用分析[J].思想教育研究,2016(1):94-95.

已获得明确的学科身份和地位。作为一门学科的思想政治教育学,其面临的紧迫问题在于如何提升学科的理论水平和对现实的指导能力,以提升思想政治工作的水平及实效。两者学科建设的问题或重心有所不同,但两者却存在一定的互补性。

对思想政治教育学来说,国防教育的某些独特方法或途径有助于拓展思想政治教育的视野,增强思想政治教育的实效。例如国防教育的强制性。"国防教育带有很强的强制性,是对大学生进行苦乐观教育的最好方式。通过军事训练可以磨练学生的意志力、忍耐力,有效地培养百折不挠的意志、坚忍不拔的毅力和不畏艰难的精神,引导大学生做自己的主人,敢于承担自己的社会责任和义务。"①又如国防教育所蕴含的团体性和对抗性。"军事活动的团体性和军事斗争的对抗性是军事领域的显著特点。团体性有助于培养集体意识、协作精神,激发集体荣誉感和强化集体主义精神;对抗性有利于培养革命英雄主义精神和团体互助精神,激发竞争意识。"②再如军队开展国防教育的经验和方法,也可以给思想政治教育工作者以启发。"在高校实施国防教育实际上就是在高校的教育系统中纳入军事教育,使军事科学知识成为大学生知识结构中的一部分,同时,借助部队的育人优势和先进的管理模式进行思想政治教育和军事训练。中国人民解放军是由先进思想武装起来的具有崇高理想和坚定信念并训练有素,作风过硬的人民军队,其丰富的思想政治工作经验和先进的军事理念,是对高校思想政治教育方法和途径的补充与完善。"③可见,思想政治教育学将国防教育纳入其中,或者借鉴汲取国防教育的相关经验方法,将极大提升思想政治工作的成效。正如研究者指出,军事教育课,"把军队的思想政治工作和学校的思想政治教育有机结合起来,把爱国主义、理想信念等思想政治教育的主题有机地渗透到军事教育的各个环节,严肃生动,紧张活泼,晓之以理,动之以情,潜移默化地升华着大学生的思想政治素质,是当前增强大学生思想政治教育实效性的有效路径选择。"④

对于国防教育学而言,学习借鉴思想政治教育学科建设经验有助于其学

---

① 曾蓉.国防教育在高等学校的德育价值[J].沧桑,2009(1):207.

② 熊旭东,邓奇坚,钱皓民.国防教育对大学生素质的拓展[J].实用预防医学,2005(5):1236.

③ 陈永光,曲涛.高校国防教育对思想政治教育的意义[J].思想教育研究,2009(12):55.

④ 赵素云,赵志川.军事教育是加强和改进大学生思想政治教育的有效途径[J].中国高教研究,2005(11):51.

科的创生发展。国防教育学起步晚,底子差,师资质量、教学科研水平与其他学科都有较大差距。这要求国防教育学必须更加注重学习相近学科创生发展的经验,以实现自身的跨越式发展。"而国防教育与思想政治具有天然的联系,对二者进行资源整合,国防教育可以吸收思想政治教育学科发展的优势,在师资、课程、科研等方面汲取优点,加快发展。"①对此,有研究者针对性指出:"高校思想政治教育课开设较早,在学科建设、课程建设、教材建设和教师队伍建设等方面比较规范。高校国防教育主要通过军事课的形式开展,课堂教学也是高校国防教育的最主要形式,但在学科建设、课程建设、教学队伍等方面还比较薄弱,有待进一步加强。作为高校大学生的必修课,应该充分借鉴思想政治教育课的教学经验,提高教学的规范化和课堂教学效果。"②这一点也得到了其他一些学者的认同。"从我国高校国防教育的现状看,借鉴思想政治教育的模式能较快地开展起直接的国防教育实践,而且能获得特定的教育收效。"③"思想政治教育学如今已发展成为一门较成熟的学科,其学科理论体系正日益走向完善,国防教育学在具有与其相似的逻辑起点的前提下,可以参考、借鉴思想政治教育学的学科创建与成长之路,以争取使国防教育学早日进入国家的学科目录、学位目录与科研基金申报目录,发展成为一门'实然学科'。"④

总之,国防教育与思想政治教育在目的、内容等方面具有相当的一致性,并且在学科发展上具有较强的互补性,因此,正像江泽民同志早就指出的:"应当认识到,开展全民国防教育是当前加强和改进思想政治工作的一个重要内容,在整个思想教总体系中有着重要的位置,应当把它纳入到这个总体系中去。"⑤这事实上可视为国防教育学归属于思想政治教育学的强纲领。

---

① 张正明,郭惠琴.高校国防教育与思想政治教育资源整合探究[J].重庆与世界(学术版),2014(5):90.

② 昝金生.高校国防教育与思想政治教育关系新论[J].长江大学学报(社会科学版),2012(4):130

③ 孙芳.论高校国防教育与思想政治教育的科学整合[J].济南职业学院学报,2012(6):31.

④ 李科.高校国防教育与思想政治教育:"和而不同"的两个教育领域[J].海军工程大学学报(综合版),2014(3):81.

⑤ 教育部国防教育办公室.学校国防教育文献汇编(1949—2004)[M].北京:军事谊文出版社,2004:217.

二、国防教育学归属于思想政治教育学的问题

国防教育学归属于思想政治教育学虽有一定依据和基础,但同样存在一定的理论困境和现实阻碍。

首先是理论上的困境。这主要指的是虽然国防教育与思想政治教育存在诸多共同点,但并不代表可以对两者之间的巨大差异视而不见。例如,在目的上,提高大学生的道德素质是思想政治教育的重要目标,却不是国防教育所重点关注的问题;增强国防观念和国家安全意识是国防教育的基本出发点和归宿,却并非思想政治教育的根本任务。在内容上,国防教育的知识体系偏重于"军事""国防"的范畴,思想政治教育的知识体系偏重于"思想""道德"的范畴。革命英雄主义教育,尤其是军事技能训练是思想政治教育所不涉及的教育内容。① 对于国防教育与思想政治教育的不同,有学者甚至直言,"高校国防教育与思想政治教育分属不同学科,在教育本质及教育的侧重点上有着自身学科的特色,呈现出一定的差异性"②。的确,从上述分析可以清楚看到,将国防教育学归属于思想政治教育学存在着明显的理论问题,即思想政治教育无法完全涵盖国防教育的内涵。例如,思想政治教育就很难将国防教育的主体部分之一——军事技能训练包含其中。在这种情形下,勉强将国防教育学归入思想政治教育学科门类之下,很可能会造成对国防教育的不适当阉割,使得国防教育趋同于思想政治教育,丧失其存在的价值和意义。

由此也就带来将国防教育学归入思想政治教育所引发的现实忧虑。这主要是指基于上面所提到的国防教育与思想政治教育的趋同性,人们担心将国防教育学归入思想政治教育学科门类之下,会使国防教育最终彻底被思想政治教育所替代。我国国防教育当前的发展现状表明,这种危险是现实存在的。"在一些教育工作者甚至高校党政领导眼中,国防教育对大学生而言是可有可无的。他们认为国防教育的功能可以完全被思想政治教育所替代,国防教育只是思想政治教育体系中的一个'地位颇低'的'分支'而已(不少院校在调整和修订教学计划时,首先考虑的便是压缩国防教育课程的学时甚至取消这门

① 李科.高校国防教育与思想政治教育:"和而不同"的两个教育领域[J].海军工程大学学报(综合版),2014(3):78-81.
② 昝金生.高校国防教育与思想政治教育关系新论[J].长江大学学报(社会科学版),2012(4):129.

课程,这便是重要的印证)。"①为了消除这种潜在且时有凸显的学科生存威胁,学者特意强调二者并非非此即彼,而是可以相互替代的关系。"加强国防教育并不意味着对思想政治教育的弱化,也并非单纯的对思想政治教育的加强,国防教育具有独特的教育价值,不能用思想政治教育来取代,国防教育是对高等教育的直接补充。"②

无论是前一位学者以近乎控诉的口吻对国防教育现实遭遇的描绘,还是后一位学者更为理性的辩护,都表明了现实中确实存在国防教育被思想政治教育所取代的现象。在这种语境下,将国防教育学归入思想政治教育学科门类之下,的确有可能会进一步压缩国防教育生存和发展的空间,也不排除更多的学校、组织机构以思想政治教育工作代替国防教育的开展。这也正是人们将国防教育学归入思想政治教育学科的现实忧思。

第三节　国防教育学归属于教育学的理由及障碍

将国防教育学归属于教育学科门类之下,是当前国防教育学界一些学者努力的重要方向。在育人本质、问题范畴以及历史方面,国防教育学与作为其母学科之一的教育学有着相当紧密的勾连,这是人们将国防教育学划归教育学科门类的主要理由。但这种看似理由充分、逻辑合理的归属划分也不无问题。

一、国防教育学归属于教育学的理由

首先,将国防教育学归属教育学,在于其"教育"的本质。人们一般认为国防教育具有双重属性:"国防教育这一社会现象具有双重属性。它既具有国防的属性,隶属于国防系统,又具有国民教育的属性,隶属于国家教育系统。这一双重属性使得国防教育具有浓厚的国防与民用兼容的色彩。"③对于何种属

---

① 李科.高校国防教育与思想政治教育:"和而不同"的两个教育领域[J].海军工程大学学报(综合版),2014(3):80.

② 孙芳.论高校国防教育与思想政治教育的科学整合[J].济南职业学院学报,2012(6):31.

③ 糜振玉.中国的国防构想[M].北京:解放军出版社,1988:147.

性是国防教育活动的根本属性,人们存在不同意见。例如,有人认为"国防教育的属性,是从属于国防,为国防服务;国防教育的动因是为捍卫国家主权、统一、领土完整和社会安全,防御外来的侵略、颠覆和威胁"。① 对此,正如坚持教育是国防教育活动根本属性的学者指出:"诚然,在教育的大范畴中,国防教育区别于普通教育、高等教育等其他类别教育的'质'是'国防'属性,即在教育的大家庭里该项教育活动是为国防服务的;但当我们要把握的是事物的社会属性时,这就必须在'社会活动'的范畴中进行比较,而国防教育在社会活动这个更大的范畴中与其他如政治、经济、军事、文化等活动相比较时,则国防教育的'质'是'教育属性',因为在国防教育这一矛盾过程中,矛盾的主要方面是'教育'。"②广义上来说,凡是增进人们的知识和技能、影响人们的思想品德的活动,都是教育。因此,作为"教育活动"的国防教育与其他社会活动本质的不同,就在于它是为增进人们国防思想、知识、技能、身体健康以及有利于形成和增强国防意识、国防观念和国防能力的活动。因此,"毋庸置疑,国防教育是为巩固和加强国防而开展的教育活动,其直接目标和最终的落脚点,无论是增强公民的国防意识,还是提高公民的国防行为能力,都是为巩固和加强国防服务,目标的价值取向非常明确。但我们应该看到,这个价值取向只能对教育目标起导向作用,规定这项教育活动的服务方向,而不能改变它首先是一种教育活动这个本质属性"③。

其次,将国防教育学归属教育学,在于其问题域的教育属性。作为学科的国防教育学,必然要回答一些基本的学科问题,如国防教育的内涵及价值,国防教育的主体和客体,国防教育的一般过程等。对这些问题展开具体分析可以发现,它们都是教育学传统的研究问题域。例如,国防教育内涵及其价值指涉的是国防教育的本质,而正如前面刚刚论证的,国防教育的本质就是教育,或者是一种特殊的教育活动。在国防教育实践中,国防教育的主体和客体关系相对隐蔽复杂,"但最一般的关系仍然是教育主体与教育对象的关系,它所展现出来的基本问题是'教育者'与'受教育者'的关系问题,反映的是'教'与

① 傅景云.国防教育概论[M].北京:军事科学出版社,2003:5.
② 吴温暖,郑宏.论国防教育学的学科归属[J].厦门大学学报(哲学社会科学版),2010(4):67.
③ 吴温暖,郑宏.论国防教育学的学科归属[J].厦门大学学报(哲学社会科学版),2010(4):67.

'学'的矛盾,而这一对矛盾正是教育的基本矛盾"①。国防教育一般过程,其实质是国防教育如何开展的,其实质是教育教学过程。"这个过程所涉及的问题主要是:教育的指导方针和原则,教育的组织形式,实现教育目标的基本途径,教育过程所采用的方法,以及教育的条件和技术等,而这一切都是与教育过程紧密相关的基本问题。"②

再次,将国防教育学归属教育学,是较为常见的历史实践。例如,我国古代《周礼》将"礼、乐、射、御、书、数"等"六艺"作为基本教育内容,其中"射、御"属于典型的军事教育。孔子承袭并对这一思想进行了发挥,提出了具体的"教战"思想,子曰:"善人教民七年,亦可以即戎矣","以不教民战,是谓弃之"。③可见,在教育祖师孔子的眼里,军事教育或国防教育无疑是教育的重要组成部分。这一传统对我国后世的教育乃至国防教育有着深刻而久远的影响。对此,厦门大学何峰博士在对古代国防教育方针、国防教育管理与实施机构以及国防教育的效果考核方式等三方面进行历史考察后,明确指出国防教育学应该归属于教育学学科门类。他认为:"在中国古代,自科举产生,武学兴办之后,封建国家在国防教育方针的制定上体现出来了'教育'的核心内涵,并且能够根据不同时期国防建设的要求进行教育方针的修正与调整;国防教育的实施和管理机构也是由教育职能部门承担,甚至皇帝也成为最高的教育领导人;封建国家还采用具有教育特性的科举考试来作为检验国防教育效果的考核方式。因此,我们从教育的组织形式、教育的指导方针、教育目标的实现手段这几方面来看,中国历史上的国防教育与现在的国防教育表现出了惊人的一致性,而这种一致性反映出的就是国防教育中的客观规律和本质属性。所以,从历史角度来看,国防教育学理应归属于教育学这一学科门类中。"④事实上,不仅在古代,人们习惯将国防教育归入教育的范畴。在近代中国教育实践中,这也是一种常态。其中最具代表性的,莫过于1912年蔡元培先生提出以"军国

---

① 吴温暖,郑宏.论国防教育学的学科归属[J].厦门大学学报(哲学社会科学版),2010(4):68.

② 吴温暖,郑宏.论国防教育学的学科归属[J].厦门大学学报(哲学社会科学版),2010(4):68.

③ 论语·大学·中庸[M].李洛华,马银华,译注.太原:山西古籍出版社,2006:103.

④ 何峰.从历史角度论国防教育学的学科归属[C]//廖文科.全国普通高等学校第五届国防教育学术研讨会论文集.北京:高等教育出版社,2011:43.

民主义教育"为首的 5 项教育方针。①

此外,在国外的教育历史实践中,类似与我国国防教育的相关教育内容通常也是作为其教育系统的一部分存在的。例如,美国教育家杜威在其《民主主义与教育》一书中提出,"将公民训练作为教育要达到的重要目标之一,认为 20 世纪初几十年对美国而言,公民训练是一个紧迫的社会问题和教育问题"。② 就其实质而言,杜威所谓的公民训练与我们所提倡的国防教育所要达成的基本目标是一致。杜威指出,公民训练的"首要问题是弄清楚国家的理想是什么","我们需要一个社会理想,这个理想应真正是国家的,它将我们的思想和情感凝聚在一起"。③ 这反映了杜威教育理论体系中的一个重要取向,即通过各种教育手段来培养和提高公民的国家意识、责任意识以至综合素质。无独有偶,与杜威差不多同时代的德国教育家凯兴斯泰纳也同样强调国民国家意识的养成。在其《国民教育概念》一书中,他指出,国民教育的首要内容就是使学生"了解国家的任务,激发学生由于对国家任务的了解而产生的公民责任感及对祖国的热爱"。据此,他明确强调"国民教育是一切教育的核心问题","国民教育的问题,即国家信念的教育,培养人们将个人利益置于集体利益中的教育,是一切教育问题最艰巨的问题"。④ 就凯兴斯泰纳的这些言论可以看到,其所谓国民教育,或国防教育的核心指向,正是人们所提倡的国防教育,或开展国防教育所希望达成的目的。通过对上述两位西方教育学家观点的简单梳理,可以发现,正如厦门大学吴温暖教授等人所总结的:"可见,在西方的教育发展史上,这种以培养公民国家意识、责任意识为核心的国民教育,亦即我们所说的国防教育,也早已被列入教育研究的范畴。"⑤换言之,中国自身的教育历史实践以及国外的相关教育体系中,国防教育或相类国防教育的活动都被置于教育或教育学的范畴之下,这是人们将国防教育学归入教育学

---

① 蔡元培提出的五育并重教育方针包括军国民教育、实力主义教育、公民道德教育、世界观教育和美感教育。

② 吴式颖,任钟印.外国教育思想通史:第 9 卷(上)[M].长沙:湖南教育出版社,2002:361.

③ 吴式颖,任钟印.外国教育思想通史:第 9 卷(上)[M].长沙:湖南教育出版社,2002:361.

④ 吴式颖,任钟印.外国教育思想通史:第 9 卷(上)[M].长沙:湖南教育出版社,2002:361.

⑤ 吴温暖,郑宏.论国防教育学的学科归属[J].厦门大学学报(哲学社会科学版),2010(4):69.

门类的历史根据。

二、国防教育学归属于教育学的障碍

国防教育学归入教育学科门类的理由似乎较前两者更充分,但依然存在值得思考的问题。

首先,将国防教育学归入教育学门类,有可能会进一步造成其内部的失衡。前面在探讨"国防教育问题"作为国防教育学研究对象这一论题时,首先强调了国防教育问题的"全民性",即我国完整的国防教育应该包括学校国防教育以及社会国防教育,并且我们也指出,在当前的实践及研究中,存在着非常突出的"重学校轻社会"的状况。在这种背景下,我们担心,将国防教育学归属于教育学有可能会进一步加剧国防教育内部的这种失衡。其原因在于,对于教育学的理解,人们仍普遍将之等同于传统教育学或曰普通教育学。这种普通教育学,通常只关注师资的培训、学校的课程教学以及学校学生的管理等,其实质是一种"学校教育学"。正像人们所指出的,"从学科分类上讲,应有以普通学校教育为研究对象的'普通教育学'和以一切教育为研究对象的'教育学'之分,现在师范院校的'教育学',大多应当正名为'普通教育学'或'普通学校教育学'"。① 面对这种狭窄的教育学,有学者提倡"泛教育论","它认为学校教育是现存教育的理性支柱,然而这个理性支柱绝不是教育的整个世界"。② 近年来,建立涵盖更广泛,而不是仅关注学校教育的统一教育学或教育理论的呼声一直不断,并对传统教育学及其理论模式带来一定冲击,但这并不能从根本上改变人们更倾向将教育学等同于普通教育学这一事实。"究其原因就在于,目前掌握着学术话语权的教育学的研究者皆是普通教育学的研究者。在他们的观念里或潜意识里仍然认为教育学就是普通教育学,教育学的学术之根就在于中小学的教育实践。"③鉴于教育学目前仍存在的这种认识误区,将国防教育学归入教育学科门类,其实质是将国防教育学归入了普通教

---

① 潘懋元.高等教育学讲座[M].北京:人民教育出版社,1983:1.

② 项贤明.走出传统的教育学理论体系——泛教育理论的哲学建构[J].华东师范大学学报(教育科学版),1996(2):29.

③ 2006 年 5 月 10 日叶澜教授在南京师范大学教科院组织的一次题为"困惑与挑战:中国教育与教育学的发展路向"的学术座谈会上曾作如此表述。见王建华.学前教育学、普通教育学、高等教育学与教育学关系刍议——兼论教育学的未来[J].学前教育研究,2007(4):7.

育学或学校教育学之下。这无疑会使人们更容易将国防教育简单等同于学校国防教育,而忽视同样重要而且更为纷繁复杂,亟须相关学科理论指导开展的社会国防教育,进而造成国防教育内部更严重的分裂和失衡。

其次,将国防教育学归属于教育学,可能会遭遇教育学科内部的强烈排斥和抵制。任何一门相对独立成熟的学科,都会形成自身特定的研究立场、理论体系以及规范标准,以此确认自身并对其他知识或领域做出评判,进而发展出自身的学科规训。教育学的学科规训,"即指具有知识和组织双重属性的教育学学科,依照基于自身学科特点所定的学科标准从而确定其相应的知识范围、完善其学术建制及培养其学科传人的一种规范化制度形式"。[1] 作为学科规训的一种,教育学的学科规训其本质就是教育学进行分门划界的一种手段或工具。"教育学在大学这一学术场域之中取得学科身份之后,需要不断扩展教育学的知识范围,夯实教育学的学术话语体系。而在知识范围扩展的过程中,教育学的学科规训扮演着主导者的角色,其对新知识的纳入拥有裁决、定权。"[2]这意味着,教育学通过其学科规训,一方面对自身学科的知识生产进行规范,但同时也在行使着对其他相关知识或领域的裁决权。对于某些交叉学科、弱势学科或领域,教育学的选择和裁决就是一种事实的排斥。如某些学者指出的,"教育学拥有自身的学科规训,其在规范自身学科知识生产的同时,也在强化着自身的知识排他性。由此,教育学的学科规训使得交叉学科面临较为尴尬的境地,尤其突出表现在这些学科的学术成果认定和评价以及学术人员的储备和培养方面,均受教育学的学科规训所限制"[3]。

通过前述诸多分析,可以清楚地看到,国防教育学属于新兴的交叉学科,而且毫不隐晦地说,国防教育学至今仍是非常弱势的学科或者领域。在现实中,曾有不少院校试图将国防教育教学组织或机构归入教育学院或教育学系,但成功者寥寥无几。这正是国防教育学作为交叉学科,而且是相当弱势的交叉学科遭遇教育学规训限制的明证。在知识高度分化而又高度交叉融合的时代,学科规训以其对内的规训及对外的裁决行使其分门划界的权力,这大大限

---

① 刘楠,侯怀银.论教育学的学科规训功能[J].湖南师范大学教育科学学报,2014(2):26.

② 刘楠,侯怀银.论教育学的学科规训功能[J].湖南师范大学教育科学学报,2014(2):27.

③ 刘楠,侯怀银.论教育学的学科规训功能[J].湖南师范大学教育科学学报,2014(2):27.

制和压缩了边缘学科、交叉学科的发展空间。"这些新兴学科往往在其发展初期,由于没有归属,其学术成果的评价、认定,学术后备的培养,乃至学科建制的定型等等,都受到了学科规训的限制,步履艰难。一个新的交叉学科在诞生之初,往往会受到学科规训力量的钳制。"①因此,国防教育学归属于教育学有着诸多充分的理论依据,现实中也有不少国防教育工作者或研究者希望国防教育能归入教育学门下,但必须清醒地看到,任何试图将国防教育归入大学中的相关教育学院系的努力和尝试,都不可避免遭遇教育学科筑起的高高门槛。

第四节　军事、思政、教育:国防教育学的多元归属

通过前面的国防教育学学科归属分析,可以十分清晰地看到国防教育的多元属性。"它属于国防建设的范畴,是国防建设的一部分;它属于国家教育的范畴,是整个国家教育工作的一部分;它又属于思想工作范畴,是整个思想工作的一部分。"②这种多元属性使得将国防教育学归入上述任何一个学科,在理论上似乎都能说得过去。当然,从上面的分析也可以看到,国防教育学归入上述学科虽都有理论依据,但也存在各自不同的理论难题或现实障碍。在这一背景下,国防教育学学科归属如何抉择? 对此,我们认为应秉持一种实用主义的立场。既然国防教育学归入上述哪一学科都存在可能,那么就应该更多考虑哪种学科归属对国防教育学的创生发展更为有利。

基于这样一种现实考虑,我们认为,当前要做到明确将国防教育学划入上述某一具体学科并不现实。正如一些研究者早年曾指出的,我国真正的全民国防刚刚起步,建立国防教育学学科的条件还不成熟,因此,国防教育理论研究的当务之急是多研究问题,少研究体系。③ 当然,这种论断至今仍未过时。此外,更重要的是,在自身理论体系不够成熟完备、学科基础薄弱的情况,将国防教育学匆匆归入相近学科,反而有可能会阻碍国防教育学真正的发育和拓展,减损其发展潜力和空间。鉴于这种考虑,我们倾向于目前最好保持国防教育学多学科归属的模糊状态,即不妨同时存在和发展"军事学的国防教育学"

① 李金奇,冯向东.学科规训与大学学科发展[J].高等教育研究,2005(9):83.
② 纪喻.国防教育概述[J].国防,1992(4):3.
③ 武国禄.国防教育研究学术观点综述[J].国防,1991(4):21.

"思想政治教育学的国防教育学"以及"教育学的国防教育学"。

这三种不同归属的国防教育学,对国防教育学的创生发展有着不同的功用。首先是"军事学的国防教育学"的学科发展功用:第一,我国的国防教育是全民国防教育,军队国防教育是其中的重要组成部分。军队国防教育由于军队任务、组织等方面的独特性,与对其他一般民众进行国防教育有显著的不同。因此,这种专门针对军队如何开展国防教育的相关理论及实践研究,将其归入军事科学门类之下,交由军队系统院校来承担和进行可能是最为合适的。第二,军事活动是国防的主要活动和载体,而国防教育,其核心就是通过与军事相关的各种教学或技能训练等活动来增强公民的国防观念,提升公民的国防技能。由于军队作为熟练掌握军事知识及技能的专业组织,他们从事与军事相关的国防教育有着天然的优越性。第三,前面提到,军队系统是最早系统开展国防教育研究的,并且某些军队院校已经将之列入研究生培养的计划。对于苦苦挣扎创生的国防教育学来说,这是十分可喜的开端。提出"军事学的国防教育学",有助于作为研究方向的国防教育发展壮大,进一步向专业化、甚至二级学科的方向发展。军队院校系统国防教育如能获得更大发展,这也将产生巨大的外溢效应,强化人们对国防教育作为一门学科的知识和理解,促使普通院校也进行相关学科的设置或研究。

其次,提出"思想政治教育学的国防教育学",其意义在于:第一,有助于国防教育研究者申请研究资助和课题。一直以来,国家都相当重视思想政治教育学科的成长和发展,尤其是近年来,在课题立项和研究资助方面都有相当大的扶持力度。相比较而言,国防教育的相关研究课题及资助都较为稀缺,大大限制了国防教育研究的开展,也极大挫伤了国防教育研究者的积极性。现实中,国防教育研究者会尝试申请思想政治教育方面的课题,但很多时候却因为学科归属或身份问题而无法参评。建设"思想政治教育学的国防教育学",将国防教育学归入思想政治教育之下,在初期最起码可以让国防教育研究者共享思想政治教育学的丰富研究资源。后期融合进一步深化的话,更可以在传统的思想政治教育选题之外,增加国防教育的专门研究选题,使国防教育研究者可以获得更多的课题与研究资助,提升国防教育学基本理论研究水平。第二,有助于解决国防教育教师的职称评聘问题。国防教育没有学科依托,所以普通高校并没有专门针对国防教育教师职称评聘专门的序列。现实中,国防教育教师职称评聘都是挂靠其他学科进行,思想政治教育是国防教育主要挂靠序列之一。国防教育教师通过思想政治教育序列解决职称问题具有一定便利。一方面,由于各校专职国防教育教师普遍缺乏,所以很多学校都由来自其他学科或专业的教师担任国防教育兼职老师，这些兼职老师大部分本来就是从事学生思想政治教育工作。另一方面，在课程性质与地位上，与思想政治教育课一样，国防教育课在很多院校也是公共必修课。对公共必修课的教师而言，都面临着教学与科研的较大矛盾和冲突，在职称评聘方面常面临着科研难以达标的困境。对于国防教育教师而言，由于缺乏学科的依托及相对应的专业期刊，要达到职称评聘的科研成果要求甚为不易。将之归入思想政治教育序列，在某些院校，由于该序列的公共教学性质，在职称评聘过程中可能会考虑其偏重教学而对其科研成果降低标准和要求。在这种情形下，有可能使得科研表现方面偏弱的国防教育教师也更有可能实现职业生涯的升迁，更加积极地致力于国防教育的教学和研究工作。

再次，"教育学的国防教育学"的学科意义在于：第一，有助于国防教育理论体系的形成和深化。就内容来说，国防教育是以军事、国家安全为主要内容的活动。但正如前面所指出的，国防教育在本质上，尤其是形式、方法和手段等方面，都是教育学一般原理或方法的体现和运用。国防教育学基本理论的形成、发展和深化都必须汲取教育学科的营养和智慧。这一点，在探讨国防教育学研究对象的过程中，已经予以了强调和论证。这里不再赘述。第二，有助于国防教育学更快创生成长。这是因为将国防教育学归属于教育学已经有了一定的实践基础和经验。2002年，厦门大学军事教研室和厦门大学高等教育研究所合作，在我国首次招收了国防教育方向硕士研究生。2003年，在教育部国防教育办公室的推动下，厦门大学、西安交通大学、武汉大学、武汉理工大学、东南大学和中南大学率先在全国范围招收高校在职教师攻读国防教育专业硕士学位。在实践中，这六所高校招收和培养的国防教育在职硕士都依托于教育学的二级学科高等教育学展开。在总结多年招收和培养国防教育专门人才的基础上，2012年，厦门大学开始招收全日制国防教育学硕士研究生，国防教育学作为教育学下的目录外二级学科，获得了更为明确的教育学身份。建设"教育学的国防教育学"，有助于进一步总结、反思国防教育学归属教育学的经验和教训，促进国防教育学与教育学的深度融合，加快国防教育学学科创生和发展的步伐。

当然，国防教育学模糊的多元归属只是国防教育学学科创生发展的一种权宜之计，或者说一个过渡性发展阶段。就国防教育学的最终发展目标来说，我们仍然希望它边界明确、相对独立。这是因为，仅从相近学科考察国防教育学，可能永远也无法真正把握国防教育的独特本性。"国防教育学是一门交叉学科，还不能简单地从国防或教育的角度看待国防教育，而应当着眼于国防与教育这两个领域的结合部和交叉点,去观察、分析、解决问题。"①这事实上指明了国防教育学学科建设的长远目标。据此,在学科建设的终极目标上,我们基本认同一些学者对国防教育学学科独立性的强调。在他们看来,国防教育学是一门独立的学科门类,既不归属于军事学,也不归属于教育学,当然,也不从属于思想政治教育学。这其中,吉首大学李先德教授的观点最具代表性:"国防教育学是一门独立的学科门类,因为它具备了独立学科门类诸如理论依据、发展溯源、研究对象与方法、学科成就与趋势等必须的条件。"②这可视为对国防教育学学科归属最理想的描述,也应成为大部分国防教育工作者心目中长远的学科建设追求目标。

①　毛文戎,兰书臣.国防教育[M].北京:解放军出版社,1988:301.

②　李先德.国防教育学概论[M].长沙:国防科技大学出版社,2007:3.

第三编

国防教育常用研究方法

在第四章对国防教育方法使用现状的梳理中，可以发现国防教育研究较为常用的具体研究方法主要有历史研究法、比较研究法、问卷调查法、文献法以及经验总结法。因此，本编主要针对这几种国防教育常用研究方法展开探讨。这五种研究方法都是国防教育研究"工具箱"的可选项。抽取和运用其中哪种工具，端视国防教育问题的性质。选择不同研究方法就如出行选择不同的交通工具，步行、乘车、坐飞机各有利弊。风笑天在《论问卷调查的特点和适用范围》一文中说："研究方法就像交通工具一样各不相同。人们可以靠步行，或者坐汽车、乘飞机穿过一个国家。而这每一种方式都将使他对这个国家产生不同的印象。飞机航线、公路和小路，都是以不同的方式在这个国家旅行的途径，它们不会都通向同样的地方。有的地方只能靠步行到达，而另一些地方则需要乘汽车或坐飞机才能接近。对于研究方法来说，也同样如此。一方面，每一种方法都只提供了一种特殊的观察现实世界的角度；另一方面，现实世界的某些侧面也仅仅只能用某一种方法去观察。"因此，对于国防教育研究而言，无所谓最好的方法，只有最适合的方法。在具体的国防教育研究中，应该根据研究对象的特质以及研究者对方法的驾驭能力选择合适的研究方法。

第七章　历史研究法

　　有国就有防,有国防就必须要有与之相适应的国防教育。换言之,国防教育的历史就如国家的历史一样悠久。国防教育本身悠久的历史为国防教育历史研究提供了天然的合理性和合法性。而这某种程度也意味着国防教育的历史研究是不可或缺的。下面将围绕国防教育历史研究的基本问题,对国防教育历史研究的含义、作用、问题域、技术操作、价值取向以及应有维度等问题展开论述。

第一节　国防教育历史研究的含义、作用及问题域

　　国防教育历史研究是历史研究方法在国防教育领域的具体运用,它有助于深化人们对于国防教育历史现象和问题的认识,促进学科的建设和发展,并有其相对固定的问题域。

一、国防教育历史研究的含义及其作用

　　历史研究是通过对反映社会历史进程的史料进行整理、分析和解释,以认识研究对象的过去为基础研究其现在及预测其未来发展的研究方法。国防教育历史研究是历史研究法在国防教育的具体运用,它指的是在国防教育研究中通过对教育现象产生、发展和演变的历史资料的收集、整理、描述、分析、解释,进而认识国防教育历史事实,把握国防教育发展规律,预测国防教育未来发展方向的研究方法。

　　详尽科学的国防教育历史研究,对于人们认识国防教育的历史及其本质,对于学科的创生和发展都有重要作用,具体体现在:第一,可以探讨各种国防教育现象和国防教育教学思想产生和发展原因,从中把握国防教育发展变迁的客观规律,深刻揭示其本质属性,准确预测其未来发展趋势。第二,通过国防教育的历史研究,可以总结和继承过去的国防教育教学经验和遗产,一方面

令人们得以学习前人开展国防教育的成功经验,使今后的国防教育教学开展更具成效;另一方面,可以让人们吸取前人失败的教训,避免再犯前人所犯的错误,少走弯路,并对今后的国防教育教学工作做有针对性的改进。第三,通过古今中外的国防教育历史研究,可以使人们最大限度的汲取中外国防教育教学遗产的营养和精华,以此来丰富我国国防教育教学和学科理论,为构建具有中国特色的国防教育学学科发挥最大作用。第四,国防教育历史研究要做到古为今用,要把前人提供的国防教育教学理论拿到当下的国防教育教学中去检验,要争取把前人的感性认识上升为理性认识,形成理论与实践的良性互动,以进一步推动国防教育学科及其研究的发展。

二、国防教育历史研究的问题域

通常来说,历史研究法主要适用于研究人类社会过去的教育实践和教育思想理论,由此,国防教育历史研究的问题域也相对固定,大体包括以下几个方面:

（一）对各个时期国防教育发展情况的研究

通过历史研究可以完整地认识国防教育发展的基本脉络,包括中外国防教育史从古代、近代到现代国防教育实践与理论发展的研究。在这方面,国内比较值得关注的有民国时期的国防教育产生、发展及成效、抗战时期抗日根据地的国防教育开展、抗美援朝时期的学校及社会国防教育、我国改革开放以来的国防教育转型变迁等。国外比较值得关注有美国赠地学院早期的学生军训问题(本书在下一编对该问题进行了尝试性的探讨和研究)、日本侵华时其国内的国防动员及国防教育问题、苏联时期的国防教育及其学生军训问题等等。

（二）对历史上的国防教育思想进行研究

纵观国防教育历史可以发现,古今中外的许多思想家或教育家发表或阐述了关于国防教育的观点或思想。如西方古代的柏拉图、亚里士多德等提出教育是最廉价的国防,近代的英国政治家埃特蒙·伯克则强调教育是国家最主要的防御,这里面反映了西方大国防观的传统及对教育之于国防重要性的强调,这与我们平常所说的国防教育有相当的距离。因此,对西方思想家或教育家的国防教育观念及思想进行归纳和梳理,为人们把握西方国防教育的本质、特点及规律打开了一扇窗口。同样,中国古代、近代也都有诸多哲人或名人阐述了其对于国防教育的看法。古代的如孔孟,《论语·子路》中说:"善人教民七年,亦可以即戎矣。"其中更为人熟知的一句话是:"以不教民战,是谓弃之。"①孟子在《孟子·告子下》也表达了类似的观点:"鲁欲使慎子为将军,孟子曰:不教民而用之,谓之殃民;殃民者不容于尧、舜之世。一战胜齐,遂有南阳——然且不可。"②近代的则有孙中山、蒋百里、杨杰、姜琦等,他们都有对如何开展国防教育进行过较为系统的思考,其思想及著述有待整理和挖掘。这为国防教育历史研究提供了广阔的空间。

(三)对历史上的国防教育体制及管理制度进行研究

在长期的国防教育历史发展中,中国及世界其他主要国家形成了较为系统的国防教育制度和国防教育管理体制。例如,古希腊时期的雅典和斯巴达的国防教育制度和国防教育管理体制、苏联时代的国防教育管理及其基本制度、美国大国防观下的国防教育制度及其机制、瑞士全民皆兵的特色国防教育体制等,这都是国防教育历史研究的基本问题域。

第二节　国防教育历史研究的技术及价值取向问题

国防教育历史研究不仅是一个史料的收集、鉴别、分析等技术层面的问题,而且涉及人们如何看待"史"与"论"、"古"与"今"的价值取向问题。

一、国防教育历史研究的技术问题

(一)国防教育历史研究史料的收集

史料是历史研究的基础和起点,离开了史料,历史研究也就无从谈起。因而史料的收集向来为研究者所重视。如胡适曾说:"有一分证据只可说一分话。有三分证据,然后可说三分话。治史者可以作大胆的假设,然而决不可作无证据的概论也。"③这里所谓证据,在国防教育历史研究中自然指的是所搜集的材料。对于史料的重要性,傅斯年同样予以强调:"一分材料出一分货,十分材料出十分货,没有材料便不出货。"凡是能够扩展自己史料范围的,就能够进步;凡是不能够扩展自己史料范围的,就退步,他甚至认为"史学只是史料

---

① 钱穆.论语新解[M].北京:生活·读书·新知三联书店,2002:350-351.

② 杨伯峻.孟子译注[M].北京:中华书局,1991:291-292.

③ 胡适.有几分证据说几分话——胡适谈治学方法[M].北京:北京大学出版社,2014:2.

学"。① 对于国防教育历史研究而言,因为史料的薄弱甚至缺失,所以正如傅斯年所说的那样,几乎"不出货"。而且由于史料范围一直得不到拓展,也造成了学科研究的停滞不前。因此,国防教育历史研究首先要求重视史料的收集,夯实国防教育历史研究的基石。

(二)国防教育历史研究史料的鉴别

国防教育历史研究以史料为基础和最基本依托,只有这些史料是准确无误的,国防教育的历史研究才是有意义的。由于各种主客观原因,不少国防教育史料可能是伪造的、错误的或与史实不完全相符,因此,必须重视对国防教育历史史料的鉴别。鉴别的方法一般有两种,一是对国防教育史料进行外部评价,这实质对国防教育史料信度的评估,其目的在于确定史料的真伪,即辨伪和辨真。它主要是对历史文献资料形式和外表的考察,其着眼点包括确定作者、成书年代、地点、背景及版本等是否可靠。二是对国防教育史料进行内部评价,这实质是对国防教育史料的效度评价,其目的是确定史料内容本身的客观性、可靠性,即确定文献资料本身是否有价值和是否准确。一般来说,对于资料效度的考察主要通过对著者的品德、学识能力,著者的立场和动机,资料的一致性程度等方面予以判别。通常来说,国防教育史料的鉴别,外部评价在先,内部评价在后,因为如果史料本身的真伪未定,任何关于史料的进一步分析都是无效的。

(三)国防教育历史研究史料的分析

国防教育历史研究的目的是要把握国防教育现象的本质及其内在规律,这要求对史料进行全面深入的分析。一方面要通过对国防教育史料的整理、排比,在错综复杂的国防教育历史中分析和清理出国防教育发展线索,明确其内在的相互关联或因果联系,论定问题的是非。通过这种历史的分析法,可以发现国防教育历史事件的原因、经过和结果,才有可能做出较为正确的论断。另一方面,要运用逻辑学的方法,以严谨的形式逻辑思维运作来进行国防教育历史的推论和判断。唯有综合运用诸如分析与综合、抽象与概括、归纳与演绎、从具体到抽象、再从抽象上升到思维等各种逻辑思维方法,才能使得国防教育历史研究从对某一具体国防教育历史现象或历史问题的讨论,上升为对国防教育普遍规律及其本质的哲理探讨,大大促进人们对国防教育历史本质的深刻认识。

二、国防教育历史研究的价值取向

（一）国防教育历史研究应坚持"史""论"结合

所谓"史"指的是具体的史料，所谓"论"是基于史料的理论概括。"史"与"论"的关系是学界一直关注但仍未解决的问题。在国防教育历史研究中，研究者对"史"与"论"的处理也存在常见的两种问题，一是有史无论，国防教育历史研究常常沦为史料的堆积，文章洋洋洒洒但却看不到研究者任何鲜明的观点；二是有论无史，个别研究者历史研究基本功不扎实，不下苦功进行资料的搜集和爬梳，常常先入为主，或是以自己的观点去揣测国防教育的历史发展，或是先有论点，再去寻章摘句，造成对国防教育发展脉络的歪曲或误解。为了避免上述问题，国防教育历史研究者必须坚持"史"与"论"的结合，一方面要提高自身理论素养，要养成从哲学的高度及视野来看待和展开国防教育历史研究；另一方面，要加强历史学基本功的修炼，重视史料的搜集及爬梳，不作空泛之论。

（二）国防教育历史研究应客观看待古今

客观看待古今问题，要求国防教育历史研究者既不能"厚古薄今"，也不能"厚今薄古"。"厚古薄今"和"厚今薄古"是国防教育历史研究常见的不良倾向。前者持历史倒退论，认为历史发展必然是倒退的，"旧时明月比今日圆"。在他们看来，过去的国防教育是最辉煌成功的，今天的国防教育已大不如前。后者持历史进步论，认为历史发展必然是直线前进的，过往就如明日黄花不堪折。在他们看来，过去的国防教育是落后的，当下的国防教育才最有前途和研究价值。毫无疑问，这两种都是片面甚至错误的历史观。人类社会的发展表明，历史发展从来不是单线或直线上升的过程，它是复杂的、曲折的，经常会出现反复，必然的进步和必然的退步都不是历史的真实面貌。因此，国防教育历史研究者要增强自身历史使命感，提高自身史学修为，学会运用大历史视野看待国防教育的历史发展问题，全面、客观地对待国防教育历史，力求保持古今之间的适当张力与平衡。

第三节　国防教育历史研究应有"度"

国防教育历史研究要求研究者视野广阔、对史料解读深刻以及独到的眼光。这也就是国防教育历史研究应具备的三个度：即广度、深度和角度。

一、国防教育历史研究应有广度

国防教育历史研究的广度要求研究者要眼界开阔,对国防教育历史的研究要全面、系统。横的方面,不仅要关注本国的国防教育历史,同时也要重视对其他国家的国防教育历史研究。纵的方向,不仅要关注现代、近代的国防教育历史发展,也不能忽视古代国防教育历史的演进和变迁。在国别历史研究方面,不仅要关注美国、俄罗斯、日本、以色列等认知度较高的国家,同时也要留意印度、越南、新加坡等国的国防教育历史发展。

在具体国防教育问题上面,研究者不仅要关注传统的国防教育形式、方法、手段的历史变迁,还要留意一些新的国防教育方式、活动的形成和发展过程。其中在传统的国防教育形式途径这方面上,如俄罗斯的学生军训传统及其对我国学生军训模式的历史影响,俄罗斯高校军事教研室的撤并及复兴,俄罗斯社会国防教育历史传统及其启示,我国民国时期的童子军训练和相关研究,童子军在英国的兴起和发展,美国童子军的历史演进及现状等问题都颇值得关注;此外,本书下一编提及的美国赠地学院的学生军训等美国早期国防教育及学生军训问题,美国后备军官训练团(ROTC)的历史发展及美国社会对其的历史评价等问题,都是值得纳入国防教育历史研究视野的话题。在新的国防教育方式方法方面,俄罗斯的高校军事科技连的历史渊源及本书下一编提到的美国国防教育项目的形成发展及变迁等,都是有待探讨的国防教育历史话题。这一系列论题以及更多类似论题的涌现,表明国防教育历史研究的推进和拓展很大程度取决于研究者的研究视野是否高远广阔,正可谓眼界决定境界。

二、国防教育历史研究应有深度

国防教育历史研究的深度首先要求国防教育历史研究不能只谈材料,不谈所研究国防教育问题额背景、思想、理论。脱离时代背景和具体条件进行的国防教育历史研究不是真正的历史研究。正如托马斯·库恩曾批评的:认为"科学方法其实就是搜集科学材料的技巧,再加上对材料进行理论概括的逻辑推理方法",这是一种误解,它"造成了对科学本质和科学发展的一种纠缠不清的科学观"。① 因此,国防教育历史的深度研究,要求研究者必须将对国防教育历史问题和材料的观察分析放置于一定的时间、地点、条件之下。因为即便是同一种国防教育思想,在不同的历史条件下,也可能表现为完全不同的形式,产生截然不同的历史作用。这也就要求研究者要从宏观和微观两个层面展开国防教育历史的分析。通过宏观的总体研究,把握一定时代社会经济、政治、文化、民族、宗教、思想等诸方面的情况,由此全面揭示国防教育的本来面目和发展规律。在此基础上,再通过微观分析对具体国防教育问题或现象进行分析比较,归纳提炼,进一步逼近国防教育历史的内核和本质。

国防教育历史研究的深度还要求研究者对国防教育史料进行深入细致的解读,以明了材料所蕴含的丰富国防教育意蕴。尤其是中国古代典籍关于国防教育的记载多言简意赅,这种深度解读显得尤为必要。以《管子·七法》为例,其中短短数语,但却充分反映了古人早期的综合国防观和国防教育观:"为兵之数,存乎聚财,而财无敌;存乎论工,而工无敌;存乎制器,而器无敌;存乎选士,而士无敌;存乎政教,而政教无敌;存乎服习,而习无敌;存乎偏知天下,而偏知天下无敌;存乎明于机数,而明于机数无敌。"② 在这里,古人提出了发展军事力量,巩固国防的各种方法,具体包括发展国防经济(财)、发展国防工业(工)、发展国防后勤(制器)、发展国防人才(士)、发展国防教育(政教)、发展国防外交(偏知天下)、发展国防谋略(机数)等。此外,管仲还强调"作内政而寓军令"③。这都反映了其一以贯之的总体性国防建设及国防动员思想,值得研究者关注和深入研究。

三、国防教育历史研究应有角度

国防教育历史研究的角度要求研究者对史料的爬梳和解读要有独到的眼光,要找到新的切入点和突破口。对于国防教育历史研究而言,学科史的研究就是一种新的国防教育历史研究视角。国防教育的学科史研究,不仅有可能为国防教育历史研究增添新的史料,而且也有助于国防教育学学科的进一步发展构建。从学科发展史出发,人们很快会发现学界对国防教育学学科发展的研究存在着相当大的空白,这就是国防教育理论及其研究在民国时期的形

---

① 托马斯·库恩.科学革命的结构[M].李宝恒,纪树立,译.上海:上海科学技术出版社,1980:1.

② 管子全译[M].谢浩范,朱迎平,译.贵阳:贵州人民出版社,1996:66.

③ 邓中好.大国之路:管子是如何治理齐国的[M].北京:北京联合出版公司,2012:144.

成和发展。就现有文献资料看,这一问题尚未进入当代研究者视野。近年来,立足于学科建设,学界开始对我国改革开放以来的国防教育研究进行有意识地回顾和反思,例如毛雪梅、任春梅的《近二十年我国国防教育研究回顾》[①]、郑宏的《中国普通高校国防教育研究回顾与前瞻——基于 1997—2009 年全国普通高校国防教育学术研讨会论文的分析》[②]、李科的《我国国防教育研究现状与前瞻——基于 CNKI(2002—2011 年)的统计分析》[③]。从题目就可以看出,这些论文主要是对 20 世纪 80 年代以来的我国国防教育研究的梳理和反思,并未涉及民国时期国防教育研究情况。

在上述文章之外,近年也出现了一系列关涉民国时期国防教育的文章,但这些文章主要关注民国时期的国防教育实践,而不是国防教育研究本身。比较代表性的有:陆华的《清末学校国防教育的滥觞》[④]、曹关群的《鲇鱼之宴——民国"黄金十年"(1927—1937)学校国防教育管窥》[⑤]、李飞的《抗战时期国统区学校的国防教育探析》[⑥]、张骁的《清末民初学校国防教育转型初探》(硕士学位论文)[⑦]、万际洋的《1927—1945 年南京国民政府学校国防教育研究》(硕士学位论文)[⑧]、吴建平的《论抗战时期国民政府的国防教育》(硕士学位论文)[⑨]。显然,这些文章已经把研究视野延伸至民国时段,但其关注点是民国时期的国防教育实践史,而不是国防教育研究史。

客观来说,民国时期的国防教育研究,无论数量还是质量都是国防教育研

---

① 毛雪梅,任春梅.近二十年我国国防教育研究回顾[J].内蒙古师范大学学报(教育科学版),2008(1):79-81.

② 郑宏.中国普通高校国防教育研究回顾与前瞻——基于 1997—2009 年全国普通高校国防教育学术研讨会论文的分析[J].高等教育研究,2011(1):86-90.

③ 李科.我国国防教育研究现状与前瞻——基于 CNKI(2002—2011 年)的统计分析[J].教育文化论坛,2013(6):31-36.

④ 陆华.清末学校国防教育的滥觞[J].军事历史研究,2014(2):59-64.

⑤ 曹关群.鲇鱼之宴——民国"黄金十年"(1927—1937)学校国防教育管窥[J].重庆文理学院学报(社会科学版),2013(1):154-157.

⑥ 李飞.抗战时期国统区学校的国防教育探析[J].温州大学学报(社会科学版),2014(3):111-116.

⑦ 张骁.清末民初学校国防教育转型初探[D].厦门:厦门大学,2008.

⑧ 万际洋.1927—1945 年南京国民政府学校国防教育研究[D].武汉:华中师范大学,2007.

⑨ 吴建平.论抗战时期国民政府的国防教育[D].昆明:云南大学,2007.

究一个不容忽视的高峰,是国防教育学学科发展进程中的重要历史阶段。从学科史的角度对其进行研究,不仅丰富了国防教育历史研究的史料,也使得国防教育学找寻到了自身学科源流,增强了人们发展和建设学科的信心和动力,为国防教育学的进一步学科化发展奠定了基础。关于学科史视角的民国国防教育研究,可以参见本书第十六章的相关内容。

第八章 比较研究法

比较是人类认识世界、认识自我的重要方法。古罗马著名学者塔西佗曾说:"要想认识自己,就要把自己同别人进行比较。"①有比较才能区别和确定事物的异同,才能获得关于客观事物的正确认识。俗话说,不怕不识货,就怕货比货,也就是说,如果想很好地认识一个事物,比如它的材质、品性、价值,将它与其他同类事物进行比较是一个很有效的方法。由此可见,要想更好认识不同国家、地区国防教育在不同历史时期的本质和规律,运用比较研究亦大有助益。

第一节 国防教育比较研究的内涵、功用及要求

一、国防教育比较研究的内涵及其功用

比较,指的是将彼此存在内在联系的事物放在一起加以考察、对比,分析异同,进而揭示和把握研究对象质的规定性的方法。国防教育中的比较研究,则是根据一定标准,观察、分析和判断某一国防教育研究现象在不同时期、不同地点、不同情况下的不同表现的基本研究方法,其目的是更好认识繁杂的国防教育现象、揭示国防教育普遍的规律和本质或解决国防教育的实践问题。由此可见,国防教育的比较研究不只是一种资料收集的手段或途径,也不只是对资料的简单加工与整理,它对事物之间联系和差异的强调和观察,其目的在于把握事物的本质内涵及其基本规律。"比较是和观察、分析、综合等活动综合在一起的,是一种复杂的智力劳动。"②就此而言,比较研究法贯穿于国防教

---

① 王立民.美术教育研究方法与论文写作[M].合肥:合肥工业大学出版社,2011:120.
② 叶澜.学校教育研究方法[M].北京:教育科学出版社,2003:133.

育研究的全过程。只有通过比较,才能选定重要而有价值的国防研究课题;才能对国防教育研究资料进行鉴别整理;才能对国防教育的研究结果进行分析,得出结论等。

可以说,离开了比较研究法,许多国防教育课题就会被遗漏,国防教育现象的本质就难以得到揭示。譬如,为了考察各国国防教育法律法规建设的状况,我们可以对不同国家的国防教育法规予以比较;为了考察各国国防教育教材内容的安排和设置情况,可以进行国防教育教科书的比较;为了探寻我国不同教育阶段的国防教育教学方法差异,可以对中小学及大学国防教育活动及课堂教学进行比较;为了了解不同类型大学生接受国防教育程度的差异,可以对不同类型大学国防教育教学成效予以比较。再譬如,为了从整体上更好把握国防教育的本质和规律,可以把国外国防教育理论和国防教育实践的问题同国内国防教育的相应方面作比较,从中找出国防教育问题的共同性和差异性,并深入揭示这些共同性和差异性的决定条件,从而实现对国防教育发展趋势和规律性的科学把握。这也表明,比较研究法对于国防教育研究有着巨大功用。具体表现在:

第一,比较研究可使人们更好认识本国、本地区的国防教育状况和特点。在任何情况下,进行国防教育的比较都是为了了解国防教育的本来面目并使其能为我所用。通过诸如国防教育的跨国比较、跨文化比较、跨地区比较、跨学科比较,人们可以从中发现国防教育的一些共性问题,也可以对自身国防教育的独特性有更加清晰的认识和把握,这使得本国、本地区的国防教育发展更具方向感和方位感,也才更有可能有选择地借鉴别人的先进经验来加速自己的发展。

第二,比较研究有助于人们认识国防教育的本质,把握国防教育的基本规律。国防教育研究是一个系统而复杂的认识过程,稍有不慎,研究者的认知便有可能出现遗漏或偏颇,造成国防教育研究的狭隘。国防教育的比较研究要求将孤立的国防教育现象纳入到广阔的背景中,可以很好地帮助人们克服国防教育研究可能存在的狭隘性,帮助人们更好地认识和把握国防教育的客观规律。例如,有学者通过对美国、俄罗斯、英国、法国、德国、瑞士、印度、日本、以色列等世界主要系统比较,提炼出学校国防教育与学生军训的五大特点:充分发挥学校国防教育基础性作用、重视提高学校国防教育质量效益、军训目标聚焦培养国防后备力量、通过立法规范国防教育活动、国家行为需要国家权力保障。[①] 显然,这种全面深入的比较,对加深人们对于国防教育基本问题的认识和理解助力非常大。

第三,比较研究为制定正确的国防教育政策提供依据。国防教育政策是国防教育发展的纲领性文件,它统领着不同地区教师的国防教学实践,也是国防教育课程的宏观价值指向。基于国防教育政策的重要性,其孕育、出台必然离不开科学的决策过程。这一过程要求广大国防教育专家和国防教育工作者要对政策制定所涉及的因素进行全面的认识和方方面面的比较。唯有通过比较才能够辨别政策的优劣得失,进而才能制定出符合国防教育规律和国防教育实际的国防教育政策。我国 2002 年颁布的《普通高等学校军事课教学大纲》以及 2006 年颁布的《全民国防教育大纲》,就是众多国防教育专家和一线的国防教育工作者在对不同国家、不同地区以及我国国防教育发展不同阶段的历史等各方面进行广泛比较基础上形成的国防教育纲领性文件。

二、国防教育比较研究的基本要求

第一,要有可比性。所谓可比性,指的是比较事物之间的质的规定性,即事物之间具有本质的而不是表面的内在联系和共性。要对不同的国防教育现象进行比较,必须以其可比性为前提和基础。这就要求进行比较的国防教育现象必须属于同一范畴,有着确切的内在联系,并可以用同一标准予以衡量和评价。换言之,基于可比性基础之上的国防教育比较研究必须具备以下要件:统一的比较标准、一致的比较范围和项目、相同的比较客观条件。

第二,资料要可靠且具有代表性。用于比较的资料的质量决定了国防教育比较研究的成色。资料越是真实可靠,越是能够反映普遍情况,越是能够反映研究对象的本质,就越具有客观性、代表性和典型性,其总体质量就越高,国防教育比较研究成果就越大。要做到这一点,研究者不仅需要对国内外国防教育有深刻的认识了解,而且还需具备较为扎实的国防教育理论基础以及掌握相应的方法和工具。

第三,比较要广泛、全面。影响客观事物的条件总是多种多样的,其中有的是主要的,对事物存在发展起着决定性的作用,有的是次要的,不决定事物

---

① 陈凯,陈波,许鹏.中外学校国防教育和学生军事训练工作比较研究[M].北京:时事出版社,2018:116-129.

性质。此外,世间万物都是相互联系的,并不存在绝对孤立的事物。这也就要求国防教育比较研究要从多方面进行。任意选择国防教育现象的某一个侧面,片面地进行比较,或者割断事物之间的联系,孤立地将国防教育进行比较,都是错误的。国防教育比较研究必须是多方面甚至全方位的。

第四,注意国防教育本质的比较。事物之间不仅存在现象的异同,而且也存在本质上的异同。譬如,中美都有国防教育法,两部法规名称基本一致,但内容、主旨大不相同,其反映的国防教育理念有天壤之别。因此,国防教育比较研究,不仅是为了认识各种各样的国防教育现象,更是为了把握现象背后的本质及规律。

第二节 国防教育比较研究的模式

国防教育比较研究目前较为常见的是对国外国防教育经验的评介研究,而且普遍重情况介绍轻评价比较。在比较国别的选择上,人们较多关注的是美国、俄罗斯,视野比较狭窄。总的来说,国防教育比较研究还处于起步阶段,研究视野仍须拓展,研究水准有待提高。这就要求人们要不断地对已有的国防教育比较研究经验加以归纳总结,并学习借鉴其他领域或学科的比较研究经验方法,以逐步构建相对完善的国防教育比较研究模式。结合当前我国国防教育比较研究现状,参照高等教育常用比较研究模式①,下面提出并介绍三种较具操作性的国防教育比较模式。

一、"榜样模式"

"榜样模式"也可以称为成功案例研究模式。这是国防教育比较研究中最为常见的一种方式,它是通过对别的国家国防教育发展的成功案例进行研究并寻求其推广价值。该研究模式从研究主题、比较对象的确定开始就已经认定该案例是具有可资借鉴的成功经验的,其研究重点在于揭示该案例的成功经验是否具备普遍推广的意义。研究者进行国防教育比较时,多倾向于选择美国、俄罗斯,就是他们认为这些国家国防军事力量强大是与其成功的国防教育密不可分的,所以这是国防教育比较研究典型的"榜样模式"。

① 潘懋元.高等教育研究方法[M].北京:高等教育出版社,2008:228-229.

采取这种模式,首先要对选择国家的国防教育成就进行说明,表明选择案例真正具有研究价值,然后分析其国防教育实践产生发展的条件,进而对这些条件的特殊性进行排查,以发现这种条件在其他国家出现的可能性与相似性,分析目前本国国防教育发展的条件与成功案例的一般条件之间存在的差距,进而提出克服这些差距的对策建议。简而言之,"榜样模式"首先是确定国防教育发展先进和成功的国家,然后对其成功条件及经验予以梳理归纳,在此基础上,将其与本国国防教育发展进行比较,以发现自身短板和不足并借鉴其先进经验予以改进。

二、"学习借鉴模式"

"榜样模式",体现的一种是从外到内的研究思路,也即从成功案例切入,然后再转入到本国国防教育问题的探讨。"学习借鉴模式"与此相反,它首先是针对本国国防教育发展中的经验和问题进行研究,继之寻找国外可资借鉴的经验和解决问题的对策。这种研究的基本理念是:虽然国情不同,但是任何国防教育经验及其问题的形成产生都不是偶然的,都有一定的内在规律,找到规律,自然也就能够找到解决问题的对策。换言之,我们开展国防教育遇到的麻烦或问题,其他国家也有可能曾经经历,并且得到了合理处理或解决。这也就意味着,利用别的国家经验可以减少摸索的时间,并最大限度避免了再误入他国曾经之歧途的危险。

基于以上逻辑,"学习借鉴模式"通常包括以下步骤及要点:第一步是确定研究问题并对问题进行定性,也即说明研究者关心的是国防教育发展的哪方面的问题,该问题情状如何等。第二步是选择比较的国家,即能够与本国进行比较的国家。在比较对象的选择上,要重点考虑选择那些具有类似发展经历的国家作为参照系。这就要求研究者非常熟悉所选择对象国的国防教育发展状况。第三步是展开比较。首先要了解选取的比较对象是如何成功地解决国防教育发展中的问题的,他们制定了何种发展策略,采取了什么样的有效手段,他们的策略制定或措施的运用的出发点或主要依据是什么。当然,这个阶段最重要的是要论证他们所采取的策略对本国国防教育发展的可借鉴性。最后一步是比较的结论,通常是对所提出解决方案的可行性进行论证,以及对本国国防教育发展运用该策略可能产生的后果进行预测并提出相应的改进策略意见等。

三、"文化差异比较模式"

前面两种研究模式都是在努力克服文化差异造成的对国防教育理解及学习借鉴的障碍,比较的目的是寻求是国防教育的共性和普遍性,从而促进本国国防教育的发展和提升。"文化差异比较模式"则反其道而行之,它凸显的是不同国家之间的巨大历史及文化差异,因此,它着重关注的是同一国防教育发展事件在不同国家所引起的不同反应。这种模式较适用对于对国防教育进行文化比较研究,即考察同一个国防教育问题在不同的国家、不同的文化环境中为什么会以完全不同的形式呈现,并引起可能完全不同的反应。

国防教育与各国的历史传统、政治制度、教育体制等关系密切,它不仅关涉国家利益,也与各种团体及个人的利益存在重叠与纠缠。这自然会使得不同国家的人们在看待相同的国防教育问题时出现态度的歧异。这是各自的国家民族利益不同使然,也是国家利益、不同团体及个人利益博弈的必然结果。国防教育比较的"文化差异比较模式"立足于文化差异进行国防教育比较,有助于人们认识国防教育发展的多样性,也有助于人们从更深层次对国防教育的本质予以揭示。

第三节 国防教育比较的研究程序

国防教育比较研究程序指的是运用比较法进行国防教育研究的基本步骤。关于这个问题,人们从事的一般比较教育研究提供了借鉴及启示。在此基础上,可以勾勒出较具理论性及较具操作性的两套国防教育比较研究程序。当然,这两套模式虽然理论程度不同,表述也有差异,但都是关于比较什么、如何比较以及比较的目的等国防教育比较基本程序的说明。

一、国防教育比较的理论性程序

国防教育比较的理论性程序源自美国比较教育学者贝雷迪对于教育比较实施阶段的划分。在《教育中的比较法》一书中,他将比较法分为描述、解释、并列、比较四个阶段。[①] 这也是我们提出国防教育比较的理论性程序的基础

---

① 袁振国.教育研究方法[M].北京:高等教育出版社,2000:163.

及参照。从贝雷迪的研究出发,国防教育比较的理论性程序具体包括以下四个阶段:

(一)比较对象的描述

国防教育比较研究首先要从对比较对象的详细描述开始。换言之,国防教育比较研究第一步就是要尽可能详尽、完整、客观地将比较的国防教育对象事实现状呈现和描述出来。

(二)比较对象的解释

在对所要比较的对象进行了客观而详细的描述之后,就要对所了解对象的国防教育情况进行解释,即具体说明这些国防教育现象所具有的意义,不仅了解事物是怎样的,而且可以了解事物为什么那样。换言之,要做到既知选择比较的国防教育之所然,也知其所以然。

(三)比较对象的并列

进入这个阶段,首先要做的是把前面已描述并解释过的国防教育对象进行分类整理,并按可以比较的形式排列起来;然后确定国防教育比较的格局,并且设立国防教育比较的标准;最后是对资料进一步分析,并提出国防教育比较的具体假设。

(四)比较

比较是国防教育比较的最后一个程序,在这个阶段,要对并列阶段提出的研究假设按照"同时比较"来证明其正确与否,然后得出一定的结论。

二、国防教育比较的操作性程序

客观来说,贝雷迪提出的教育比较研究步骤是具有启发性的,但其问题在于术语较为晦涩,不宜理解和操作。基于其基础之上提出的国防教育比较理论性程序也存在着同样弊病。为了更好地进行国防教育的比较研究,下面提出更具操作性的国防教育比较程序。

(一)明确比较的主题

这是国防教育比较研究的前提。明确比较主题就是要知道选择什么问题及什么对象进行比较。国防教育上可以比较的问题很多,是比较国防教育目的、任务,还是比较国防教育的内容?是比较国防教育的方法,还是比较国防教育的管理体制?选择什么样的国防教育问题进行比较相当重要,因为选择了一个好的国防教育比较主题就容易成功,而选择一个不好的主题就有可能面临失败。此外,主题选定以后,必须谨慎地确定比较的对象,比较的主题与对象之间必须相匹配,不能乱比。研究者必须牢记,如果选择的对象是没有可比性的,那国防教育比较研究就不可能得出任何有价值的结论。

（二）搜集整理比较资料

这是进行国防教育比较研究的关键,同时也是难点。为了使国防教育比较的结果客观、准确,研究者必须尽可能广泛的收集比较所需的有关资料。此外,还必须确保所搜集国防教育资料具有客观性和典型性,能反映真实的、普遍的国防教育情况,能真正反映国防教育的本质。也就是说,国防教育比较研究对资料搜集同时提出了量和质的要求,两者缺一不可。在量的上面,因为比较研究一般横跨两个甚至多个国家或地区,国防教育比较研究的资料收集是一项充满挑战性的工作。在质的上面,要在纷繁复杂的国防教育现象及材料中找出最恰当的材料当然也不容易。这就要求研究者要通过多种方法和手段,如查阅文献、实地走访、实验等,最大程度确保所要研究的国防教育现象的有关资料的完备性。此外,研究者要秉持价值中立的研究立场,尽量避免个人的主观偏见和感情色彩的负面影响,尽可能客观、如实地对资料进行分类整理和加工。

（三）解释比较的内容

这是国防教育比较研究的核心。解释比较内容就是对所比较的国防教育现象、事实进行实事求是、多方面的分析研究,说明所研究国家的国防教育为什么是这样,而不是那样的,并对其背后成因进行揭示。这也就要求研究者首先要选择适宜的国防教育比较坐标。如果不能建立科学的比较标准,搜集整理的国防教育比较材料就仍然是零散的,是缺乏比较线索和价值的,在这种情况下,对国防教育比较内容的解释也就无从谈起。因此,必须建立科学的国防教育比较分析框架,如果说解释比较内容是国防教育比较研究的核心,那么分析标准及其框架的建立则是核心中的核心,不可或缺。

（四）做出比较的结论

这是国防教育比较研究的目的。做出比较结论就是对比较对象的资料、情况进行系统分析研究,进而得出结论。任何国防教育比较研究都是希望通过比较来探索、揭示国防教育的本质和规律,从而为本国国防教育发展提供借鉴和启示。这一方面要求进行国防教育比较的研究者要有强烈的主体意识,不能陷入"为比较而比较"的客观主义泥沼;另一方面研究者也要警惕主观主义作祟,不能在得出比较结论的时候采取直接的拿来主义,盲目地模仿照搬他国经验。换言之,国防教育比较研究的结论要重视对他国先进经验的总结和借鉴,这是因为不同国家的国防教育发展具有共性。但同时,也要看到其发展中差异性的一面。如此,国防教育比较研究的结论才是可信的,才是有价值的。

第九章　问卷调查法

问卷调查法"是以问卷为工具来收集资料的调查方法,它在本质上是一种实证方法"。[①] 问卷调查法的兴盛很大程度得益于社会学的学科发展及其开展的大量经验社会研究。在社会学的影响下,问卷调查法逐渐扩展到政治、新闻、教育、体育等各个不同学科和领域。在这种趋势下,从前面的分析可以看到,在国防教育研究领域,问卷调查法也已经日益成为人们常用的研究方法之一。问卷调查法是国防教育定量研究的重要方法,但并不是国防教育定量研究的唯一方法,更不是国防教育研究的唯一方法。

第一节　客观看待国防教育研究中的问卷调查法

在国防教育研究中使用问卷调查法,首先要客观看待其地位和作用,避免方法的唯一主义。国防教育研究,既可以使用定量方法,也可以使用定性方法。在定量方法范畴,可使用的方法又包括了实验法、准实验法、问卷调查法等,定性方法范畴下亦包含了文献法、经验总结法、历史法等诸多可选项。但在第四章对我国当前国防教育研究所使用的方法统计中可以看到,问卷调查方法几乎是国防教育定量研究使用的唯一方法。统计的期刊论文中,属于定量研究的文章共 6 篇,在具体方法上全部都使用问卷调查法;国防教育学术研讨会论文集中,属于定量与实证研究的文章共 13 篇,在具体方法上,同样清一色使用的是问卷调查法;在统计的 118 篇国防教育相关硕士论文中,使用调查研究法的文章共 59 篇,占调查总数的 50%。这些数据表明,在国防教育研究中,问卷调查法可能存在被"神化"或滥用的风险。

这种风险源自问卷调查法在社会学经验研究中的主导地位。在现代社会

---

① 风笑天.方法论背景中的问卷调查法[J].社会学研究,1994(3):13-14.

学的发展进程中,国内外的社会学研究者都对问卷调查法青睐有加。美国当代著名社会学家艾尔·巴比在《社会研究实践》一书中声称"问卷是调查研究的支柱"。^① 英国社会学家、伦敦经济学院社会统计学教授莫泽也在其名著《社会研究中的调查方法》中指出,现在"十项社会调查中就有九项是采用问卷进行的"^②。国外社会研究的实证趋势,极大地影响了中国本土社会学的重建和发展进程。问卷调查法作为实证研究的重要工具和手段,日渐发展为国内社会学者目前最为熟悉、使用也最多的一种方法。在社会学研究方法界享有盛誉的风笑天教授,曾于 1998 年对国内 87 名社会学者进行调查,其结果表明,"社会学者对各种研究方式按熟悉程度排列依次是:问卷调查、深度访谈、个案研究、现有统计资料分析、参与观察、内容分析、实验","问卷调查不仅是社会学者最为熟悉的一种方式,而且还是所有学者相互之间差别最小的一种方式"。^③ 问卷调查"毫无疑问是社会学者们采用得最多的一种研究方法"^④。在 87 位社会学者列举的 356 项研究项目中,采用调查研究方法进行的就有199 项,占 55.9%。邓锁等人对 1989—1998 年发表在《社会学研究》上的全部经验研究报告的统计也显示,"以问卷调查运用为主的研究方式在社会学研究中已是最主要的类型之一",在总共 194 篇论文中,采用问卷调查方式的有 90篇,其比例达到 46.4%,远高于其他各种研究方式。^⑤ 鉴于问卷调查法在社会学领域的广泛运用,人们甚至会将"社会调查研究方法"等同于"社会学研究方法"。风笑天就曾指出,在国内社会学者眼里"社会学研究方法"就是"社会调查研究方法(或社会调查方法)"。^⑥

　　问卷调查法为社会学所推崇,很大程度在于其实证主义色彩,或者说量化研究的色彩。"问卷调查法在本质上是一种实证的方法。这是它在方法论上

---

① 袁方,王汉生.社会研究方法教程[M].北京:北京大学出版社,1997:231.
② 袁方,王汉生.社会研究方法教程[M].北京:北京大学出版社,1997:231.
③ 风笑天.我们的社会学方法水平能够打几分?[J].华中理工大学学报(社会科学版),1999(3):32.
④ 风笑天.我们的社会学方法水平能够打几分?[J].华中理工大学学报(社会科学版),1999(3):34.
⑤ 邓锁,风笑天.问卷调查研究:第二个 10 年的发展与分析[J].华中理工大学学报(社会科学版),2000(3):50.
⑥ 风笑天.社会调查方法还是社会研究方法?——社会学方法问题探讨之一[J].社会学研究,1997(2):23.

区别于其他某些方法的一项重要标志。作为一种实证的方法,问卷调查法既有着与众多自然科学方法相类似的逻辑程序,又有着与它们相类似的内容结构。在社会研究中,它是一种从宏观的角度、采取定量的手段、依据客观的验证来认识和说明社会现象的调查研究方式。"①包括社会学在内,社会科学自诞生以来,就一直寻求自身存在的合法性。而其中最大的一个努力方向,便是以自然科学为范本,通过自然科学的实证方式以寻求所谓的社会规律。问卷调查研究方法在方法论上体现了人们对自然科学模仿与崇拜,对关于人与社会存在着普遍的、客观的、可测量的规律的肯定。由此,问卷调查法很大程度实现和满足了人们对社会科学客观性和实证性追求,使得社会学等社会科学得以披上似乎更为科学的外衣,这也进一步强化了社会科学领域,尤其是弱势社会科学的问卷调查法情结。怀有这种情结的人们近乎固执地认为,最成功的社会科学研究就是最像或者最接近自然科学的研究。在他们看来,一门学科成熟与否及其学科地位,端赖其运用数学的水平,或者说量化研究的水平。问卷调查法由于其实证主义本质,是让一门学科从定性研究走向定量研究的不二之选。问卷调查法在国防教育研究中的广泛运用,无疑正体现了这样一种情结:国防教育学学科要创生,要提升学科地位,就必须走向实证或量化的研究,就必须运用问卷调查法。

将问卷调查法运用于国防教育研究,有助于拓宽国防教育研究路径,提升国防教育学术研究的水准。但问卷调查法要在国防教育研究中真正发挥上述作用,前提是必须正确客观看待问卷调查法的地位、与实证研究的关系以及现实运用。首先,不能将问卷调查法等同于国防教育定量研究的唯一方法,更不能将之视为国防教育研究的唯一方法。问卷调查法有其优点和长处,但并非是包打天下的万能方法。我国社会学者在将问卷调查法系统引入社会经验研究之初,对此就有清晰的认知。风笑天在其1989年发表的文章《论问卷调查的特点和适用范围》就曾指出:"然而,我们也应该清醒地认识到,问卷并不是社会调查中唯一的收集资料的工具;同时,也并不是所有的社会调查都适用于问卷作工具来进行资料收集。面对千姿百态、复杂多变的社会现象,面对目的、对象范围都各不相同的社会调查,问卷也总不是万能的。"②其次,问卷调

---

① 风笑天.方法论背景中的问卷调查法[J].社会学研究,1994(3):14.
② 风笑天.论问卷调查的特点和适用范围[J].华中师范大学学报(哲学社会科学版),1989(6):24.

查法不等同于实证研究。相当多使用问卷调查研究法的国防教育文章可能都会标榜自己进行的是实证研究,似乎使用了问卷调查法就是实证研究。但社会学者对此早有定论,实证研究不等于经验层次研究,实证研究的方法是多样的,绝不可把实证研究方法简化为问卷调查方法。再次,实证研究并不能通过问卷调查法"抄近路"。目前一些国防教育研究者更喜欢使用问卷调查法,可能在于问卷调查法更易操作。根据自己的研究主题,似乎任何人都可以轻松设计出自己想要的问卷,并通过个人关系资源或网络予以发放、回收并分析。但"并不是只要去某个地方调查,把许多数据汇集整齐了,把某个问题或现象描述了一遍,就是实证研究了"①。问卷调查法必须有真问题意识,必须有理论的基础和想象力,还必须审慎对待问卷设计、合理抽样、问卷发放及分析等各个环节。否则,问卷调查法可能无法为研究提供任何有益的洞察,甚至有效的数据和资料。因此,问卷调查法绝不是取巧的实证研究捷径。

但从现实来看,问卷调查法似乎常常成为国防教育研究者趋易避难的选择。这可能是因为,相对于定性研究方法,问卷调查法作为具有标准化程序的定量研究方法和工具,更具模仿性。"定量研究拥有相对严格规范的研究程序以及比较公认统一的评价标准,只要掌握了相应的基本原理和方法,认真踏实去践行,就能做出四平八稳、让人可以接受的规范研究。而定性研究由于缺乏严格规范的研究程序以及比较公认统一的评价标准,研究者自由发挥的余地相对很大,对研究者综合素质的要求往往也较高,一般不太可能仅凭按图索骥就能得到质量过得去的研究成果。"②在这种背景下,问卷调查法自然成为许多研究者追求量化研究的捷径。但应该指出的是,由于国防教育研究者的知识储备不足,相当多问卷调查研究质量堪忧。由此,这一捷径事实上很多时候成了歧路。

总而言之,问卷调查法在国防教育研究的应用不仅是技术和方法的问题,更重要的可能是一个观念的问题。要使问卷调查法在国防教育研究中发挥最大效用,必须对问卷调查法有足够的方法论反思。这包括,第一,"对于社会研究中常用的问卷调查法来说,认识到它究竟能干些什么,又不能干些什么;或者说,它适于干些什么,不适于干些什么,是每位研究者应该明确的额问题。

① 苏力.好的研究与实证研究[J].法学,2013(4):16.
② 张小山.加强方法论共识,提高社会研究水平[N].中国社会科学报,2014-11-30.

这同样是提高问卷调查质量和效果的一个重要方面"①。第二,问卷调查法在国防教育研究领域的运用是把双刃剑。规范严谨的问卷调查,固然可以提升国防教育学术研究水准和水平,但投机取巧的拙劣问卷调查,无疑会让国防教育遭受忽视和质疑。为此,人们应该牢记社会学者的忠告:伴随着问卷调查法运用的日益广泛,"缺乏规范、粗制滥造的问卷调查也越来越多,某些表面看似规范的表格数据、调查结论隐藏着致命的研究谬误,不仅误导了人们的观点,也败坏了科学研究的名誉,流毒深远"②。

第二节 国防教育调查问卷设计的常见错误

完整的问卷调查法最起码涉及三个环环相扣的方面,即抽样、问卷与统计分析。"问卷调查法实际上意味着抽样、问卷与统计分析三者之间存在某种必然的、内在的联系。抽样解决的是调查对象的问题,问卷则是进行变量测量和资料收集的工具,而统计分析则是处理这种虽来自样本却要反映总体的、以问卷形式收集的大量资料的必由之路。作为一种完整的社会调查方法,问卷调查必须同时包括这三者。"③当然,在这三个方面中,问卷设计是更为基础性的要件。"作为被调查者向调查者传递资料中介物的问卷,其质量好坏,将直接影响到这种'真实反映社会现象的资料'的收集。"④"问卷设计的水平和质量,直接影响到整个调查研究工作的最终成果,决定其质量的高低。"⑤基于问卷设计在问卷调查法中的重要地位,以及考虑到很多方法类书籍都有对抽样方法以及统计分析工具的系统介绍,本书将主要就国防教育问卷的设计进行初步探讨,不再涉及抽样方法和统计方法问题,这一节主要考察国防教育问卷设计的常见错误。

国防教育研究者很多都是问卷调查法的初学者,他们所设计的问卷常常出现错误和不妥当的地方。对于初学者而言,无须过多苛责。但作为研究者

① 风笑天.方法论背景中的问卷调查法[J].社会学研究,1994(3):18.
② 邓锁,风笑天.问卷调查研究:第二个10年的发展与分析[J].华中理工大学学报(社会科学版),2000(3):49.
③ 风笑天.方法论背景中的问卷调查法[J].社会学研究,1994(3):13.
④ 风笑天.问卷设计在调查中的地位与作用[J].学术评论,1989(4):63.
⑤ 风笑天.方法论背景中的问卷调查法[J].社会学研究,1994(3):15.

须时刻谨记,问卷调查法能否取得预期研究成果常常取决于问卷的质量,因此,每一个使用问卷调查法的国防教育研究者,都应不断提升问卷设计的素养,尽可能避免各种错误的产生。要避免失误,须对问卷设计者常犯的错误有所了解。风笑天在对大量问卷分析的基础上,归纳了问卷设计人员易犯的 9 类错误:问题含糊、概念抽象、问题带有倾向性、问题提法不妥、双重含义问题、问题与答案不协调、答案设计不合理、语言中的毛病、其他方面的问题。[①] 通过对国防教育硕士论文所附的问卷进行分析,可以发现,上述问题在国防教育问卷设计中也广泛存在。其中像问题含糊、概念抽象、问题带有倾向性、双重含义问题、语言不精炼以及形式上的一些问题等更是国防教育研究者易犯的错误。

一、问题含糊

所谓问题含糊,即所提问题不清楚,不明确,或有歧义。

例1:你认为自己所在高校所开展的国防教育是否丰富?（　　　）

A. 很丰富　B. 丰富　C. 一般　D. 不丰富　E. 很不丰富

例2:你认为自己所在高校国防教育的水平如何?（　　　）

A. 很好　　　B. 好　　　C. 一般　D. 较差　E. 很差

在例1中,设计者并没有说明自己所问的是高校开展国防教育的哪一方面。是想问高校开展国防教育的内容是否丰富呢,还是开展的形式是否丰富,这里并没有明确的说明,很容易让答题者产生疑问,无所适从。同样,例2也存在相同的问题。设计者是想问高校国防教育的科研水平,还是教学水平,抑或是国防教育教师的水平,这里面都没有说清楚,很容易让人产生歧义。问题不明确,意味着问卷所收集的资料是笼统的、缺乏针对性的,这样的问卷很难为研究提供有效的说明和支撑。产生这种错误的原因主要是设计者对研究主题缺乏整体把握,或者是语言缺乏推敲,问题表述有误。

二、概念抽象

研究问题的操作化,或者说概念的操作化,是问卷设计的前提。研究者必须先通过操作化过程,将所研究的概念或变量变为具体可测的指标,并在此基础上转化为问卷的具体问题。因此,问卷所问的问题应该是具体的、可测量

---

① 袁方,王汉生.社会研究方法教程[M].北京:北京大学出版社,1997:258-264.

的,不应该出现抽象的概念。但很多国防教育研究者缺乏这方面的经验,因而往往出现失误。

例3:您认为中国现在是一个强国了吗?(　　　)

A. 是;　B. 以后会是;　C. 不是;　D. 中国不可能强大

什么是"强国"?衡量一个国家是否强大,可以有很多的维度,如经济、军事、政治等维度。这意味着,"强国"的概念,在不同的人心目中,其内容或指向是不同的。有人可能会理解成一个国家经济上的繁荣昌盛,从这个角度来说,GDP总量位居世界第二的中国当然是强国;也有人可能会从一个国家的军事实力方面来理解强国,在这个维度,中国近年军事现代化发展取得了相当大的进步,但就与世界超级军事大国——美国相比,中国在军事上可能还算不上世界性的强国。在政治上,中国在世界舞台也扮演着日益重要的角色,但总体上仍然难称强国。由此可见,"强国"这一概念涉及众多的方面,其中每一个具体的方面往往都需要若干个具体的指标来测量。因此,要真正了解人们对中国是否是强国的真实判断,就不是这一简单的问题及答案所能胜任,而是要将该问题进一步细分并具体化,以实现对该问题的更准确测量。

三、问题带有倾向性

问卷调查法的实证主义本质,要求问卷设计者必须恪守价值中立原则。这就要求问卷的问题不应该带有倾向性。否则,问卷收集的资料必然会出现偏差,不能准确测量和反映被调查者的行为和态度。

例4:您认为当前您所在的社区是否应该加强国防教育师资队伍建设?(　　　)

A. 财力有限,没有必要;　B. 在财力许可的情况下可以适当考虑;

C. 很有必要

这样的问题提法无疑带有明显的肯定倾向,它很可能导致被调查者选择后两项答案。如果把问题改为"您认为当前您所在的社区国防教育师资队伍建设水平如何",就可以较好地消除原有的倾向性。

四、双重含义问题

国防教育问卷设计应严格遵循一个问题只问一件事情的准则。如果一个问题中同时问两件或更多的事情,被调查者往往会无法回答。这种双重含义问题在国防教育问卷中相当常见。

例5:您对当今的国际国内局势了解程度怎样?(　　　)

A. 很关心，很了解　　B. 不会特意关心，一般了解　　C. 不关心

例6：您知道我国《国防教育法》的颁布时间及大体内容吗？（　　　）

A. 知道　　B. 不知道

这里的两个例子都犯了明显的双重含义错误，即一个问题了询问了两件事情。在第一个例子里，既询问了被调查者对国际局势的了解，也询问了他对国内局势的了解。当然，通常对国际形势较为敏感的人，也会相当关注国内局势。反之亦然。但不排除有些被调查者可能仅对国际局势感兴趣，而对国内局势不甚了然。相反的情况也有可能存在，即有的被调查者对国内局势了如指掌，但却不太关注国际形势的发展。因此，对于后两种被调查者而言，他们是无法填答这一问题的。第二个例子也存在同样的问题。这道题实际询问了两件事情：一是颁布时间，二是大体内容。那些知道我国国防教育法颁布时间，但不了解其大体内容的被调查者，或者熟悉我国国防教育大体内容，但不知道其颁布时间的被调查者，他们就无法填写这一问题。这两个例子都应该把一个问题分成两个问题，即：

您对当今的国际局势了解程度怎样？

您对当今的国内局势了解程度怎样？

您知道我国《国防教育法》的颁布时间吗？

您知道我国《国防教育法》的大体内容吗？

五、语言中的毛病

问卷作为书面的格式化交流，语言通顺、易懂是最基本的要求。一般来说，国防教育问卷的用语应尽量口语化，大众化。否则就会产生词不达意等各种毛病。

例7：您觉得参加志愿者的原因是什么呢？

A. 是一种责任　　B. 出于好奇，想尝试一下　　C. 累计志愿者服务时间

D. 不知道，看同学做自己也跟着做了

例8：您是否同意大学生到基层以及祖国需要的地方？（　　　）

A. 愿意，到这些地方能在一定程度上实现自己的人生价值

B. 不愿意，这些地方太贫穷落后　　C. 不好说

第一个问题其实相当简单，但设计者却没能将之通俗地表达出来。其实，改为"您参加志愿者的原因是什么呢"无疑更符合人们日常的表达，也更加明白好懂。第二个问题出自一份以大学生为调查对象的问卷，因此，这一问题完全可以改为"您是否愿意到基层以及祖国需要的地方去"，这样也与答案更为协调。

六、其他方面的毛病

风笑天提到问卷设计其他方面的毛病主要包括表格设计、封面信、指导语方面的缺陷以及印刷方面的错误。[①] 在这些方面,国防教育问卷也存在着程度不一的问题。如表格设计过于繁复,一份问卷包含问题和内容太多。在笔者对部分国防教育问卷的翻阅中,发现有不少问卷动辄 30、40 道问题,其中问题最多的一份问卷设计了 50 道问题。在封面信的设计上,或太过简单,或太过啰唆,且语言过于专业化或者文学化等情况都有存在。在上述问题之外,最为严重的是很多国防教育问卷由于设计者的粗心大意,存在着相当多明显的印刷错误。在一份国防教育问卷中,我们曾发现了连续两道问题存在严重的文字错误,如下:

例 9:如果组织国防橄(注:"橄"应为"教")育青年志愿者活动,你是否愿愈(注:"愈"应为"意")参加?

例 10:你喜欢收行(注:"行"应为"看")军事节目吗?

这里的第一个例子里,一个问题就出现了两处明显的文字错误。第二道题,寥寥数语也出现了一处文字错误。这种低级错误的大量存在,大大削弱了国防教育研究运用问卷调查法的意义和价值。

第三节　国防教育问卷设计的基本要点

针对上述国防教育问卷设计常见问题,在参考其他一些较为优良的问卷设计经验基础上,我们认为优良的国防教育问卷设计应把握以下要点:

一、主题明确

国防教育问卷设计者进行问卷设计首先要明确调查的主题思想,即调查什么以及调查想达到什么样的目的。在最理想的状态下,问卷所有的问题都应该是围绕主题而展开的。但事实上,问卷通常不可避免会出现无关问题。美国社会学家肯尼斯·贝利就曾指出:"实际上,所有的问卷表都含有一些多

---

① 袁方,王汉生.社会研究方法教程[M].北京:北京大学出版社,1997:263-264.

余的问题。"①要尽量减少问卷的多余问题,消除问卷设计理想与现实的鸿沟,就要求设计者具有极为明晰的主题思想。问卷设计很多时候不是单纯的技术问题,而首先是理论思维的锻炼和提升过程。只有设计者对研究主题有深入的把握,有明确的研究思路,才能得以进一步考察主题的各要素之间的相互关系,才能知道哪些事实可以表征这些关系。总而言之,只有主题明确,才可能保证整个问卷的效度,才能保证始终围绕自己的问题中心进行。

二、结构严密

这是指在国防教育问卷设计过程中,整个问卷是一个封闭性的结构,每个问题之间存在内在的逻辑关系,关联性都非常明显,它们构成一个问题系列,都是必要的,而不是可有可无的。各问题之间是环环相扣的,共同构成一个关于研究主题的意义系统。在问题编排的先后顺序上,一般来说,遵循先易后难的原则。较有挑战性的题目应该放在问卷中间偏后一点,不要一开始就让被调查者产生畏难情绪,必须当人们有了一定问题背景后再徐徐呈现最难的问题,接下来是辅助性的问题,最后是开放性的问题。

对于问卷中是否设置开放性问题,有一种观点认为,在调查问卷中设置"开放题"是一种失误。他们认为,问卷调查本质是定量调查,但开放题所收集的是定性资料。一般来说,人们无法使用"开放题"来进行定量调查所要求的"假设—检验"操作。此外,"开放题"相当于问卷设计者的无原则放权,很难保证调查的质量。由此,他们甚至提出,即使在封闭式问卷的备选答案中,也应该慎用"其他"这个半开放性质的选项,因为它不仅会增加大量的缺失值,而且实际上用处很有限。② 在国防教育的众多调查问卷中,通常会发现很多设计者也都设置了开放题,但在分析的过程中,该题收集的资料甚少被利用。另外,相当一部分国防教育研究者习惯在其备选答案中设置"其他"选项。笔者在浏览国防教育相关调查问卷中,发现一份共 26 道题目的问卷,其中 8 道题目设置了"其他"这一备选答案。如此众多的"其他"选项,显然是有悖常理的。它表明,研究者对于研究的问题及其事实是相当不熟悉的,在这种情况下,设置"其他"选项,可能真的如前述学者所批评的,是一种牺牲问卷调查质量的无原则放权。这显然不是一种对待研究的应有态度。对此,我们的态度是,对于

---

① 风笑天.优良问卷的标准[J].社会,1989(7):20.
② 潘绥铭,黄盈盈,王东.问卷调查:设置"开放题"是一种失误[J].社会科学研究,2008(3):81.

大部分作为问卷调查初学者的国防教育研究者来说，在问卷设计时并非一定要加上开放性题目。其原因在于，一方面如前所述，利用开放题所收集的资料可能基本派不上用场。另一方面，从我们进行问卷调查的实践经验来看，开放题的回答率通常都很低。从这两方面来说，开放题的设置事实上就是画蛇添足，完全没有必要。此外，在问题答案备选项方面，初学者也应尽量少使用"其他"选项。过多使用"其他"选项，一方面表明研究者对研究问题缺乏把握，另一方面也容易使得问卷调查趋于无效。

三、语言准确

这是指国防教育问卷的设计，无论问题还是答案都是必须表述准确，要言不烦，不能够糊里糊涂，让人不知所云。切忌使用过分学术化的语言，应该使用被调查者能够容易明白的语言。在语言上尽可能不使用否定问句，尤其不能够使用双重否定的问句，这样的话容易引起歧义。语言精练、具体、明确、通俗、客观是对语言准确性的基本要求。总的来说，问卷的问题表达应该是简明的，不易产生歧义的，表达方式是符合人们的语言习惯的，既要避免过分学究气，也要尽可能避免俚语或口头语等出现。此外，问卷题目和答案的表述语言应该是客观中立的，不应该出现诱导性、倾向性的用词，问卷的语言及表述应尽可能是中性的，避免主观价值的涉入。

四、题量适中

这是指国防教育问卷设计题目不应过多，不应为了满足自身研究需要而把问卷构成题海战术。这也是问卷设计的一个基本原则，即把为调查者着想作为问卷设计的出发点的具体贯彻。对于调查者而言，当然是问题提得越多越好，因为这意味着可以获得更多的资料。但是从填答问卷者的角度考虑，过多的问题意味着更多的时间、精力付出，并且长时间填答问卷也容易使其产生厌烦、抵触心理。毕竟，对于很多问卷填答者而言，接受问卷调查基本就是一种免费的付出，基本不存在收益问题。因此，问卷设计必须多从被调查者的角度出发，合理控制题量。一般而言，国防教育研究者单独进行的问卷调查，其问卷的正式题目应该在30个以内，在25个左右算比较适中，少于20个的话题目相对较少，如果少于15个题目的话则问卷的信息量是不足的。基本信息栏的题目一般是5～7个为宜，最多不能够超过10个，否则就形成了一种压迫感。

题量适中除了要求对问卷题目数量有所控制之外，还要求尽量减少被调查者的填答工作量。应该坚持一个最简单的原则,研究者自己能填答,就不能交由被调查者填答。但在国防教育问卷设计中,这一看似简单的原则并不能完全被贯彻。在一份国防教育调查问卷中,研究者为了了解某高校的师资队伍情况,设计了这样两道道题目:

21. 学校军事理论课专职教师有____人,其中,教授职称的有____人,占专职教师比例为____%;副教授职称的有____人,占专职教师比例为____%。讲师职称的有__人,占专职教师比例为____%;助教职称的有____人,占专职教师比例为____%;未定职称的有____人,占专职教师比例为____%。[填空]。

22. 学校军事理论教师中硕士、学士、大专、中专学历的人数占专职教师总人数的比例为____%、____%、____%、____%。[填空]。

当笔者看到上述问题时,内心是崩溃的,相信大部分被调查者填答上述问题的时候可能也会有类似的感受。当然,这不是因为这道题需要填答的内容很多,而是因为在这道题中,设计者不单要求回答者提供素材,而且还要求回答者替他进行统计分析:他要求回答者填答不同职称、学历的百分比!这真是让人啼笑皆非。当然,这可能是设计者的无心之失。但这也让我们时刻谨记,问卷设计要让回答者作答尽可能容易、简单。从回答者的角度出发,一份题量适中的问卷除了题目数量适中之外,还应该是回答者工作量最少的。

五、标示清晰

这是指在设计国防教育调查问卷时,无论是采用的记号方式还是采用其它的特别提示,应该能够让答卷者非常容易地关注到,同时也方便答卷者操作。这个标示应该起到非常明显的提醒作用。例如,同一份问卷如果是针对不同的研究对象设计和发放的,应该在其中清楚注明哪些问题是由某些特定的被调查对象填答的;再如,题目是多选题还是单选题也应该明确标示。

六、引导合理

这是指在设计国防教育问卷过程中,要根据调查内容及被调查者的情况,使用得当的引导语部分来阐释自己调查目的。就很多国防教育问卷来看,引导语几乎千篇一律,寥寥数语一笔带过。对所涉及概念及内容简单易懂,所收集信息不涉及敏感问题的问卷来说,短小明了的引导语是合适的。但对于一些涉及比较晦涩概念、调查内容不为被调查者熟悉或较为敏感的问卷,引导语就需要细细推敲斟酌。因此,问卷引导语并不是可有可无,也不应该一味追求简明,而应该根据实际情况进行抉择。"一般来说,当调查内容回答者比较熟悉时,没有什么心理压力时,容易引起他们兴趣时⋯⋯问卷的封面信,指导语也可相对简单一点。但是,调查的内容回答者不大熟悉,或者难以引起他们的兴趣时,或者调查的内容涉及比较敏感的问题时,问卷设计者就要多动脑筋,多想办法。问卷的封面信和指导语就要十分的详细,措辞要更加小心。"[①]

七、便于统计

这是指作为定量研究的重要工具的问卷调查,在设置答案时一定要便于统计定量,应该使每个答案都能够代表一定的量值,而且各个量值之间的分配是均匀的。这也意味着问卷设计不是简单的一问一答,不是问题的简单堆砌,它要求设计者必须具备一定的统计学素养。在问卷设计之初,他就要考虑到问卷所收集的资料可以满足哪个层次的定量研究需要。这一点在国防教育问卷设计中是较为缺乏的。相当多国防教育问卷的设计者缺乏相应的统计学知识和基础,他们很多人认为,只要有了问卷就可以进行统计分析。因此,很多的国防教育问卷所收集的资料,通常仅能用于进行最初步的描述统计分析,是很难用于定量研究的"假设—检验"过程的。有鉴于此,我们认为,如果不具备一定的统计学基础和知识,一定要慎重选择问卷调查法。不然,即便你选择了,你的研究最终可能也只能是流于一般性的资料收集,而不能为国防教育研究提供更多的深刻洞见。

---

① 袁方,王汉生.社会研究方法教程[M].北京:北京大学出版社,1997:242.

第十章　文献法

　　在现实的研究中,文献综述是文献法的最终成果和普遍表现形式,因此,常有人在两者之间画等号。但就作为一种研究方法的文献法来说,文献法包括了对文献范围的确定、文献的查找、甄选、阅读、整理、分析等诸多环节。文献综述以文字形式表现上述环节并包含于上述环节之中。在这个意义上,文献法一定程度上包含了风笑天教授总结归纳的"作为过程的文献回顾"和"作为结果的文献回顾"两大部分。前者指围绕某一主题,对相关的现有文献进行系统搜索、查找、阅读、分析的过程,后者指以总结和综述的形式将上述过程的结果表达出来。"文献回顾是一个既包括对相关文献进行查找、阅读和分析,又包括对这些文献进行归纳、总结和评论的完整过程。"[①]换言之,文献法不等同于作为结果的文献综述,完整的文献法是文献范围确定、查找、甄选分析过程及其结果呈现的统一,是对文献进行查阅、分析、整理并力图寻求事物本质属性的一种研究方法。

　　运用文献法进行国防教育研究,就是要对研究者确定的国防教育研究主题的相关文献进行查阅、分析、整理以获得对问题的深刻洞察。这需要做几个方面的工作,首先是确定与研究主题相关的国防教育文献的范围以及类型,这解决的是"找什么"的问题;其次是寻求获得相关国防教育文献的有效途径并对文献进行筛选,这解决的是"怎么找"的问题;最后是以文字形式对文献查找的过程及结果予以呈现,即撰写文献综述,这解决的是"找到了什么"的问题。

---

① 风笑天.论社会研究中的文献回顾[J].华中师范大学学报(人文社会科学版),
　　2010(4):41.

第一节 找什么:国防教育文献查找的范围和类型

一、以问题为中心确定国防教育文献查找范围

文献研究是以各种形式的文献为介质的研究方法。要进行文献研究,首先得获得所需的文献资料。运用文献法研究某个国防教育问题,就必须首先全面收集关于该问题的所有文献。在这个过程中,人们常常面临困境:不是觉得相关文献数量繁多,就是觉得根本就没有相关文献。这看起来是截然不同的两个问题有着共同的问题指向,也是人们在运用文献法过程中的常见问题,即如何获得与所研究问题真正相关的文献。在浩如烟海的文献资料中,如何确定一个基本的、恰当的文献查找范围,是关系到文献研究能否获得成功的关键。

文献研究当然是从寻找文献开始,而寻找什么样的文献取决于研究者对所研究问题的认识程度,如果研究者不能真正理解所研究的问题,那么他是很难找到合适的文献的。即使别人告诉他应该找什么样的文献,他也不会真正研究这些文献的,原因在于他不知道这些文献就是他所需要的。这表明,文献寻找应该是以研究者的问题脉络为前提的。研究者对问题认识到什么程度,那么他就会找到什么样的文献。所以说,寻找文献也是以解决问题为中心的。一般而言,对解决你的问题真正有作用的,你也才会感兴趣的,否则你所寻找的文献纯粹是一种应付差事,而不是你自己真正关心的事情。因此,文献综述不是一个简单的文献梳理工作,而是一个始终以现实问题解决为观照的活动。文献梳理从本质上讲就是研究者把历史上出现的各种研究方案拿来,尝试性才地去解答现实问题。如果你将他们一一尝试过后仍然不能解决现实存在的问题的话,那么你的研究工作的创新价值才能体现出来,也才能证明你研究的问题是有价值的。

相当多的国防教育研究者在开展研究时,最大困难就是没有自己的问题,所谓问题可能都是假象,禁不起简单的批驳。这就使得在他们在查找文献的时候缺乏针对性,或失之宽泛,或失之狭窄,很难找到与问题真正相关的文献。因此,国防教育研究者进行文献研究,必须具有明确的问题意识并尽可能将之具体化。在这个前提下,回答以下一些问题,有助于进一步帮助研究者明确研

究性质和目的,进而大致确定文献查找范围。[①]

1. 这些资料是为何人何事搜集的?

2. 文章完成后属于哪种类型的文件?(如博士论文、公司报告等)

3. 查找到的资料需要具体到何种程度?

4. 文章的读者或使用者会是谁?

5. 需要检索的信息量有多大?需调查所有发表过的有关该论题的研究报告呢,还是只需要其中的关键内容,或者仅仅是单个条款呢?

6. 可用时间有多长?这是一个大规模长时间的项目,还是一篇小短文,或是一项较为紧急的研究计划呢?

7. 对这些资料的时效性有怎样的要求?若是涉及法律资料,可能需要最新颁布的条文;若是综述某一主题,则可能论及一段时间内的历史性变化。在处理资料时必须多加小心,避免使用过时的或虚妄的材料。

以问题为中心确定文献查找的基本范围,并在解答上述问题基础上制定相应计划,对于国防教育文献法的成功运用至关重要。"如果不做计划,虽然我们也可能意外地获得可用资料,可以重新检索原始资料,但那毕竟不可靠,也太费精力。"[②]

二、国防教育文献的类型及分布

在国防教育研究中要想寻找到合适的文献,除了明确研究主题,确定大致的文献范围之外,还需要了解国防教育文献究竟有哪些种类,通常是以什么样的形式表现出来的。文献依据不同的标准有不同的分类,较为常见的分类有如下几种:按文献加工程度可分为零次文献、一次文献、二次文献和三次文献;按文献载体形式可分为印刷型文献、缩微型文献、机读型文献和声像型文献;依据不同的流通范围可分为公开文献、内部文献和机密文献。还可以依据情报载体的不同,分为书面文献、电子信息、声像资料和实物情报。

上述不同类别的文献资料,由于创造、记录与传播的方式不同,其分布极其广泛,且形式多样。在这方面,教育研究者整理的以下教育科学研究资料系统表可为国防教育研究者全面查阅文献资料提供一个具体指南。具体见表 8-1。

---

① 萨莉·拉姆奇.如何查找文献[M].廖晓玲,译.北京:北京大学出版社,2007:5.
② 萨莉·拉姆奇.如何查找文献[M].廖晓玲,译.北京:北京大学出版社,2007:6.

表 8-1　教育研究资料系统表①

名称	功能	概念	内容	形式
事实性资料	事实证据	专门为教育科学研究提供事实证据的资料	古今中外已被发现和证实的各种形式、各种内容的事实资料,如文物、拓片、碑刻、教育史学专著、各种测验量表、各类实验报告、教育名家教学实录	古今中外的各种纸质、实物、电子资料
工具性资料	检索咨询	专门为教育研究提供检索咨询的资料	工具书、网上检索查新咨询、学术动态综述	
理论性资料	理性认识	专门为教育研究提供理性认识的资料	教育专著、论文、文集、语录、教育家评传、方法论著作	
政策性资料	政策依据	专门为教育研究提供政策依据的资料	规章制度、改革文件、政府统计资料	
经验性资料	感性认识	专门为教育研究提供感性认识的资料	调查报告、工作总结、经验、随笔、杂谈、教育艺术作品、教育参考书、各级各类学校教科书、教学大纲	

　　结合以上表格,一般来说,国防教育文献资料的形式主要有:(1)书籍,包括名著典籍、国防教育专著、教科书、资料性工具书(如军事百科全书)及论文集。这是品种最多、数量最大且跨越年代最为久远的国防教育文献信息源。(2)连续出版物,这是指一种载有卷期号或年月顺序号、计划无限期地连续出版发行的出版物。它主要包括以各种载体形式出版的期刊、报纸等。目前,专门的学术性国防教育期刊还较为缺乏。国防教育相关文献大多散见于相关学科的期刊,如《国防》、《中国高教研究》等。(3)教育档案,这主要包括国防教育法令集、各类国防教育资料汇编、国防教育调查报告、学术会议文件、学位论文等。国防教育作为国家法律明文开设的课程及国民教育活动,具有明确的法律及政策属性,因此,国防教育档案是非常值得关注的文献资料源。(4)电子

---

① 　喻立森.教育科学通论[M].福州:福建教育出版社,2001:191.

资源,这主要包括各种电子图书馆、电子书刊、电子数据库以及电子参考工具书。

在当前的国防教育研究文献搜集中,需要引起注意的是,电子资源成了研究者获取文献的主要形式甚至是唯一的形式,而电子资源往往又局限于对特定期刊数据库的检索,如中国知网、万方数据库等。这使得其他一些形式的国防教育文献往往被遗漏了,如国防教育书籍、国防教育档案资料等。文献搜集的全面性是文献法的一个最基本要求,这要求国防教育研究者必须尽可能全面、详尽地把握各种类型的国防教育文献。

第二节 怎么找:国防教育文献的查找途径与方法

研究主题明确之后,就大体确定了需要搜集的是哪些文献。那接下来的问题就是通过哪些渠道和方法可以迅速而准确地找到人们研究所需的文献。

一、获取国防教育文献的主要途径

(一)图书馆、资料室、图书室

图书馆作为文献储藏的专门机构,是搜集国防教育文献的最主要、最重要的渠道之一。对国防教育研究者来说,可利用的大型图书馆主要有国家图书馆、各大学的图书馆以及地方图书馆。这些图书馆一般都收藏有大量国防教育方面的文献资料。此外,在一些地方综合性大学,由于军事的特殊性,个别的军事教研单位还会建立自己的资料室或图书室,这些地方储藏的文献种类较少、数量可能也不如图书馆多,但更具军事的专门性,对研究者来说也是获得国防教育文献的好去处。

图书馆、资料室或图书室虽资料丰富,但如果不掌握一定的技巧和方法,很容易陷入资料的海洋而无所适从,很难快速而准确地获得所需资料。解决这一问题,首先需要国防教育研究者有意识地加强与图书馆、资料室或图书室相关工作人员的联系,以获得馆藏专业人员的直接指点和帮助,这会大大提升研究者寻找到所需文献的概率和效率。萨莉·拉姆奇在《如何查找文献》一书,就提出:"我们强烈建议那些经常访问某一个或多个图书馆的研究者去结识一位合适的图书馆工作人员,比如熟知某研究领域馆藏的图书管理员。……研究者可以花些时间与图书管理员就所需的信息进行交流,从管理员那里得到一些建议,比如哪些资源可以利用和如何利用图书馆资源等。……资料提供者数量无穷,他们通过不同的界面,以各种各样的方式提供着资料。所以如果能从专门从事资料查找和检索的专业资料员那里得到一些指导,研究者一定会受益匪浅。"①其次,在与图书管理人员建立直接私人关系较为困难的情况下,研究者可以选择参加图书馆开设的培训班或讲座,以获得高效使用图书馆等藏书场所的指南。对于高校的国防教育研究者来说,应该经常关注并参加图书馆经常举行的图书馆使用技能宣传活动或讲座,这是一个学习如何通过图书馆高效搜集文献的好机会。"我们建议研究者不要放过任何一个培训机会。一旦学到了这些技能,就可以把它们运用到多种不同的环境中,节省时间,减少挫折。"②萨莉·拉姆奇甚至倡议:"图书馆资料检索技能培训应该纳入博士或其他学术项目之中,甚至应该向企业雇员开放。"③

（二）学术会议

参加国防教育的专业学术会议是获取国防教育文献的一条重要途径。学术会议关注的议题一般都是社会或者学术界关心的重大现实或理论问题,具有更强的时效性。在国防教育的学术会议上,研究者们面对面地交流教学科研的新成果、新进展或新问题,这为研究者提供了在其他图书或期刊文献资料中所不能得到的新信息。

正如前面所指出的,国防教育学作为一门创生中的学科,缺乏专门的国防教育学术期刊。在这种背景下,我国高校国防教育学界自 1997 年以来,基本每两年举行一次全国高校国防教育学术研讨会。在历届的研讨会上,与会者可以充分地与高校国防教育研究者交流,倾听他们的讨论、发言,这不但可以使与会研究者了解到高校国防教育学界关心、关注的主要问题,也为研究者收集和积累与自身研究课题相关的最新文献资料提供了机会和平台。

（三）个人交往

在国防教育研究活动中,有意识地加强同本专业、本领域的专家、学者、同行交流相当重要。由于缺乏专业的学术期刊,且国防教育活动突出的实践性特点,使得很多具有启发性的国防教育观念、思想通常表现为个体经验、个体感受。一些多年从事国防教育实践及理论研究的国防教育工作者,他们积累了较丰富的实践经验,并在此基础上形成对于国防教育的理性认识。这些个

---

① 萨莉·拉姆奇.如何查找文献[M].廖晓玲,译.北京:北京大学出版社,2007:12.

② 萨莉·拉姆奇.如何查找文献[M].廖晓玲,译.北京:北京大学出版社,2007:12-13.

③ 萨莉·拉姆奇.如何查找文献[M].廖晓玲,译.北京:北京大学出版社,2007:13.

体本身就构成了国防教育研究文献的重要载体。通过与他们的接触和交往，研究者可以从中获得相关研究的信息，自身思想的火花得到激发，研究思路得以拓展。

与通过其他渠道获得文献资料不同，研究者通过与同行学者的私人交往，通过面对面交流、信件或邮件的联系，能较快地获得从其他文献资料中难以获得的信息。这种学者之间的直接交流和讨论往往会围绕具体的国防教育问题展开，因而更具选择性和针对性，这比在浩如烟海的书籍期刊中去寻找相关文献要显得更为简单便捷。

（四）互联网

进入信息社会，网络技术的发展为国防教育研究者获取所需文献提供了很大的便利。在发达的网络社会中，不仅可以搜索到最新的国防军事新闻报道及历史发展情况，还有相当多的网上图书馆、期刊数据库提供了对相关书籍和论文方便快捷的搜索。

在互联网的使用上，国防教育研究者一方面要多关注国内一些特色的文献数据库，如国家图书馆的民国系列专题库，包括民国期刊专题库、民国图书专题库以及民国报纸专题库等，笔者曾对这些数据库进行简单搜索，发现其中收录了相当数量民国时期的国防教育研究论文、专著及报道，这些文献不但有助于人们了解民国时期的国防教育研究及发展状况，也有助于人们重新审视当前的国防教育学的创生和发展。另一方面，国防教育研究者可以关注我国台湾地区的一些网络资源，如台湾教育研究资讯网（网址：http://teric.naer.edu.tw/wSite/mp? mp = teric_b&OWASP_CSRFTOKEN = UP91-6B2J-N6A1-WBKS-K6RU-6Y3F-WCN4-ECOG）；台湾博硕士论文知识加值系统（网址：http://ndltd.ncl.edu.tw/cgi-bin/gs32/gsweb.cgi/login? o = dwebmge）；台湾普通高级中学课程全民国防教育学科中心网站（网址：http://defence.hgsh.hc.edu.tw/aboutus.php? submenu=1）。在以上这些网站上，可以获得关于台湾地区如何开展国防教育及军训的丰富资料，对人们开展国防教育研究有启发和借鉴作用。尤其是其中的台湾博硕士论文知识加值系统，收录了台湾地区数量众多的军训或国防教育研究相关博士和硕士论文，是大陆研究者了解台湾军训和国防教育，收集相关文献资料较为方便可行的选择。

二、查找国防教育文献的方法

文献研究除了确定文献查找的范围、主要渠道，还需掌握文献查找的一般

方法。根据国防教育课题的任务、范围、目的等方面的不同,国防教育文献查找的一般方法主要有以下几种:

(一)顺查法。这种方法适用于时间跨度较大、项目牵涉问题较广的国防教育课题研究。研究者按时间先后顺序,对所研究课题按事物发生、发展的顺序,由远及近,由旧到新进行查找。如针对某一国防教育问题,就从对该问题研究的最早发表时间为检索起点,从该年度起进行相关书目、期刊的逐年查找。

(二)逆查法。又称倒查法。是由近及远,由新到旧的顺序进行文献的查找。研究新近出现的国防教育问题通常使用这种方法。这是因为一方面,相关问题由于较晚进入研究者的视野,早期的文献较为缺乏;另一方面,这类课题通常时效性较强,文献查找时间有限。因此往往不要求全面系统地掌握课题的资料,只需要获得若干篇核心文献即可。

(三)抽查法。这是研究者针对某一国防教育课题研究发展的实际情况,对课题研究较集中的年份,文献较多的时期进行抽样,抽取一定时段的研究资料并加以分析。这种方法的使用需要研究者对本领域与所研究课题相当熟悉,不然就很难保证所获得文献的数量和质量。一般来说,不建议国防教育研究的入门者使用这种方法。

(四)追溯法。又称参考文献查找法。是以某一作者书籍和文章所附的参考文献,追踪查找相关文献的方法。作为基点的书籍或文章,一般来说应该是研究者所掌握的关于课题研究的最新资料。运用这种方法,目标较为清晰,针对性也比较强,可以比较直接、集中地查找到所需资料,因而较为高效。但运用这种方法有可能会遗漏一些重要的相关文献。

以上是查找国防教育文献的一般方法。但在运用文献法进行国防教育研究的过程,更重要的是要找到权威的、经典的相关文献。因为这样的文献才有代表性,这样对研究论点才可能有支撑力。那么,怎样查找代表性的文献呢?对于期刊论文来说,一个简单的办法就是借助所谓的核心期刊或权威期刊。一般来说,在核心期刊或权威期刊上发表的文章,其质量有一个基本保证,不会把明显的谬误的东西传播出去,而在三流的杂志期刊上就难以保证了。但这只是一个保证文献可靠性的办法,还不是寻找权威的办法,尤其你所研究问题的权威。那该如何继续寻找呢?一个简单的办法就是从文献发表的时间来核对,权威往往具有先发优势,谁在某方面先发言了就会占据权威地位。这个概率是很高的,虽然不是百分之百的。因此,我们搜索文献的时候一定要找到最早的文献是什么,然后根据时间的脉络把所有的文献都找到。如果文献的量实在很大,就要有所选择,这个选择的办法就是根据公共确认的程度来进行。如核心期刊,作者的学历职称,作者所在的研究部门等。这样下来就把一些不重要的或不具有代表性的文献给剔除出去了。[①]

第三节 找到了什么:国防教育文献综述

文献综述是文献法的成品或最终表现形式,它是以文字的形式报告研究者的文献查找、甄选、判读、分析的全过程。其目的就是具体呈现研究主题的相关研究背景、进展以及可能的突破点。作为单独成文的一篇国防教育文献综述文章,或者是作为学位论文一部分的国防教育文献综述章节,通常都需具备较为完整的基本框架。这也是判别"好的"国防教育文献综述与"差的"国防教育文献综述的重要标准。

一、国防教育文献综述的基本架构[②]

一般来说,一篇完整的国防教育文献综述应该包含以下几个方面:

(一)文献的搜索途径与结果。这是要向读者交代自己是通过何种途径搜索文献的,搜索文献的总量如何,文献的具体分布怎样,如文献类别、作者群体或刊物类别等。

(二)代表性文献选取及其标准。对文献的报告不能太笼统,需要较为具体的描述,特别是报告代表性的文献,并汇报它们作为代表性文献的理由。

(三)关于代表性文献分析,需要包括以下内容:

1.分析该文献在相关研究领域中的学术地位;

2.分析该文献的研究视角的独特性,在研究方法上的进步,研究结论的创新性与普适性,还需要分析研究的局限;

3.分析该文献对其他学术研究的影响,特别是对自己从事该领域研究的启示。

(四)概述研究发展阶段,找出各个研究阶段的特征,形成整个研究进展的

---

① 王洪才.小谈文献查阅[EB/OL][2018-09-18]. http://tjhongcw. blog. 163. com/blog/static/4543594620091190480345/.

② 王洪才.再谈文献综述写作[EB/OL][2018-09-18]. http://tjhongcw. blog. 163. com/blog/static/45435946201231371060608/.

脉络。

（五）综合分析所有研究文献的共同特征，特别是在研究方法和研究思路上需要改进之处。

（六）指出所分析的研究文献还存在哪些主要的问题需要解决，论证该问题的解决对当下社会发展的现实意义。

（七）从各种问题中选择一个最适合的问题作为自己研究的问题，这样文献梳理任务就算完成。

二、"差的"和"好的"：国防教育文献综述撰写示例

一般来说，如果国防研究者在撰写的文献综述基本涵括了以上架构所列要素及步骤，那么其文献综述是"好的"概率就会较大，反之，则很可能是"差的"国防教育综述。为了让读者更好、更直观地感受国防教育文献综述"差"与"好"的区别，并能练就更扎实的文献综述本领，下面特举一个"差的"与一个"好的"国防文献综述予以说明。

有两个国防教育研究者，他们对思想政治教育与国防教育之间的关系问题产生了兴趣，打算加以研究。围绕这一问题，他们通过各种渠道收集到了各种各样的文献资料，分别写成了两篇《关于思想政治教育与应试教育关系研究的文献综述》的文章。其中一个研究者的文献综述是这样展开的：

关于思想政治教育与国防教育关系的研究，主要有以下几种观点：第一种观点是张三说的，引出一段张三说的话；第二种观点是李四说的，再引出一段李四的话；第三种观点是王五说的，又引出一段王五的话……

以上的文献综述毫无疑问是较差的。这主要体现在：（1）研究者仅简单罗列他人观点，没有说明为什么选择这些文献；（2）缺乏深入分析，只是表面地呈现研究文献的某些内容；（3）缺乏自己的分析尺度，对文献所呈现的观点缺乏批判分析能力；（4）文献研究仅仅作为一种装饰出现，未能将论文的主题和创新点作为文献筛选和评价的主线，没有呈现文献综述与自身研究的内在逻辑关联。

另一个研究者的文献综述则是这样展开的：

思想政治教育与国防教育之间究竟有着怎样的关系，通过对该问题探讨多年以来公开发表的研究成果的归纳整理，发现人们对该问题的看法存在分歧，概括起来有三种观点：第一种可称之为"独立说"。该观点认为思想政治教育与国防教育之间是一种相对独立的关系，各自作为独立的学科或实践活动并无交集。持这种观点的人有张三，在其某某文章中指出……（引用该作者一

段原话并注明出处）；还有李四，在其某某著作中也提出相似看法……第二种可称之为"包含说"，该观点认为思想政治教育与国防教育并不是毫无瓜葛，而是一种你中有我，我中有你的包含交叉关系。持这种观点的人有谁谁，还有谁谁等。第三类可称之为"融合说"。该观点认为思想政治教育与国防教育之间既不是一种相对独立的关系，也不是一种相互包含交叉的关系，而是一种协同融合的关系。持这种观点的人有谁谁，还有谁谁等。

其次，针对上述三种观点进行客观评价，分别指出"独立说""包含说"以及"融合说"观点的合理及不合理之处。具体的写作形式是："独立说"的合理之处在于什么，其缺陷又有什么什么；"包含说"的优点在于什么什么，其不足之处又有哪些方面；"融合说"的重心在于什么什么，它的长处在于……，它的短处又在于……

再次，在以上客观评价基础上，研究者提出自己的观点和看法。其表述大体是这样的：通过分析，我们不难看出，在思想政治教育与国防教育关系这一问题的看法上，已有的"独立说""包含说"以及"融合说"都有其合理之处，但也存在不足，因此本文在充分吸取其优点的基础上，认为思想政治教育与国防教育之间既不是相互独立的关系，也不是一种包含交叉关系，也不是融合的关系，而是一种崭新的什么什么关系，这种关系可以称之为"××说"。

这里列举的第二个文献综述的例子是作为"好的"国防教育文献综述的一个模板。之所以认为这样的文献综述质量是较好的，在于这样的文献综述表明，研究者不仅对该领域研究进展历史状况非常熟悉，而且相当客观和有针对性地对不同研究者及其文献进行了深入评价，在此基础上，建构了自身研究与已有研究的内在逻辑联系，并提出了研究的新思路、新方法，为自己的下一步研究奠定了扎实基础。这为研究者后续研究提供了良好铺垫，当然是质量较高的文献综述。

第十一章　经验总结法

　　经验是人类知识的重要来源。人类早期的教育理论往往是思想家或教育学者对个人教育经验或群体教育经验进行总结归纳的产物。诸如我国的《学记》、古罗马教育家昆体良的《修辞术规范》等，都是源于教育经验的教育学著作。就此而言，因为人类教育思想和教育理论的早期发展很大程度上以教育经验总结为基础的，经验总结法可谓是教育科研历史上最早使用的方法。由于教育突出的实践性特点，这种具有朴素性的研究方法一直在教育研究中占据着重要地位。"纵观中外古代教育史的发展，有深远影响和重大建树的教育家，莫不通过总结教育实践经验，探索教育发展规律，推动了人类文化教育事业的进步。在近代、现代世界教育史上，率先进行教育实践活动，系统总结教育经验，开展教育、教学改革的教育家和教育工作者，比比皆是。诸如苏联的马卡连柯、苏霍姆林斯基，美国的杜威和我国人民教育家陶行知先生等。"①作为教育科研的传统方法，在不断的完善和发展中，教育经验总结法获得了科学内涵。它通常是指："在不受控制的自然形态下，依据教育实践所提供的事实，分析概括教育现象，使之上升到教育理论高度的一种普遍采取的有效方法。"②重视对国防教育经验的总结和反思有助于拓展和提升国防教育研究水准。现实中，人们运用经验总结法研究国防教育存在不少问题，还需深入把握其要点，提高国防教育经验总结的水平。

第一节　经验总结法对国防教育研究的意义

　　对于国防教育研究来说，经验总结法的意义主要体现在提出新问题、解决

---

①　李秉德.教育科学研究方法[M].第二版.北京:人民教育出版社,2001:83-84.
②　杨玲.教育研究方法基础[M].南京:河海大学出版社,2007:171.

具体问题、提升研究主体素养以及丰富和发展国防教育理论等方面。

一、经验总结法有助于形成国防教育科学研究的新问题

国防教育经验总结一般是对个人经验或他人经验的概括和归纳,其背后使用的是不完全归纳法,即经验总结总是就一个或几个特殊情形做出一般结论。这种方法虽只能获得对事物的片面认识,但却体现了认识主体的鲜明个性以及丰富多彩的国防教育实践形式。在这样的背景下,经验总结,哪怕是相当严肃的经验总结,其结论的局限性是显而易见的。但这并不妨碍经验总结的结论成为科学研究的生长点。毫无疑问,国防教育教师的经验总结与科学研究之间有距离,但这并不意味着两者之间存在不可逾越的鸿沟。国防教育教师总结的如果确是国防教育领域某方面的新鲜经验,那么他的结论就可作为国防教育科学研究课题的起点,即假设或假说。作为假设或假说的经验总结,为国防教育的科学研究提供了新问题、真问题,是国防教育科学研究的重要开端。"在这种情况下,经验总结为教育科研提供线索,打下基础,给科研起点以有力的感性支持;教育科研的使命则在采用科学的方法证明假设,使宝贵经验'结晶'为获得确认的科学结论。"①

二、经验总结法有助于增强国防教育研究的现实针对性

通过经验总结获得的国防教育经验或结论一般不具有脱离具体历史情境的普遍推广意义,但却具有较强的现实针对性。这使得国防教育的经验研究一般更加接近现实,具有更明确的问题意识。国防教育的时效性和政策性较强,这更赋予了经验总结法在国防教育中的重要地位。针对具体问题,国防教育研究者需要亲自深入实际,调查研究,了解情况,发现问题,掌握一手材料,并在此基础上总结经验,以更好地推进国防教育现实问题解决,推动国防教育实践和理论的发展。

三、经验总结法有助于国防教育教师提升学术研究素养

国防教育学还处于创生之中,国防教育主要是作为一门课程而存在的。作为这门课程的教师,他们不但直接从事国防教育的教学实践,也是国防教育的主要研究者。前面也有论及,国防教育教师中,有相当一部分是部队转业或

---

① 刘振华.教师经验总结与教育科学研究[J].教育科学研究,1993(6):41.

退伍的军官士兵,他们对军事教育有着较丰富的直接体验和经验,此外,也有部分是来自其他学科的具有丰富教学经验的教师。这些国防教育教师所拥有的不同维度的丰富经验,构成了他们可以开展经验总结的坚实基础。他们可以结合自己的教学实践活动,有意识有目的地总结自己的心得体会,或就国防教育教学过程改革,或就国防教育教材编制,不断收集积累资料,进行经验总结。这种基于个人体验或他人经验的经验总结,可能较为零碎或片面,但它却毫无疑问是国防教育教师初步的理性思维成果。知识某种程度就是对经验的概括总结,经验总结的过程本身就是认识过程,是国防教育教师认识能力和研究素养提高的过程。通过对自身或他人从事国防教育实践经验的收集、整理、归纳和分析,国防教育教师的理性思辨能力得到了提升,其国防教育学术研究素养也得以进一步增强。

四、经验总结法的运用有助于丰富和发展国防教育理论

国防教育的经验总结为概括和提升国防教育理论提供了观点和素材。一方面,国防教育理论的产生和形成的源泉和基础是丰富多彩的国防教育实践活动。通过对国防教育实践经验的科学总结,能够获得对国防教育教学过程规律性的初步认识,可以进一步充实和更新已有的国防教育理论。尤其值得注意的是,国防教育经验经过多次的筛选验证、去伪存真、由此及彼、由表及里的加工提炼,有可能上升为更加普适性的理论。另一方面,对国防教育的实践进行总结归纳需要理论的指导。这意味着,总结国防教育经验的过程,也就是一个运用理论、检验理论、丰富和发展理论的过程。我国的国防教育,无论是从形式、内容以及普及性方面等都极具中国特色,对我国国防教育经验进行科学总结,将极大地促进适合我国国情、富有时代特色的国防教育理论观点的形成和发展。

第二节 国防教育经验总结法运用常见问题

经验总结法是人们从事国防教育研究的常用方法之一。但由于人们在观念上对经验总结法存在误解,以及人们运用经验总结法存在不足,使得经验总结法并没有发挥其最大效用。

一、经验总结法遭到贬低

在国防教育研究过程中运用经验总结法,首先遭遇的问题是人们对经验总结法的贬低。通常人们讲某篇文章、某项研究成果是"经验总结",那就意味着它比"科研报告""学术论文"是要低一等的。这些文章或成果要获得认同,必须进一步实现从"经验型"向"科研型"的转变。这一切的背后有着清晰的预设,即经验总结不是理论性成果,是不科学的。这涉及人们如何看待经验与理论、经验与科学等深层次问题。

首先,在贬低经验总结法的人看来,理论是要高于经验的。"理论是对经验事实、实验事实进行抽象概括的成果,是一种系统化的理性认识。与经验性认识相比较,无论在内容还是在形式上都更具有普遍性和抽象性,在内容上,它揭示的是事物内在的本质及其规律,是对事物更深刻、系统、全面的认识;形式上,它是由一系列具有逻辑联系的概念、命题、推论所组成的有机的知识系统。"[①]理论作为人类的一种理性认识,往往被视为人类认知的更高阶段。"过去也把认识过程看作是由感性认识到理性认识的一种线性发展,即心灵是一张白纸,没有任何记号、任何观念,然后客体进入感觉,再出现知觉表象,再达到运用概念、判断。"[②]经验总结法在国防教育研究的困境,反映了推崇事物的理性认识以及线性认识论哲学在国防教育领域仍有根基和市场。

其次,经验总结法遭遇质疑,还在于人们通常认为经验与科学是相对立的。换言之,人们往往倾向于在理论与科学之间画等号,在经验与非科学之间画等号。这实际上混淆了认识的层次与认识的质量问题。经验反映的是认识的层次,它是相对理论而言的。科学反映的是人类认识事物的深度或质量,它是与非科学相对的。"科学性是讲认识的质量问题,科学的研究成果意味着在一定程度上反映客观事物的本来面目,具有创新价值;经验性是讲认识的层次、内容问题。"[③]在现实中,认识的质量问题与认识的层次、内容问题往往纠缠在一起,这也就使得经验性的国防教育研究通常更易被认为是不严谨、不科学的。经验性的国防教育认识成果并没有得到应有的关注和重视。

---

① 柳夕浪.析"经验总结"[J].上海教育科研,1992(4):36.
② 张声远.经验总结的几个理论问题[J].上海教育科研,1993(2):2.
③ 柳夕浪.析"经验总结"[J].上海教育科研,1992(4):36.

二、经验总结"有理无据"

国防教育经验总结的第二个问题是"有理无据"的问题。这指的是,相当部分的国防教育经验研究文章或著作包含着看似理论性的条条框框,但却缺乏具体经验事例的支撑或论证。由于所掌握的经验事实较少,或缺乏典型经验材料,这些文章所谓的理论通常不是对经验材料本身的分析、归纳与提炼的结果,而更多的是漫无边际的引经据典。这种国防教育经验总结文章或著作,貌似理论味道十足,但其实空洞无物,读之味同嚼蜡。对此,研究者针对教育领域经验总结法存在的类似问题反思对国防教育的经验研究同样适用:"不适当地强调教育教学第一线同志们将经验总结从经验型上升为理论型,常常会变成缺乏深刻的实践、厚实的经验作基础的空发议论式的总结,使经验总结变成空洞的原则。中央有关领导同志曾经指出,有些同志在出国考察报告中,把自己考察所得上升为几条抽象原则,使付出的代价,换来了一些毫无价值的高级概念。这样的报告几乎千篇一律,没有任何参考意义,而有些外国人却能把如何同中国人做买卖,打交道的经验总结得很具体,很有参考价值,这难得不发人深思吗?教育领域也有类似情况,应该注意纠正。"①

三、经验总结"有条无理"

国防教育的经验总结存在的第三个问题是经验总结的概括、抽象水平偏低,也即人们所说的"有条无理"。这里的"理"主要是指对于实践和经验内在意涵的深入挖掘,而不是对已有理论的挂靠和名家著述的引用。在国防教育的经验总结研究中,常常为人所诟病的就是通篇文章或报告都是对事实或体会的简单罗列,其中可能也间杂所谓理论基础、理论框架的部分,但此类理论多是"为了理论而理论",通常与总结的具体实践与经验无直接关联,甚为牵强。这种经验总结,恰似一些学者总结的:"典型的是:'做法'一、二、三……'体会'一、二、三……尽管是条分缕析,但分析之后少见综合,演绎之后少见归纳,没给综合与归纳以应有的位置,这样就不能达到较高的抽象水平。那'做法'夹杂事例,敷陈罗列,处于一种浮泛而散漫的状态:那'体会'写三条五条都行,七条八条亦无不可,难得数语破的、提纲挈领。"②在当前的国防教育研究

---

① 柳夕浪.析"经验总结"[J].上海教育科研,1992(4):37.
② 刘振华.教师经验总结与教育科学研究[J].教育科学研究,1993(6):41.

报告、论文,甚至著作当中,大量存在着这种"做法"+"体会"式的经验总结,国防教育经验总结的理论抽象水平提升刻不容缓。

第三节 国防教育经验总结法运用基本要点

针对国防教育经验总结法可能存在的上述问题,可以从以下方面入手予以破解。

一、澄清理念误区

人们首先要从思想上端正对经验总结法的认识,不能盲目贬低经验的地位和作用,要赋予经验总结法在国防教育研究中的应有位置。这要求人们一方面要进一步认识到,"经验和理论是认识层次的不同,而不是两类不同的认识形式。因此不能把经验称作感性认识,把理论称作理性认识。感性和理性属于认识的形式。感性认识是指感觉、知觉、表象等;理论认识是指概念、判断、推理等。人的认识不论在哪一层次,不论是经验还是理论,都是感性认识和理性认识的统一。"[1]换句话说,经验和理论都是人们认识世界、认识事物的必要手段,并无高下之分。因此,另一方面,这也要求人们要更加客观地看待经验与科学之间的关系。经验总结并不意味着非科学。事实上,"科学性不仅与经验性不矛盾,而且必须以经验研究为基础,以一定程度上的经验事实为依据。"总而言之,"科学与非科学之间,理论与经验之间都没有绝对的界限。经验研究与理论研究常常交织在一起,这种相互渗透最典型地体现在实验研究中。实验是在控制条件下的观察,所以有人把它归入经验研究的范畴,但实验绝不是纯经验性的,它必须以深刻的理论假设作为引导,不仅要描述研究对象是怎样发展变化的,而且要揭示这种变化机制所在。它实际上是理论研究与经验总结之间的桥梁,是'经验与理性职能的真正合法的婚配。'"[2]

通过对经验与理论、经验与科学关系的澄清,人们应该进一步认识到,对自身国防教育实践或工作进行总结、反思并不是低人一等的工作,这些经验性工作本身就是人们进行国防教育研究的一种有效方式和手段,它虽然可能只

---

① 张声远.经验总结的几个理论问题[J].上海教育科研,1993(2):1-2.
② 柳夕浪.析"经验总结"[J].上海教育科研,1992(4):36.

揭示了国防教育表面、非本质的联系,但这里面包含着一定真理性认识的因子。它属于人们的感性认识,但这并不意味着它就是不科学的。在国防教育研究走向科学化的进程中,经验总结不可或缺。

二、把握经验事实

经验总结法,是基于经验事实的总结、归纳和反思的过程。因此,经验事实构成了总结的基础和支撑。经验总结只能是对特定经验事实的思维加工。成功运用经验总结法,必须以占有大量丰富而具有典型性的经验材料为前提。"它必须立足于特定的经验事实,从中进行概括提炼,使感性认识上升为理性认识。因此,经验事实是经验总结的基础,离开了经验事实,这种思维加工就成了无源之水,无本之木。"①

运用经验总结法把握经验事实需要注意:第一,经验事实必须是客观存在的,是真实的。对国防教育进行经验总结,人们不能人为地预设理论框架,然后选择事例来填充,也不能随意拔高、贬低或变形,而应该实事求是,真实呈现经验事实的面目。国防教育实践活动提供了什么事实,就总结什么经验,有什么样的经验,就挖掘提炼什么理论意涵。第二,经验事实的掌握必须是全面的。科学的国防教育经验总结是以国防教育实践中的事实为基础的。因此,围绕某一个经验总结的课题收集的材料越丰富、越全面,其经验总结的科学性也就越有保障。列宁曾指出:"如果从事实的全部总和,从事实的联系去把握事实,事实不仅是'胜于雄辩的东西',而且是证据确凿的东西。如果不是从全部总和、不是从联系中去掌握事实,而是片段的随便挑出的,那末事实就只能是一种儿戏,或者甚至连儿戏都不如。"②因此,国防教育的经验研究要求人们要围绕课题尽可能地收集各种事实性材料。这些材料应该涵盖问题或现象的各个方面,如对问题或现象的描述,解决问题的方法,解决问题的实际效果等等。也就是说,完整的经验事实材料最起码应该包括是什么、怎么办以及结果如何等几个维度。第三,掌握的经验事实范围及性质应该尽可能多样化。"从事实材料反映的范围说,应该有说明整体的,也应该有说明部分的,或者是个别典型的。从事实材料的性质说,应该有数量化资料,也应该有非数量化资

---

①　钱在森.试论教育经验科学性总结的思路[J].上海教育科研,1991(3):2.

②　列宁.列宁全集:第 23 卷[M].中共中央马克思恩格斯列宁斯大林著作编译局,译.北京:人民出版社,1990:279.

料。"①尤其值得注意的是,国防教育经验总结既要注意数字资料的收集,也要重视非数量化资料的运用。因为,"没有量就很难把握质的规定性,也很难展现事物的全貌,因而往往不能进行精确的思考"②。而非数量资料"对于生动、具体而又深刻地揭示经验的本质,反映其内在因果关系和发展过程具有重要意义"③。

三、提升理论水平

理论性不强是国防教育的经验总结常常为人所诟病的重要原因。虽然科学的国防教育经验总结不乏真知灼见,带有一定的理性成分,但它反映更多的是事物的具体属性、个性特色等感性的东西。对国防教育本质及其规律的把握常常要求人们进一步将散乱、零碎、适用性较狭窄的国防教育感性经验总结提升为更为集中、系统以及更具推广意义的国防教育理性认识。这事实上是一个理论建构的过程。"理论建构的关键是从具体的经验事实中抽象出社会现象的普遍意义或本质特征。这需要一种创造性的想象力。"④对此,波普曾经指出:不存在任何获得新思想的逻辑方法或逻辑改建过程,任何科学发现都包含非理性的因素或"创造性的想象"。爱因斯坦同样认为,没有任何逻辑途径可以直接导致定律的发现,只有依靠直觉、依靠研究者的专业酷爱才能得到定律。⑤实现经验到理论的飞跃似乎只能靠研究者的天赋或顿悟,但机会总是更倾向于做好准备的人。社会科学的研究和发展表明,掌握一定的思维工具或研究策略,可以使得研究者更有可能实现经验到理论的跃升。下面是社会学经验研究的理论建构策略摘录,⑥可为国防教育研究者提供参考和借鉴。

(一)列举共同因素。在经验研究中,如果发现许多不同的事物都导致相同的结果,那么就要探询,是什么共同因素使它们的结果是相同的?这种策略可帮助我们辨认出经验事实所表示的更普遍的意义。例如在"自杀研究"的例子中,杜尔凯姆要探询的是:天主教徒、城市居民、男人、富人有哪些共同的因素呢?其中哪种共同因素会导致自杀率升高?他发现,这些具体的人群属性

---

① 钱在森.试论教育经验科学性总结的思路[J].上海教育科研,1991(3):2.
② 钱在森.试论教育经验科学性总结的思路[J].上海教育科研,1991(3):2.
③ 钱在森.试论教育经验科学性总结的思路[J].上海教育科研,1991(3):2.
④ 袁方,王汉生.社会研究方法教程[M].北京:北京大学出版社,1997:102.
⑤ 袁方,王汉生.社会研究方法教程[M].北京:北京大学出版社,1997:100.
⑥ 袁方,王汉生.社会研究方法教程[M].北京:北京大学出版社,1997:102-103.

（如富裕、男性）是更普遍、更抽象的人群属性（社会整合程度低）的标志。这样，就可抽象出新概念，上升到理论层次。

（二）利用现有的理论和抽象概念做出解释。并非每一项对大量事实的观察都可以抽象出新概念和新理论。实际上，大多数研究都利用现有理论来概括，只有当观察到新的现象以致现有理论无法概括新的事实时，才需要修正旧理论，发展新理论。这里应当注意，在利用现有理论时，不应当局限于个人所偏好的理论，而应当以观察事实为基础来选取最恰当、最可信的理论解释。

（三）探询背景联系。在从经验现象中发现普遍意义时应注意具体事件的社会、历史背景以及事件之间的联系，特别是对人的行为、态度等属性进行抽象时更要注意。例如，"富人比穷人自杀率高"，这一现象在工业化社会和农业社会有不同的含义，前者是由于激烈的商业竞争所致，后者可能是由于疾病、精神忧郁等原因。又如，"月收入 300 元以上的人比其他收入组的人犯罪率高"，在解释这一事实时，应对月收入 300 元的人做具体分析，因为这种收入在内地和在沿海城市是表示不同类型的人，此外在不同年龄、不同家庭中，它也有不同的意义和作用。

（四）询问。在许多情况下，询问人们为什么要采取某种行为或态度，可得到许多有益的启示。它能提供行为动机的线索，并有助于发现某种行为或态度对于某一类型的人来说意味着什么。当然，采取询问方法并不是要无条件地接收人们自己的解释，而是通过对回答的分析来辨识真正的、普遍的意义。

（五）内省。当研究者对某种具体情景比较熟悉时，他可以尝试使自己置于他人的位置上，以他人的观点来理解其行为的意义。这也是韦伯所讲的投入理解法。例如，不受重视或晋升慢的人易发牢骚。如果研究者本人也有过类似经历，他就比较容易理解这一现象的内在含义。内省理解取决于研究者对情景的熟悉程度以及对他人的理解力。

第四编

国防教育研究方法运用：
历史与比较

　　本编主要以研究个案的形式呈现了国防教育研究的历
史及比较研究视野。历史研究关注的是美国赠地学院1862
年至1930年的早期军训发展史。比较研究重在剖析美国国
防教育的理念、机制及成效。

第十二章　国防教育历史研究：美国赠地学院早期军训史略

　　美国 1862 年的《莫里尔法案》明确规定，所有受惠于该法案的赠地学院必须开设军事战术课程，对学生进行军训，为国家培养后备军事力量。此前，美国开展军事教学及军训的大学主要是以培养高级军事人才为目的少数军事院校，如著名的西点军校。赠地学院首要目的是培养当时美国社会急需的新型工农人才，其机构目的及性质与军事院校大相径庭，因此，它不可能直接照搬或模仿西点等军校模式进行军事教学及军训。换言之，如何履行法案所赋予军事义务，赠地学院并无可借鉴的直接范例，它必须进行自我尝试和探索。探寻之路是漫长和艰辛的，历经 50 多年的摸索，在 1916 年美国国防法及其1920 年修正案基础上，赠地学院正式开设美军后备军官训练团。这标志着赠地学院的军训从"军事操练期"迈向"军事教育期"，延续至今的美国大学军训形式及依托普通地方高校培养军事人才的体制基本确立。

　　赠地学院的早期军训历程，是美国普通高校普遍实施军训的发端，同时也是美军依托地方大学培养后备军官的重要载体——后备军官训练团（注：以下简称"后训团"）的奠基时期。重温这段历史，深入考察美国赠地学院早期军训的领导、组织形式与教学、物资保障、师资、学生及成效等问题，对于我国当前大学军训制度改革及国防生培养，有着现实借鉴意义。

第一节　赠地学院的领导、组织形式与教学

一、军训领导的增强

　　美国战争部，即今天美国国防部，是赠地学院早期军训的具体领导与监督机构。作为学院军训主管部门，战争部在美国国会授权下负责规划和协调全美赠地学院的军训事务。但在赠地学院建立之初，国会及战争部似乎都无意

履行其职责。迟至 1866 年,美国国会才第一次通过法案,授权战争部派遣军官负责赠地学院军训事务。1887 年,战争部开始制定措施定期对各学院军训进行检查。此后,直到 1889 年,战争部才又再一次表现出领导学院军训事务的兴趣,要求各学院应赋予负责军事学部的军官与其他学科领导或教授同等的地位和权利,并第一次明确要求各学院所有身体健康男生都必须参加军训。但除此之外,直到 1920 年后训团设立之前,战争部对赠地学院的军训仍然不甚关注。事实上,战争部对军训的淡漠态度一直为各学院所指责。在他们看来,战争部每年敷衍的视察和安排几名毕业生进入正规部队,是战争部意识到赠地学院军训存在的唯一证明。[①]

1916 年和 1920 年,美国国防相关法案通过,后训团在赠地学院正式开设,这标志着赠地学院实施 50 多年来的军训有了明确目标,即为美国军队培养后备军官。赠地学院的军训由此被真正视为美国国防的有机组成部分,战争部也日渐正视赠地学院的军训,加强对其的领导与监督。这体现在,战争部不但负责制定并落实后训团发展总体规划,并且处理包括确定后训团数量、分布及其组织形式,为后训团提供教员、资金与器械,规范后训团的军事教学并对其进行评估等各类事务。

二、军训组织形式与教学的完善

为了满足《莫里尔法案》所规定的军事教学要求,赠地学院大部分设立了军事学部作为军训的教学主管机构。据统计,截止 1898 年,已有 42 所学院成立了军事学部。[②] 但在后训团成立之前,各校的军事学部建制相当不完善,军事学部的负责人往往都是兼职的,如罗格斯大学军事学部由政治学教授乔治·W.阿瑟顿(George W. Atherton)负责,而 1865 年宾州学院则任命约翰·弗拉斯特(John Fraser)将军为该校数学教授并负责军训。由于建制不全及教官短缺,这一时期的赠地学院军训组织显得杂乱无章。有的学院根本不进行军训,开展军训的学院,水平和层次也参差不齐。例如,在当时明确要求军训的 25 所学院中,学生必须接受四年军训的学院有 6 所,三年的 5 所,两

---

① E. D. Eddy. College for Our Land and Time—The Land-Grant Idea in American Education[M]. New York: Harper & Brothers Publishers, 1957:163.

② E. D. Eddy. College for Our Land and Time—The Land-Grant Idea in American Education[M]. New York: Harper & Brothers Publishers, 1957:94.

年的则有 14 所。① 立正、休息、踢正步等队列训练是那时学生军训的主要形式和内容。那时的每个星期，人们都会有两到三天看到学生在操场进行操练，因之，这一时期也被形象地称之为赠地学院军训的"军事操练期"。

自后备军官训团成立之后，战争部为赠地学院军训制定了详细规程，军事学部直接在战争部的指导下开展工作。大部分赠地学院认为战争部的规章制度是切实可行的。1929 年对 44 所赠地学院的调查表明，34 所赠地学院认为战争部制定的军训条例是令人满意的，只有 10 所学院认为某些条例需要进一步修正。② 规章及条例的出台，为赠地学院军训组织与教学向规范化发展提供了可能和重要保障。这一时期，赠地学院的军训组织形式、教学都获得了长足发展，被称之为赠地学院军训的"军事教育期"。

（一）军训组织形式的发展

后训团的设立，不仅赋予赠地学院军训为军队培养后备军官的明确目的，也使得赠地学院第一次出现了较为统一和系统的军训组织形式。后训团从此成为赠地学院军训的主要依托和组织形式。后训团的直接目的是为美军各兵种培养所需的后备军官，因此，初期后训团包括美军的十二个分支，分别是步兵、骑兵、野战炮兵、工程兵、海岸炮兵、通信兵、爆破兵、医务兵、牙医兵、兽医兵、空兵以及生化兵。针对每一兵种，每所学院只能开设一个后训团，但每所学校可以同时开设培养不同兵种的后训团。1927—1928 年，据对 46 所学院的调查，不同学院开设后训团的数量存在很大差异，最多的高达六个，如伊利诺大学、麻省理工学院、俄亥俄州立大学。次之的是明尼苏达大学、俄勒冈农学院以及德克萨斯农工学院，它们各自拥有五个后训团。此外，大部分学院只开设一个后训团。被调查的 46 所学院中，只开设一个后训团的院校达到 24 所。两所较大的院校，卡罗拉多农学院及普渡大学只开设了野战炮兵后训团。而因为当时步兵对后备军官的需求量最大，因此大部分学院只开设步兵后训团。46 所被调查学院中，单独开设步兵后训团的院校达 20 所。③

后训团在全美赠地学院的具体分配，主要由战争部基于以下因素综合考

---

① E D. Eddy. College for Our Land and Time—The Land-Grant Idea in American Education[M]. New York：Harper & Brothers Publishers，1957：93.

② United States Office of Education. Survey of Land-grant Colleges and Universities (Volume Ⅱ)[M]. Washington，D. C.：U. S. Government Printing Office，1930：303.

③ United States Office of Education. Survey of Land-grant Colleges and Universities (Volume Ⅱ)[M]. Washington，D. C.：U. S. Government Printing Office，1930：304.

量决定。首要因素是各军兵种对后备军官的需求,优先考虑设立最急需后备军官兵种后训团;其次是各学院的教学科研实力及学科优势,确保后训团最大程度利用学院的优质资源;最后是后训团在全国范围内均衡合理的地域分布,力求保证后备军官来自全国各地。事实证明,美国战争部对后训团的兵种、学校、地区的具体分配是较为均衡的,因此,这样的一种安排得到了大多数学院的认同,并保持相对的稳定。据 41 所赠地学院 1928 年报告,高达 30 所学院多年来从未提出过设立新后训团的申请。其中有 11 所学院希望设立新的后训团,但并没有得到战争部的首肯。①

(二)军训教学的学术化

在后训团设立之前,赠地学院的军训教学随意性很强。军训如何进行,教学成效如何,主要看军事学部负责人是否具有责任心及能力。早期的军训教学既没有明确目标,制服及训练器械供应也无保证,当然,更无教学大纲与教材。在这种状况下,所谓巧妇难为无米之炊。即使教官富有责任心与较强能力,但他除了努力对学生进行简单队列训练之外,也难有其他作为。队列操练差不多构成了赠地学院军训"军事操练期"的全部内容。因此,在多数学院,军训并不被视为一门"学问",仅当作基本行为训练(如立正、稍息等)及身体操练的一种。②

后训团设立之后,赠地学院军训教学渐趋规范,其中最突出的是军训课程的学术化发展。这也标志着,赠地学院军训正式由"操练期"向"教育期"转变。后训团的军训教学分为初级和高级两个阶段,前者在大部分学院是所有身体健康一、二年级男生的必修课,后者则供三、四年级男生选修。两个阶段的军训课程都由战争部统一制定,包括共同科目及专门科目。共同科目为所有学员必修,通常包括卫生和急救、领导和指挥、绘图和阅图以及军事法等。专门科目则视各兵种情况确定。例如,通信后训团学员会被要求学习通信工程的一门特殊课程,野战炮兵和海岸炮兵学员则会被要求学习高等数学及部分机械工程内容。此外,值得注意的是,无论共同科目,抑或专门科目,都是专门为大学生设计的。只有大学水平的学员才能很好地理解和掌握这些科目。

后训团的初级学员需要掌握在军队服役的基本知识和技能,课程结束要

---

① United States Office of Education. Survey of Land-grant Colleges and Universities (Volume Ⅱ)[M]. Washington, D. C.: U. S. Government Printing Office,1930:305.
② 李素敏.美国赠地学院发展研究[M].保定:河北大学出版社,2004:59.

求能达到中士水准。因此，他们会学习班排战术、培养军人的气质和习惯、学习内务整理、急救知识等，同时，还会被带到部队熟悉武器并学习射击。另外，他们还会被要求接受更为规范的军事历史和美国国策的教学，这两门课程通常采取讲座和课堂教学的方式进行。

　　后训团的高级阶段以培养后备军官为直接目的，其教学重点在于培养学员的领导和指挥才能，教学形式和内容包括军事技能训练及专业理论知识的学习。技能训练主要是要求高级学员平时在校内带兵操练，以锻炼学员领导和指挥部队的能力。除此之外，在暑假期间，学员必须参加军队组织的为期六个星期的军事夏令营。这被视为提升学员领导和指挥能力的重要教学环节，无故缺席者将不能顺利毕业，不授予毕业证书。理论知识学习则往往是与各兵种相关的高度专业化课程。如工程兵后训团与通信兵后训团，其高级阶段的大部分课程技术性很强，难度较大，以至只有主修工程学及通讯工程等相关专业的学生才能掌握。基于后训团高级阶段教学的高标准和严要求，赠地学院开始赋予其课程与其他学科课程的平等地位，这一阶段，学员参与军事技能训练及理论课程都会获得相应学分。这意味着，军训学术化已发展到一定程度，军训作为一门学问逐渐为人认可，赠地学院军训开始进入"军事教育"时期。

第二节　赠地学院军训的物资及师资

一、军训物资的保障

　　赠地学院军训的物资主要包括三部分，即资金、器械与场地。由于军训是美国联邦政府和地方州政府的共同事业，因此，战争部及赠地学院分别作为二者代表，都有为军训提供资助的义务。但一般来说，战争部或者说联邦政府承担绝大部分的军训支出，而赠地学院或州政府则主要为军训提供场地。战争部承担的军训支出主要包括三部分，一是军训教官薪资，包括军官和士兵的工资和补贴，二是高级学员的津贴，包括制服伙食及军事夏令营津贴，三是军训器械，包括训练所需的枪支弹药、战马、军乐队乐器以及其他军训所需物品。据1927—1928年的统计，该年度联邦政府军训人员费拨款（包括教官薪资与学员津贴)高达 2101222 美元,器械拨款 1427648 美元,共计 3528870 美元。[①]

赠地学院主要负责提供军训相关场所,如仓库、操练场、打靶场、礼堂以及其他军训所需场所。例如,对于骑兵及野战炮兵后训团而言,必须有大片开阔的土地,而开设工程兵及通信兵等技术兵种后训团的学院,还必须拥有相应的实验室及器材,以供学院训练之用。法案并未要求联邦政府提供存放军训所需枪支弹药等军事物资的军械库,大部分学院军械库由州政府拨款建造和维护,但也有一些学院的军械库是由私人捐赠的体育馆改建而成。赠地学院及州政府对军训的具体投入,很难做出精确统计。但这肯定是笔不小的开支,因为仅其为军训提供的场所及维护,其价值可能就高达数百万美元。

二、军训师资的充实

1862 年《莫里尔法案》要求赠地学院必须进行军训教学,却没有对军训师资做出任何规定。直到 1866 年,美国国会才通过相关法案,授权战争部可为军训学生超过 150 名的学院指派军官负责军训事务,但每次派遣总数不超过 20 名。[②] 随着入学人数增长,美国国会于 1888 年及 1891 年两次对法案进行修正,授权战争部可每次向学院派遣的军官总数提高到 100 人。[③] 然而,相关法案并未得到很好的落实。这一方面可能是因为,后训团设立之前,赠地学院的军训并不直接为军队提供人才,所以军方动力不足;另一方面,1870—1910 年间,美国军队与西部印第安土著部落一直在进行激烈的战争,战争部无暇也无力顾及学院军训。因此,战争部并不情愿向赠地学院派遣军训教官。例如,1898—1902 年间,没有任何教官被派遣到堪萨斯州立大学负责军训工作,该校军训只能由学院委员会挑选的一位学员负责。[④] 此外,军方尤其抵制向学院派遣尉级以上的高级军官。这种抵制情绪的最典型例子,是战争部甚至曾

---

① United States Office of Education. Survey of Land-grant Colleges and Universities (Volume Ⅱ)[M]. Washington, D. C. : U. S. Government Printing Office, 1930:314.

② United States Office of Education. Survey of Land-grant Colleges and Universities (Volume Ⅱ)[M]. Washington, D. C. : U. S. Government Printing Office, 1930:300.

③ Michael S. Neiberg. Making Citizen-Soldiers——ROTC and the Ideology of American Military Service[M]. Cambridge :Harvard University Press,2000:21.

④ Michael S. Neiberg. Making Citizen-Soldiers——ROTC and the Ideology of American Military Service[M]. Cambridge:Harvard University Press,2000:22.

经派遣过一位 80 岁高龄的少校负责北达科他农学院的军训。[①]

后训团设立之后，赠地学院的军训师资状况有了较大改观。在 1916 年国防法及其 1920 年修正案基础上，战争部对后训团的教官任职年限、资格及数量都做了详细规定。一般而言，负责军训事务的军官，每一任期为四年。各后训团都由相应的各兵种军官负责，例如，步兵后训团由步兵军官担任教官，野战炮兵后训团教官则由野战炮兵军官担任。通常派遣到学校负责军训的都是现役军官，只有极个别的可能是退役军官。在军官派遣数量上，则视各兵种后训团实际情况而定。其具体规定如下：对于步兵、骑兵、野战炮兵和海岸炮兵后训团，为头一百名学员配备两名军官，当学员超过一百以后，每增加 200 名学员增配一名军官，以此类推。其他兵种后训团，每 50～150 名学员配备一名军官，每增加 150 名学员增配一名军官，以此类推。[②] 此外，除了军官之外，相当数量的士兵也会被派遣到学院协助开展军训。1927—1928 年，战争部共派遣了 337 名军官和 424 名士兵负责各学院的军训事务。[③] 毫无疑问，这一次，美国 1916 年国防法及其修正案得到了较好落实，赠地学院军训师资力量得以进一步发展充实。

第三节 赠地学院早期军训的成效

一、军训学生数量的不断增长

根据 1862 年《莫里尔法案》，赠地学院的所有男生都必须接受军训。但由于前述的种种原因（包括赠地学院军训开始无明确目标，军训教官不足等），开展军训并无良好条件和基础。即便如此，大多数学院仍坚持开展军训，相当数量的赠地学院学生参加和接受了军事训练。截止 1898 年，在赠地学院至少接

① Michael S. Neiberg. Making Citizen-Soldiers—ROTC and the Ideology of American Military Service[M]. Cambridge：Harvard University Press，2000：22.

② United States Office of Education. Survey of Land-grant Colleges and Universities (Volume Ⅱ)[M]. Washington，D. C.：U. S. Government Printing Office，1930：301.

③ United States Office of Education. Survey of Land-grant Colleges and Universities (Volume Ⅱ)[M]. Washington，D. C.：U. S. Government Printing Office，1930：308.

受过一年军训以上的学生总计在 75,000 人左右。① 进入 20 世纪,参加军训学生的比例与数量有进一步提升和增加。1913—1915 年,赠地学院在校学生共计 120064 人,其中接受军训的 29905 人,1915—1917 年,在校生 131952 人,34222 人参加了军训。② 随着后训团设立,参加军训的学生数量更是稳步增长(表 12-1)。

表 12-1　52 所赠地学院每学年参加军训人数总计(1921—1929) *

年度	1921—1922	1922—1923	1923—1924	1924—1925	1925—1926	1926—1927	1927—1928	1928—1929
人数	37500	41018	44174	48613	47783	48716	51376	51979

* United States Office of Education. Survey of Land-grant Colleges and Universities (Volume Ⅱ)[M]. Washington, D. C.: U. S. Government Printing Office, 1930:309.

当然,如前面提到,后训团的前两年军训课程在很多学院是必修科目,因此,大部分接受军训的是后训团初级学员,并且以步兵训练为主。接受军训的高级学员数量较少,但有相当部分在完成训练之后被委任军官(表 12-2)。

表 12-2　参加各兵种后训团学生及被委任军官学生数(1927—1928) **

后训团类别	初级学员	高级学员	被委任军官
步兵	15121	3592	1506
骑兵	3020	506	153
野战炮兵	7141	1133	461
工程兵	2648	599	248
海岸炮兵	3398	621	323
通信兵	748	226	156
爆破兵	182	108	76
医务兵	301	165	69

---

① E D. Eddy. College for Our Land and Time—The Land-Grant Idea in American Education[M]. New York: Harper & Brothers Publishers, 1957:93.

② United States Office of Education. biennial survey of education 1916-18(Volume Ⅰ)[M]. Washington, D. C.: U. S. Government Printing Office, 1921:18-19.

续表

后训团类别	初级学员	高级学员	被委任军官
牙医兵	208	125	45
兽医兵	198	72	37
空兵	738	235	86
生化兵	79	29	31
总计	43782	7411	3191

** United States Office of Education. Survey of Land-grant Colleges and Universities (Volume Ⅱ)[M]. Washington，D. C.：U. S. Government Printing Office，1930：308.

二、军训学生的杰出表现

事实证明，莫里尔当初倡议在赠地学院进行军训是相当有远见的。事实上，即使在 1920 年后训团设立之前，赠地学院军训虽没有清晰明确目标，军训活动也较为松散和不规范，但一旦战争来临，这种训练的价值立即得到极大的体现。例如，在 1898 年美西战争及 1917 年美国开始介入的第一次世界大战，赠地学院参加过军训的学生都有突出表现。

1898 年的美西战争，通过对保有当时资料的 15 所学院统计，共计 854 名接受过军训的学生参加了这场战争。其中军官 289 人，士兵 558 人。[①] 然而，这仅是有据可查的数目。其他数量众多的学院（注：37 所）由于缺乏数据而无法统计，但可以猜想的是，参加战争的赠地学生数量肯定远超现有统计。

相比较美西战争，赠地学院接受过军训学生在"一战"服役状况材料保存更为完整。大部分（注：39 所）学院保留了相关的资料，这也使人们得以进一步把握赠地学院军训在后训团成立之前的整体成效。据 39 所学院提供的数据统计，28447 名学生作为军官，50554 名学生作为士兵，共计 79001 名学生在"一战"期间服役。[②] 如果可以获得所有学院参战学生的数据，估计参加"一

---

① United States Office of Education. Survey of Land-grant Colleges and Universities (Volume Ⅱ)[M]. Washington，D. C.：U. S. Government Printing Office，1930：318.
② United States Office of Education. Survey of Land-grant Colleges and Universities (Volume Ⅱ)[M]. Washington，D. C.：U. S. Government Printing Office，1930：318.

战"的赠地学院学生会超过 100000 名,其中担任军官的可能会达到 30000 人。①

此外,赠地学院学生在"一战"中有 1000 多人被授予了军事荣誉勋章。当然,赠地学院也付出了惨重代价。统计资料显示,39 所赠地学院的 1579 名毕业生在"一战"中阵亡。②

可以说,美西战争及"一战"的战火考验,让美国切实体会到了赠地学院军训的价值和意义,并开始对大学军训做进一步改进和规范。于是,随着 1916 美国国防法及其修正案的通过,后训团开始大规模设立,赠地学院军训开始更为直接地为美国军队培养后备人才。自 1920—1928 年,赠地学院后训团为美军培养包括步兵、骑兵、野战炮兵、工程兵、海岸炮兵、通信兵、爆破兵、医务兵、牙医兵、兽医兵、空兵、生化兵等各兵种后备军官共计 18336 人,成效显著。③

第四节　赠地学院早期军训发展对我国国防教育的启示

由于我国国情、军队组织及大学文化与美国不同,甚至某些方面存在较大差异。因此,美国赠地学院军训模式当然不能为我国大学所直接模仿和借鉴。但这并不妨碍其早期军训发展经验成为思考我国当前大学军训及国防生培养问题的参照系。

一、我国大学军训制度应慎言废止

新中国大学军训自 20 世纪 50 年代开始,至今已走过将近 60 个年头。一甲子的中国大学军训,先是从 20 世纪 50 年代早期在少数学校开展试点,后期演变成为民兵训练,60 年代到 80 年代前期则主要是学军活动。1985 年之后,现行的较为正规的大学军训体制才得以逐渐形成。20 世纪 80 年代之前,由

① E D. Eddy. College for Our Land and Time—The Land-Grant Idea in American Education[M]. New York:Harper & Brothers Publishers,1957:163.
② E D. Eddy. College for Our Land and Time—The Land-Grant Idea in American Education[M]. New York:Harper & Brothers Publishers,1957:163.
③ United States Office of Education. Survey of Land-grant Colleges and Universities (Volume Ⅱ)[M]. Washington,D.C.:U.S. Government Printing Office,1930:316.

于国际局势的不明朗及浓重的冷战氛围，大学开展军训被视为增强国防实力的有效措施，政府及公众都视之理所当然。然而，随着冷战结束，和平和发展成为世界发展主题，战争似乎离我们也越来越远，人们的世界观和价值观也发生了重大改变。此外，伴着大学的扩招，大学新生越来越多，开展军训对承训部队、高校来说都成为日渐沉重的负担。在诸如此类众多因素作用下，21世纪的中国大学军训招致了许多的抨击与指责，如形式化、走过场等等，甚至出现了取消军训的声音。①

对此，通过对美国赠地学院早期军训历史梳理，可以看到，在后训团设立之前，赠地学院军训虽极为松散，不规范，甚至可以说混乱，但即便如此，在美西战争及"一战"中，赠地学院早期既不成熟也不完善的军训培养出来的大批军事人才贡献良多，为美国最终获得胜利提供了重要保障。因此，正如美国教育部在其对赠地学院的调查报告所说，普及性军训并不是全无价值。它至少可以让参训人员知道，强大的军队不是一天可以建成。另外，更为重要的是，在国家面临战争威胁之时，接受过简单军训的国民将能比其他对此一无所知的人更好地应对战争。② 据此，即使当前我国大学军训存在这样或那样的问题，但为了加深大学生对军队的体认，同时，更为紧要的是，为了有效应对将来可能出现的战争威胁，大学生军训应慎言废止。

二、我国大学军训应深化改革

当然，既然承认我国现行大学军训体制存在问题，自然要寻找改革之道。对此，美国赠地学院早期军训在两个方面对我们有借鉴意义。一是我国大学军训目标要进一步明晰，二是要增强我国大学军训教学的学术化。

设立后训团，明确赠地学院应该通过军训直接为军队培养后备军官，这是美国赠地学院军训走上规范化发展道路，并真正成为美国国防有机组成部分的重要转折点。事实上，缺乏明晰的目标，可能正是导致我国现行军训体制问题缠身，成效不良的重要原因。对于军训的目标，我国《兵役法》有明确规定，大学生在校期间接受军训是履行公民国防义务的重要形式，同时，符合条件的大学生经过集中强化训练，可以成为后备役军官。但在当下实践中，后者基本

---

① 政协委员建议大学生军训实行自愿预备役教育[EB/OL].[2003-03-17].http://news.xinhuanet.com/newscenter/2003-03/17/content_781754.htm.

② United States Office of Education. Survey of Land-grant Colleges and Universities (Volume Ⅱ)[M]. Washington，D.C.：U.S. Government Printing Office，1930：307.

是缺位的。也就是说,现在的大学军训主要是对大学生进行国防教育的一种方式和手段,但并不为直接为军队培养人才。那么,我国现行大学军训目标该如何明晰? 当然,像美国赠地学院一样,将我国现行大学军训目标完全确定为直接为军队培养后备军官既不可能,也无必要。不可能是因为政府及军方有意识形态方面的顾虑,没必要是因为中国大学已借鉴美国后训团模式构建了中国特色的国防生培养制度,依托大学培养后备军官的问题基本得到解决。在这种背景下,现行大学军训目标只能是在现有框架下进行微调。即一方面继续坚守普及性军训诉求,另一方面探索从接受普及性军训的普通大学生中挑选和培养部分后备军官的方法和路径,从而真正达到《兵役法》规定的军训双重目标,也可以使得军训成效更具有可见性。

赠地学院早期军训发展的第二个启示是大学军训的学术化。大学是储存、发展和传播高深学问的场所,军训教学如若仅满足于队列操练及简单的射击练习等,不进行自我改进和提升,必将为大学所排斥。美国赠地学院很早就关注军训的学术化问题,直至今天,美国大学军训的学术化仍在进一步发展。相比而言,我国的大学军训学术化才刚刚起步。事实上,由于存在缺乏学科支撑、师资薄弱及课程单一等问题,军训教学在我国大多数大学被视为边缘课程或领域,估计其学术性在大多数人心目中更是存疑。如何改变现状? 如何增强军训教学的学术性? 目前较现实的做法主要是三方面,一是加快国防教育学学科的创生,构建军训的学科依托;二是加强军事理论课专业教师的培养,深化军事理论课教材改革,从而进一步提升大学军事理论课的学术性;三是在全校范围内增设军事历史、国际战略等国防教育课程并将之纳入军训教学过程。

三、我国现行国防生制度存在的合理性及本土化

1916 年及 1920 年美国国会通过相关法案之后,后训团正式在赠地学院开设。从那之后,美国赠地学院的后训团为美国军队培养了大量的后备军官,并使得美国成为世界上依托普通教育体系培养军事人才最成功的国家。据统计,美军现役陆军军官的 56%、海军陆战队军官的 11%、海军军官的 20%、空军军官的 41%、国防部现役军官的 39% 都来自后训团。[①] 也正是如此,很多

---

① 赵正国.美国军官学校与后备军官训练团人才培养模式比较[J].外国教育研究,2009
(8):91.

国家,包括中国,都纷纷以美国为师,建构起依托普通高校培养后备军官的制度。中国的国防生制度即是学习美国赠地学院后训团的直接产物。但似乎借鉴和移植并不顺利,自 2000 年我国正式大量招收国防生以来,国防生制度实施近 15 年,就军队及社会的反馈,现阶段国防生培养质量似乎不尽如人意。甚至有人因此对国防生制度存在的合理性提出了质疑。这与后训团在美国广受赞誉形成了鲜明对比。

对此,重温美国赠地学院早期军训历史,重返美国后训团奠基之初,有助于人们更客观、更理性地审视我国当前的国防生制度。回顾这段历史,起码有两点可使人们获益。第一,在大学设立后训团等类似机构,依托普通教育部门培养军事人才是美国,同时也是世界其他很多先进军事国家的成功做法。这表明,构建国防生制度,依托地方大学培养军事干部,是我国顺应世界军事人才培养潮流而做出的重要抉择。这个大方向是对的,国防生制度必须坚持并不断完善。

第二,在坚持的同时,基于国防生制度是以美国后训团为范本构建起来的,因此,必须考虑到其"舶来品"的特性。从历史上来看,美国后训团建立在其特有的社会传统、军事文化、军队制度、军队组织及大学文化基础上,并且自 1920 年以来已存在将近百年。而我国不仅在上述方面与美国相差甚远,而且国防生制度也才正式实施不到 15 年。所以,决策者尤须谨记,要进一步提升我国国防生培养质量,构建适合我国国情的国防生制度,应当适时考虑并推进制度的"本土化"。而这,注定是一个漫长而艰辛的"排异创新"过程。

第十三章 国防教育比较研究: 美国国防教育模式管窥

　　作为世界超级军事强国,美国对国防教育有着独到理解。美国人坚信,教育是国家安全的基石。[①] 确保对诸如数学和科学等教育的大力投入,是美国保持经济及军事全球领先的最重要策略。[②] 美国前国务卿赖斯甚至认为,不能为每个美国公民提供高质量的教育是美国最迫切的国家安全问题。[③] 这意味着,在美国人眼里,只有每个公民都获得良好的教育,掌握了现代社会和现代国防所必需的科学知识和技能,美国的国家安全才能获得最大的保障。因此,美国人并不是将国防教育视为教育的一部分,而坚持认为国防教育就是教育的全部,教育就是国防教育。这种独特国防教育理念在美国 1958 年《国防教育法》得到了具体宣示,此后也一直为美国社会所珍视。基于这种独特的国防教育理念,美国也形成了以综合国防教育项目为核心的特色国防教育实施机制,国防教育的国防和育人功效显著。这也为我国国防教育的开展提供了有益借鉴。

第一节　教育即国防:美国独特国防 教育理念的宣示及坚持

　　1958 年的美国《国防教育法》不仅对美国的教育、文化、社会、经济有着深

---

① Benjamin Freakley. "Strong Students, Strong Futures, Strong Nation"[J]. the State Education Standard 11, 2010(1): 4-8.
② Newt Gingrich. Winning the Future: A 21st Century Contract with America [M]. Washington, D. C.: Regnery Pub, 2005:152.
③ Benjamin Freakley. "Strong Students, Strong Futures, Strong Nation"[J]. the State Education Standard 11, 2010(1): 4-8.

远影响。同时，它"在美国历史上第一次以法律的形式把教育置于国家安全的重大战略地位"，①将教育，尤其是高等教育与国家安全紧密联系起来，明确宣示了教育即国防的美国独特国防教育理念。"本法的目的是加强国防，鼓励和支持教育计划的扩展与改进，以满足国防的重大需要。""国家的安全需要最充分地开发全国男女青年的脑力资源和技术技能。……美国的国防取决于对复杂科学原理和现代技术的掌握；国防还取决于新原理、新技术和新知识的发现与发展。……这就要求我们制定计划，保证一切有能力的学生不因经济困难而失去高等教育机会；这就要求我们尽快改变教育计划中不平衡的状况，这种不平衡使得我们人口中接受科学、数学、现代外语和技术教育的人比例过低。……因此，本法之目的是给个人、州和州以下机构以各种形式的大量支持，以确保培养出大量的高质量人才来满足美国国防的需要。"②从上述立法目的及《国防教育法》的冠名可以清楚地看到，1958年《国防教育法》实际上就是美国第一次对其国防教育理念的明确宣示。它明确勾画了通过大力发展教育、培养优秀人才以增强美国国家竞争力及国家安全的宏伟蓝图，并将之命名为《国防教育法》。这等于向世人宣告，美国将教育视为国家安全的根基，教育就是美国的国防教育。

此后，将教育等同于国防教育，并由此真正将教育视为国家安全和发展根基的传统一直为美国所珍视并以一贯之。"从此以后，美国历届政府都从国家安全出发来规划和制定教育发展战略，并成为美国的国家传统。无论是艾森豪威尔、尼克松、里根，还是老布什、克林顿、小布什，从发展教育的角度来维护国家安全成为其基本国策。"③2001年的"9.11"事件，更进一步增进了美国人对于教育之于国家安全重要性的强调，如时任美国教育部长罗德·佩奇（Rod Paige）所言："'9.11'使得教育比以往任何时候更为重要……现在我们认同，它对我们国家安全的重要性以及它对增强我们民主制度本身的重要性。"④事实上，自"9.11"至今，美国社会的确更加坚持并强调教育在美国国家安全中的战略地位。如为了纪念《国防教育法》颁布50周年，继续强化以教育增强国家竞争力及国防实力的传统，北美大学联合会（AAU）2006年专门发布名为《国防教育与创新倡议：迎接21世纪美国的经济与安全挑战》的报告。其中提到，

① 郑宏.美国《国防教育法》的制定及其历史作用[J].江西社会科学,2011(1):161.
② 翟葆奎.教育学文集——美国教育改革[M].北京:人民教育出版社,1990,117-118.
③ 蔡宝来.现代教育与国家安全[J].西北师范大学学报(社会科学版),2003(5):16.
④ 冯大鸣.美国国家教育战略的新走向[J].外国教育研究,2004(1):30.

为了确保美国的全球竞争力及国家安全,美国必须如当年的《国防教育法》一样,采取切实有效的措施,以确保美国在科技、STEM 课程和外语教育以及人才吸引方面的优势。①

与之类似,2012 年,被誉为美国"超级智囊团""真正的国务院"的美国外交关系协会(CFR)发布了名为《美国教育改革与国家安全》的独立研究报告。该报告指出,美国教育体制的缺陷正将美国置于危险之中。报告撰写人、美国前教育部长玛格丽特·斯佩林斯(Margaret Spellings)表示:"我们没有足够的人从事科学、技术、工程及数学领域的研究。同样有能力从事现代国防的人也很短缺。"为此,报告认为,要增强美国国防的基础,必须确保所有学生在事关国家安全的关键学科,如科学、数学、工程、外语等科目上的学习机会及质量,必须进一步增强美国教育体制的选择性和竞争性,保证教育资源的公平分配。最后,报告还提出,政府与学校应该合作建立"国家安全预备审核"机构,以对学生掌握与国家安全相关知识与技能的情况进行评估,并将结果向社会公众公布,以引起全社会对于教育与安全问题的关注和重视。②

美国教育即国防的独特国防教育理念在 1958 年《国防教育法》得到了具体宣示,并在此后一直为美国社会所坚持和发展。可以看到,在美国人的观念里,国防教育并不是教育的一个特殊组成部分,而是教育的全部。教育就是最实在、最有效的国防教育,受过良好教育的公民是国家安全最重要的基础和保障。循此逻辑,国防教育或者说教育被美国提到了事关国家安危的战略高度,写入法律并成为社会的重要共识。这是美国国防教育得以深入开展的文化传统和社会基础的体现,也是美国国防教育的鲜明特色之一,因而也被视为美国国防教育成功的重要秘诀。正如相关学者所指出的,对于美国国防教育,"一个极为突出的且很有必要学习的就是:要吸取美国将教育视为国防第一道防线的大国防理念,以此做好我们的教育和国防工作"③。

---

① National Defense Education and Innovation Initiative: Meeting America's Economic and Security Challenges in the 21st Century [EB/OL]. [2018-09-18]. http://www.aau. edu/reports/NDEII. pdf.

② Joel I. Klein, Condoleezza Rice, Julia Levy. U. S. Education Reform and National Security [EB/OL]. [2018-09-18]. http://www.cfr. org/united-states/us-education-reform-national-security/p27618.

③ 胡光喜,陆华. 中美两国《国防教育法》比较[J]. 比较教育研究,2007(4):12.

第二节　特色项目制：美国国防教育独特的实施机制

　　美国不仅对国防教育有着独特理解，并且也将其真正贯之国防教育的实践当中，形成了与之相匹配的特色项目实施机制。下面从国防教育项目的覆盖面、对象及体系、活动及课程以及法律保障和资助等方面，结合美国三个有代表性的中小学国防教育项目，具体透视美国国防教育的独特实施机制。这三个项目分别是国防部母星计划（The DoD STARBASE Program，DoD STARBASE）、青少年后备军官训练团（The Junior Reserve Officers' Training Corps，JROTC）、国民警卫队青年挑战计划（The National Guard Youth ChalleNGe Program，NGYCP）。

　　首先是项目覆盖面广，参与人数众多。作为国防教育的重要载体和形式，美国力求扩大各项目的覆盖面和影响力，以使尽可能多的国民接受国防教育。如母星计划，截至 2011 年，该项目覆盖了美国 40 个州，共建立项目基地 76 个，每年可招收学员 75000 人。自 1993 年项目试点以来，将近 400 个学区的一千多所学校参与项目，毕业学员总计近 70 万人。青少年后备军官训练团则涵盖了全美高中的 10%，约 3300 所学校，每年参与的中学生超过 50 万人。根据美国 2009 年国防授权法案，2020 年前，全美 JROTC 将增加到 3700 个。此外，国民警卫队青年挑战计划在美国 27 个州以及波多黎各共创建了 33 个项目培训基地。此外，有五个州正在进行项目的筹备工作。自 1993 年项目运作以来，该项目已毕业学员将近 10 万人。

　　其次是项目对象具有明确指向，并形成了针对不同对象的完整国防教育项目体系。美国的国防教育项目根据不同对象的特点进行设计，项目丰富多样并层次分明。如母星计划，其设计初衷是面向所有 K-12 阶段的中小学生，但在实践中主要面向小学五年级学生。青少年后备军官训练团则主要面向美国 14 岁以上的高中生。国民警卫队青年挑战计划本意是为辍学者提供再次接受教育的机会，并提高美国人口的高中毕业率。因此，该项目专门面向16～18 岁的辍学高中生。从这三个项目的对象细分也可以看到，美国国防教育项目体系是有层次的，覆盖了不同的年龄段及不同境况的人群。事实上，在青少年国防教育方面，美国的确形成了较为完整的项目系列。例如针对小学生，主要是母星计划。针对初中及中专学生的，主要有市民防空协会（Civil Air Patrol）、美国陆军青年团（U. S. Army Cadet Corps）、青年海军陆战队（Young

Marines)以及海军青年团(Naval Sea Cadet)。针对高中生除了青少年后备训练团和国民警卫队青年挑战计划之外,还有一个性质和青年挑战计划相近的项目,也是专门面向辍学高中生的雷鸟青年计划(Thunderbird Youth Academy & Regimented Training Program)。在大学层次,主要的国防教育项目则是人们较为熟悉的后备军官训练团(ROTC)。

再次是项目活动和课程重视与学校课堂的衔接和整合,重视学员德智体综合素质的发展。这是美国独特国防教育理念的具体体现,是美国视教育即国防的最真实写照。如母星计划让中小学生走进军营,通过基地教官对军事设施、武器装备原理及操作的讲解,向学生演示课堂所学知识的实际应用,以增强中小学生对 STEM(科学、技术、工程、数学)学习的兴趣和动手能力,从而为美国国防奠定高质量的人力资源基础。因此,其课程除了军队历史传统及礼仪介绍之外,更多的是针对学员 STEM 兴趣和能力提高的内容。一般来说,项目会对学员进行 20~25 小时的培训,内容包括物理、化学、技术、工程、数学以及 STEM[即科学(Science)、技术(Fechnology)、工程(Engineering)、数学(Mathematics)]四门学科英文首字母的缩写]的军事应用等几个方面。课程内容和材料的选择严格遵循美国国家教育标准和教学大纲,以实现和学员学校课程的良好衔接。青少年后备军官训练团的宗旨是培养中学生的公民和国家意识,个人责任及成就感。为此,项目设置了综合性的内容和课程,以促进中学生德、智、体素质的全面发展。据美国陆军 JROTC 学员参考手册,其项目包括五大方面的内容,一是对 JROTC 及美国国旗、国歌、军事历史传统、军事纪律以及美国国防力量构成的介绍;二是提升领导力的理论与应用课程;三是个人成功要素的教育,包括认识自我,教学技能提升、服务社会、人生规划以及社会责任等课程;四是身体健康、锻炼和急救课程;五是公民教育和美国历史教育。[①] 青年挑战计划从开始到结束长达 17 个半月,包括两个阶段,分别是 22 周的寄宿阶段和 12 个月的后寄宿阶段。前者采取的是准军事化管理模式,学员一般在国民警卫队基地集中生活和学习,其核心活动和课程包括八个方面的内容,分别是高中课程学习、体育锻炼、求职培训、社区服务、健康和保健、公民教育、领导能力/服从意识、生活技能(包括情绪管理、理财能

---

① 美国陆军青少年后备军官训练团学员参考手册(第二版)[EB/OL]. [2018-09-18]. http://rdh. leeschools. net/2010%20design/Website/CLUBS/JROTC/Adobe%20Do-cuments/cadet_reference. pdf.

力、演讲沟通技巧等)。后者则主要由学员导师负责指引和管理,以督促学员践行其寄宿阶段制定的自我规划。项目的最终目的是使学员的学习、自我管制、自我规划等方面能力得到强化与发展,真正成为社会的有用之才。

最后是项目严密完善的法律保障及强有力的资助,这为美国国防教育项目的开展提供了重要外部支撑。在法律保障方面,美国对国防教育项目做出了详尽严密的法律规定,例如,1916年的美国国防法、1964年的后备军官训练团复兴法、美国法典第10篇2031条以及2007年的美国国防授权法案分别对青少年后备军官训练团的设立、具体运作、项目标准以及项目内容等方面做了明确的法律说明,以保障并指导项目的运作。母星计划及青年挑战计划的相关法律事项则分别由美国法典第10篇2193条第二款、第32篇509条予以规定。在国防教育项目经费方面,主要来自美国联邦政府和州政府的拨款。一般来说,经费大部分由美国联邦政府提供,州政府有时也予以资助。如母星计划、青少年后备军官训练团主要由美国国防部负责资助,而青年挑战计划的经费则75%由联邦政府承担,25%由州政府负责。美国联邦政府及州政府对国防教育项目的资助力度是相当大的。2011年,母星计划以及青年挑战计划的年度支出则分别达到1800多万美元和1.5亿美元。JROTC的年度预算在2009年则已经将近3.3亿美元。由以上列举的众多法律条文以及一系列数字可以看到,美国的国防教育之所以丰富多样,富有活力,是与美国联邦政府和州政府真正重视国防教育的开展,并将之落实为具体完善的法律保障和切实的资金投入密不可分的。这是美国国防教育项目持续运作的前提和基础。

上面对美国国防教育项目的内部设计及外部保障做了具体介绍。从内部设计来看,其项目制实施机制具有覆盖广、规模大、对象明确且体系完整,活动及课程与学校教育互补性强,综合性突出等特点。就外部保障而言,一方面,每个国防教育项目都有明确的法律界定和说明,受法律保护。另一方面,中央和地方切实履行国家作为国防教育主体的职责,为项目开展提供充足的经费和资助。内部设计的科学精巧,再加上有效的外部保障,构成了美国独特的项目制国防教育实施机制,从而也为美国开展国防教育并取得成效奠定了重要的制度和组织基础。

第三节　育人与国防:美国国防教育的双重功效

至此,我们对美国的独特国防教育理念及实施机制已经有所了解,并认为这是美国国防教育成功之原因所在。那么,这种理念及机制具体成效如何?下面以前面所介绍的三个代表性项目为例,对其做深入考察。

首先是项目的国防效应。这指的是通过参与国防教育项目,青少年增进了对军队、军营等国防事务的了解和亲近感,同时增强其服役意愿,更有可能进入军队为国效力。例如,据母星计划 2011 年年度报告,参与该项目的小学生对于军队及军人的态度有积极改变。研究者在对学员参与项目前后的态度测量中发现,在态度转变最为明显的十个项目中,有三个项目与军队相关。其中,"军事基地是个有趣的地方"得分最高,"军队是个工作的好地方"以及"军人能胜任各种工作"则分列第 4 位和第七位。[1] 这表明,学员对军队的观感明显较参与项目前有所改观。学员对军队观感的改善并不一定意味着他最终会选择进入军队服役,但小学生心灵中留下的军营美好记忆,毫无疑问会使他更关心国防事务,甚至会增加其将来服役的可能性。从这个意义来说,母星计划的国防效应十分明显。

与母星计划相比,青少年后备军官训练团的国防效应更加明显和具体。据美国海军研究生院的 Elda Pema 和 Stephen Mehay 对该项目的专门研究,该项目能有效增强学员的服役意愿。参与 JROTC 两年以上的高中生,其入伍意愿是其他高中生的两倍,而且高中生参与该项目年限越久,其入伍意愿就更趋明显和强烈。[2] 这也就是说,JROTC 的学员会更倾向于选择进入军队为国效力。

事实上,一直以来,该项目的确为美国国防事业输送了大量人才。2000年 2 月,在美国众议院军事委员会举行的听证会上,美国三军诸兵种负责人指出,JROTC 的学员毕业之后,有 30%～50% 最后都选择了服役,献身美国的国防。[3] 正因为其突出的国防效应,美国前国防部长科恩曾称之为美国最好的募兵项目之一。此外,青年挑战计划的国防效应同样也值得关注。据美国

[1] 2011-STARBASE-ANNUAL-REPORT [EB/OL]. [2018-09-18]. http://www.dodstarbase.org/sites/default/files/Reports/2011-STARBASE-Annual-Report_0.pdf:73.

[2] Elda Pema, Stephen Mehay. 2009. The Effect of High School JROTC on Student Achievement, Educational Attainment, and Military Enlistment[EB/OL]. [2018-09-18]. https://www.msu.edu/~pemaelda/Pema%20Mehay%20-%20JROTC.pdf.

[3] H. R. 4205-Hearings on National Defense Authorization Act for Fiscal Year 2001 before the Committee on Armed Services[EB/OL]. [2018-09-18]. https://www.gpo.gov/fdsys/pkg/CRECB-2000-pt1/pdf/CRECB-2000-pt1-issue-2000-02-10.pdf.

著名人力资源开发和研究公司（MDRC）2010年发布的评估报告显示，参与过该项目的学员入伍比例接近于非学员的两倍（10.9% VS 6.2%）。[①] 这表明，该项目所取得的国防效应也是相当可观的。

其次是项目育人方面的效应。通过项目丰富多样的活动与课程，青少年的学业得到改善，品德、心智、身体素质等方面也有所发展。先来看母星计划的表现。前面提到，该项目的宗旨是通过激发和提升美国青少年在科学、技术、工程以及数学（STEM）等领域的兴趣和能力，以构建美国国防部的现代国防高素质人力资源库。从实践来看，该项目的确有效激发了中小学生STEM领域的学习兴趣，并使其学业成绩得到提高。下表是母星计划学员参与项目前后，对于数学和科学的态度及能力自我评估平均得分对比。可见，参与项目后，学员明确表示对于数学和科学更有兴趣，并且对于数学和科学的内容有了更好的把握（见表13-1）。

表 13-1 2011 Math and Science Attitudinal Mean Scores[*]

Math and science attitudinal items	Pre-Program Mean	Post-Program Mean	gap score
I like science.	5.60	5.75	+0.15
I am good at science.	5.30	5.56	+0.26
I am good at math.	5.19	5.40	+0.21
I like math.	4.94	5.03	+0.09

* 2011-STARBASE-ANNUAL-REPORT［EB/OL］.［2018-09-18］. http://www.dodstarbase. org/sites/default/files/Reports/2011-STARBASE-Annual-Report_0. pdf:73.

事实上，据项目的2011年度报告，母星计划的确有助于学员更好掌握包括化学、物理、数学操作和应用、技术和工程等STEM领域的核心内容。在项目结束进行的化学测验中，学员平均得分8.53分（满分13分），较参与项目前的5.36分提高3.17分；物理测验平均得分3.90分（满分6分），较参与项目前的2.59分提高1.31分；数学测验平均得分4.90分（满分8分），较参与项

---

① Megan Millenky，Dan Bloom，and Colleen Dillon. Making the Transition：Interim Results of the National Guard Youth ChalleNGe Evaluation［EB/OL］.［2018-09-18］. http://www. mdrc. org/publications/557/execsum. pdf:20.

目前的 4.14 分提供 0.76 分;工程测验平均得分 2.46 分(满分 4 分),较参与
项目前的 2.02 分提高 0.44 分;工程测验平均得分 1.42 分(满分 2 分),较参
与项目前的 1.20 分提高 0.2 分。[①]

　　再来看青少年后备军官训练团项目的育人效果。相关研究显示,JROTC
学员的学校表现要明显优于美国学生的平均水平(见表 13-2)。

表 13-2　Student Outcomes, Army JROTC Cadets vs. Overall Student Population*

	Army JROTC	Overall School Population
Attendance	93%	90%
Graduation Rate	98%	89%
Indiscipline Action	5%	15%
Dropout Rate	<1%	3%
Grade Point Average	2.9	2.7

* Common Ground：Education & the Military Meeting the Needs of Students［EB/OL］. ［2018-09-18］. https://www. usarmyjrotc. com/jrotcRes/downloads/8_Library/DTICReports/ArmyStudyGroupreport-CommonGround. pdf:26.

　　上表是美国陆军青少年后备军官训练团学员(Army JROTC Cadets)与
美国全体学生学习表现的比较。可以看到,学员的上课出勤率(Attendance)
为 93%、毕业率(Graduation Rate)为 98%、平均学分绩点(Grade Point
Average)为 2.9,均高于全国平均水平的 90%、89%、2.7。与此同时,学员更
加遵守学校纪律,并且辍学率较低。从表 13-2 可以看到,学员违反纪律
(Indiscipline Action)的比例为 5%,而全国平均水平为 15%,而学员的辍学率
(Dropout Rate)小于 1%,远低于全国平均水平的 3%。这表明,JROTC 对于
学员良好品德的养成、学业表现的提升是有积极功用的。这也得到了美国社
会的认可。学校的校长和老师都表示,JROTC 为学校营造了良好的氛围,对
老师、学生家长以及其他学生都有积极影响。同时,JROTC 学员为所在社区

① 2011-STARBASE-ANNUAL-REPORT ［EB/OL］. ［2018-09-18］. http://www. dodstarbase. org/sites/default/files/Reports/2011-STARBASE-Annual-Report_0. pdf:63.

所提供的社区服务也颇受赞赏。① 这都进一步彰显了 JROTC 促进学生素质全面发展的育人功用。

最后来看青年挑战计划的育人效应。该项目部分采用了准军事化的教育和管理方式，一般认为，这会有助于辍学者行为和观念的积极改变，并能有效改善辍学者的学习状况。事实上，这也为美国人力资源开发和研究公司（MDRC）对该项目学员的长期跟踪调查结果所证实。MDRC 曾于 2009 年发布了对该项目的初步评估结果。该评估报告指出，青年挑战计划至少在四个方面获得显著成效。第一，学员的学习成绩有显著提高。统计结果表明，在 22 周的封闭式训练后，学员的语言测验平均分提高了 1.5 分，数学测验平均分则提高了 2.2 分。第二，学员比非非学员更有可能获得高中毕业证书或同等学力。前者的比例达到了 46％，而后者仅有 10％。第三，学员更倾向于重新回到高中，或者进入大专院校继续学业，再者就是参加工作。研究结果显示，有 11％的学员在修读大学课程，而学员修课的比例只有 3％。此外，学员 30％参加了全职工作，而非学员参加全职工作的比例仅有 21％。第四，学员身体素质和身体健康要优于学员，并且自我约束能力更强，违法犯罪行为更少。② 这表明，青年挑战计划不但有效增强了辍学者的学习兴趣和能力，并且能够增强辍学者的自我管理和管控能力，使"问题"学生的学习和品行都得到提升，综合素质得到改善。这为辍学者重回学校和社会正轨提供了机会和基础，实现了国防教育项目育人功用的最大化。

因此，基于独特的国防教育理念，美国设置了综合性极强的国防教育项目课程和内容，形成了以项目制为核心的国防教育独特实施机制。通过参与项目，青少年不仅爱国情感、公民意识、国防意识有所增强，同时其品德、知识技能以及身体等方面素质都得到了提升。因此，美国的国防教育项目在国防和育人方面都产生了积极效应。这也表明，美国的独特国防教育理念及其综合项目制实施机制取得了实在成效。美国的国防教育是成功的。

---

① Common Ground：Education& the Military Meeting the Needs of Students. [EB/OL]. [2018-09-18]. https://www. usarmyjrotc. com/jrotcRes/downloads/8_Library/DTI-CReports/ArmyStudyGroupreport-CommonGround. pdf:25.

② Hugh B. Price. Utilizing MILITARY EDUCATION and Training Methods to Help Struggling Students and Schools [J]. The State Education Standard,2010(1):9-13,60.

第四节　启示与借鉴

至此,我们不仅对美国独特的国防教育理念进行了审视,并且也结合其代表性的三个国防教育项目,对其国防教育实施机制及成效做了具体考查。由此,人们对美国国防教育的独特所在及所取得的巨大成功也有了更真切的感受。

美国国防教育为什么会取得成功? 笔者认为,这当然是得益于其独特的国防教育理念及实施机制。我国的国防教育或许可以从中获得两点启示。其一,在观念上,我国国防教育的理念和观念有待进一步拓宽和更新。长期以来,我国的国防教育作为一种特殊的教育活动,是爱国主义教育的重要载体和形式。因此,国防教育很大程度上也被归于思想品德教育范畴。现实中,在应试教育的大背景下,学校思想品德教育弱化是客观存在的事实,国防教育作为其中一部分更是受到冷遇。这严重制约了我国国防教育的开展和成效的取得。因此,我们有必要学习和借鉴美国的独特国防教育理念,将教育真正置于国家安全的重大战略地位,真正将高素质人才的培养视为国家安全的首要和中心议题。这就要求我们从国家安全的角度重新审视并真正落实教育的优先发展,从而使教育(国防教育)真正成为与国家政府、教育管理部门、各级学校以及家长和学生个体切身相关事情,真正形成全社会关心和参与教育(国防教育)的良好氛围,以推动我国教育事业(国防教育)的持续健康发展。

其二,在行动上,我们要大力加强国防教育的法律保障,加大资金投入,并增强国防教育开展的针对性和有效性。在法律保障方面,要进一步加强国防教育的立法和执法工作,进一步完善和落实国防教育相关法规,夯实国防教育开展的法律基础。在资金投入方面,要进一步明确中央政府在资助国防教育中的主体地位,国家要切实加大国防教育的资金投入力度。同时,也应采取诸如政策倾斜、税收优惠等措施调动地方政府资助国防教育的积极性。除此之外,我国国防教育的具体设计要进一步增强针对性及有效性。要综合考虑不同国防教育对象的年龄、心理、思想、身体以及学习等具体情况,发展和创新国防教育的途径和形式,以形成层次分明、上下衔接、覆盖全面的国防教育体系。要将国防教育,尤其是学校国防教育的开展与学生的课程学习紧密结合起来,增强学校国防教育内容的综合性和实用性,从而使国防教育真正发挥改善学生学业表现、促进学生素质全面发展的育人效应。国防教育的综合育人功能一旦得到充分释放，势必会有效激发国家政府、教育管理部门、各级各类学校以及个体积极投身国防教育的热情，从而真正为我国国防教育的开展灌注强大的动力，使我国国防教育取得更大成效。

第五编

国防教育研究规范
及研究前瞻

　　这一编探讨两个问题。一是国防教育研究的规范。学术化的国防教育研究，无论在形式上，还是在内容上都应该遵从一定的学术规范。二是对国防教育研究的未来展望。就当前的国防教育研究现状来看，国防教育研究未来应该更加关注社会的重大国防教育议题，大力加强对中小学国防教育的研究，注重挖掘民国时期国防教育研究的丰富成果。

第十四章　国防教育研究规范

　　规范是方法的应有之义。前面章节仅从理论上简单论及了方法与学术规范的关联,即方法意识会促使研究者更自觉地完善研究规范,而方法体系的探索与构建就是学术研究规范发展和完善过程。在前述的理论基础上,本章进一步探讨国防教育研究具体的学术规范,包括国防教育研究的形式规范和内容规范。

第一节　国防教育研究的形式规范

　　研究的形式规范通常包括成果的署名问题、引注规范问题以及研究成果的格式等问题。鉴于其他学科对成果的署名以及引注已有较多探讨,本节仅针对国防教育研究的现状,主要谈国防教育研究成果的格式方面的问题。这里的研究成果指的是国防教育研究的相关期刊论文和硕士学位论文,格式则考察论文的摘要写作规范、统计表格的使用规范以及文字的运用规范。

一、国防教育研究论文的摘要写作规范

　　如果说论文的题目相当于人的眼睛,那么论文的摘要就是人的面庞。好的摘要就和美丽的面庞一样,有助于进一步引起读者阅读论文的兴味。通过翻阅大量的国防教育研究论文发现,相当多论文的摘要写作质量不高。它们或寥寥数语,或长篇累牍,都没有很好地提炼论文的精髓。例如以下几篇文章摘要:

　　例1:试论普通高等学校军事课的性质与任务[1]

摘要：本文探讨了普通高等学校军事课的性质与任务，对于加强高校军事课程的建设十分必要。

例2：大力加强全民国防教育①

摘要：通过对全民国防教育现状分析，找出国防教育工作存在的不足和原因，提出有效实现全民国防教育的思路和方法。

例3：高校军事课对于弘扬和培育民族精神的认识与思考②

摘要：首先，文章对军事课弘扬和培育民族精神的重大意义进行了阐述。伟大的中华民族精神，以其巨大的感召力、凝聚力，哺育、激励了一代又一代中华儿女前仆后继、奋斗不止、英勇顽强、艰苦创业，创造了灿烂的中华文明，推动了中国的历史发展。新世纪新阶段，中国要发展，要富强，但必须要有国内安定、国际安宁的安全环境作保障。高校军事课是在校就读学生的一门必修课程。必须面向社会、面向未来，坚持教育为社会主义现代化建设服务。必须准确把握"打基础"这一课程定位，突出国家生存与安全意识提高这个关键，将具有巨大的感召力、凝聚力的中华民族精神作为课程的重要教学内容，真正实现学生及学生所学的知识技能和成果在未来能直接或间接为国防及国防建设服务。

其次，文章对军事课弘扬和培育民族精神的课程优势进行了研究。高校军事课是一门以军事学科中最基本的技能、知识与理论为教学内容的课程，具有军事课程以心系民族安危、荣辱、盛衰和国家利益、荣誉直接展开教学，有利于激发学生的爱国激情；军事课程与民族精神教育目的、内容的相近性，有利于开展弘扬和培育民族精神教学；军事课程的理论与实践结合紧密，为民族精神的弘扬和培育提供了最佳的教育模式等课程优势。

最后，文章对军事课如何弘扬和培育民族精神展开了探索。提出了深刻把握弘扬和培育民族精神的基本理论，使其进入军事课的教材；准确理解中华民族精神的基本内涵，使其进入军事课的课堂；遵循民族精神弘扬与培育的规律，将其作为军事课主线，贯穿教育全过程的工作思考。

以上三篇文章出自全国普通高等学校国防教育学术研讨会论文集，字数

---

① 韩同远.大力加强全民国防教育[C]//廖文科.新的理论视野：全国普通高等学校第三届国防教育学术研讨会论文集.北京：高等教育出版社，2006：53.

② 任宏权.高校军事课对于弘扬和培育民族精神的认识与思考[C]//廖文科.新的理论视野：全国普通高等学校第三届国防教育学术研讨会论文集.北京：高等教育出版社，2006：367.

均在 6000 字以下,篇幅不长。可以看到,前两篇文章摘要字数不足 50 字,而最后一篇文章摘要则多达 620 字。这些摘要字数的过少或过多,直观地反映了研究者对于摘要基本写作规范的缺乏。客观来说,这不是个别情况,而是国防教育领域较为普遍的情况。因此,下面首先探讨的是国防教育研究论文摘要的写作规范问题。一般来讲,比较优良的论文摘要应该具备以下几个方面:

第一,结构完整。摘要是论文精华的浓缩和提炼。一篇不错的摘要,应该能使读者很快把握所研究问题的背景、方法、创新点以及意义等。因此,论文摘要通常应包括五个部分,回答五个问题:(1)研究的背景;(2)研究视角;(3)研究方法;(4)研究发现;(5)研究意义。研究的背景要交代研究的中心问题是什么,以及是在什么情况下谈论该问题的。这是对研究目的及其重要性的宣示。研究视角一般指问题研究的切入点,它揭示的是作者认识问题的深度,从而折射出研究的方法论启示。研究方法是指论文采取何种方式来论证并获得最终结论。研究发现是交代研究所获得的基本成果和基本结论。研究的意义是指论文在同类研究中实现了何种突破或对别人有何启发。

第二,突出创新。在结构完整基础上,论文摘要要重点突出其创新性。如果读者在你的摘要中无法发现创新点,那么你的文章几乎就没有意义,也可以叫重复劳动。这样的文章当然也就不会引起读者进一步阅读的兴趣。对于一篇研究生学位论文来说,研究的创新点应该成为论文摘要的最主要也是最核心的部分。"摘要内容除了开始可用百来字介绍研究主题的实际和理论背景,其余部分都应用来阐述各创新点。要突出自己认为最有价值、最得意之点,用简短的文字予以进一步的描述并辅之以说明论证过程及方法的特点,同时注意选择同类研究中合适的参照点,以衬托自己研究工作的新意所在。如果进一步指出此创新点能解释或解决现有理论尚未解释或解释不了的问题,或对同一问题赋予新的解释或解决途径,则对读者的判断更有帮助。"①

第三,语言精练。论文摘要的五个部分或其创新点,都应该用最精练的语言进行概括和表述。一般来说,论文摘要字数一般不应超过论文总字数的5%,或控制在 200~300 字左右。优良的论文摘要,应该做到增一字则多,少一字则少。论文摘要字数过少或过多,表面看可能是研究者的文字功底问题,但内里反映的却是研究者缺乏对研究问题的真正把握。过于简略和过于冗长

---

① 胡东芳.教育研究方法:哲理故事与研究智慧[M].上海:华东师范大学出版社,2009: 167.

的摘要,可能都说明作者的研究还欠火候,或者说作者的研究根本就没有什么样意义。因此,论文摘要一定要精炼,否则就很容易成为无关痛痒的无病呻吟。

二、国防教育研究论文的图表使用规范

定量研究的流行,以及对实证研究的推崇,使得国防教育研究成果也越来越多地运用各种表。但由于学科基础薄弱,且大部分国防教育研究者缺乏必要的量化研究理论基础及相应训练,国防教育研究成果的表格运用规范亟待提升。

首先,表格要素应该完整。完整的表格通常包括表序、表题、表目、表文、计量单位和表注。表序是表格的顺序编号,由表格所在的篇章序号及表格的顺序号组成,以阿拉伯数字表示。如第一编第一章的第一个表格即表 1-1-1。表序标示于表题之前且与其同行。表题是表格的标题,是对表格内容的简要说明。表题应在表格上部居中对齐。表目是表格内的栏目,可分为横表目、纵表目,它是相应表文的统帅。表文即表格内的具体内容,通常有文字和数据两类。计量单位是表文数据的度量单位。全表统计数据使用相同计量单位的,统一在表题下面一行的右上角标注,其他栏目内不必再单独标注。表注是对表格的补充说明,通常放在表格下方,用以说明表格数据的来源等。一般来说,国防教育论文中使用的数据统计表格,最起码应该包括表序、表题、表目、表文及计量单位。表注则视具体情况决定是否需要。

其次,表格数据应该准确无误。国防教育研究所运用的表格大部分属于统计数据表格,这类表格尤其应该注意数据统计的准确无误。这是表格可靠性的重要保障。"表格的可靠性体现在数据的完整性、一致性、合理性等方面。完整性指数据不应有缺项;一致性指同类数据的有效数字、计量单位等应相同;合理性是指表中数据与常规定性分析的阈值不应相差过大。"①这也就要求国防教育研究者在使用数据表格的过程中,应尽量避免表格内部的数据遗漏、数据错乱、表中数据计算(如总数、百分比的计算等)不准、有小数时数据保留位数不统一以及数据与其所属计量单位不符等问题,以确保表格数据的准确无误。

再次,表格形式应该美观。表格的运用在确保结构完整、数据准确的基础

---

① 齐卫芳.表格的内在特征规律与设计原则[J].编辑学报,1995(3):140.

上，形式还应该尽可能美观。美观的表格具体表现为表格整体结构的合理性、数据排列的规律性、表格的简洁性。结构合理是表格美观的基本表现，它除了要求表格要素完整齐全之外，更要求各要素科学合理。其中尤为关键的是表目设计合理、层次鲜明、逻辑清晰。数据排列的规律性是表格美观的应有之义。表格的规律型数据应按其规律排列，或升序或降序；离散型数据，也应尽量找出其中规律性的等级次序关系（如实验序号、时间序号等），以此作为基准排列表格数据。表格的简洁也是表格形式美观的重要追求。简洁性原则体现在表格以最少的线条，最简的项目表达最多的信息。设计优良的表格，应该信息量最丰富，形式却最简洁。

三、国防教育研究论文的语言运用规范

"信、达、雅"的概念，出于严复的《译例言》："译事三难，信、达、雅。"[①]这一翻译理念不仅在我国翻译界有着重大深远的影响，对其他学科领域也多有渗透和启发。国防教育的语言运用也需追求"信、达、雅"，即讲求语言运用的"忠诚、通顺、美好"，也就是"忠诚学术本身、表达准确通畅、讲究文采"。

"信"就是忠诚于学术本身。这是国防教育语言运用的最基本的规范。只有忠诚于学术，才能真正自然行文，不做作，不粉饰，不望文生义，不信口开河。"真正优秀的学术语言应是明晰的，它清透若秋水，简洁似算子，质朴像农人，结实如武士，这让我们想到金庸笔下的郭靖，一招一式都不花哨玄虚，清晰可见，而内力却蕴含在其中。"[②]而要做到这一点，就在于"信"，在于研究者对于学术的绝对忠诚。唯其如此，研究者才会真正做到有感而发，有自信而发。学术语言运用是否明白清晰，"更重要的是研究者自身的态度，即他必须写自己明白和有把握的，写自己有深入研究的，并以真诚无欺的表达为根本。试想，如果研究者自己都不明晓，他还有望表达得清晰吗，更遑论让读者堵得懂、读的舒服、读得快乐了"！[③] 对此，郭沫若也曾指出："文风问题不是单纯的语言问题，主要还是思想和思想方法问题。首先要你的思想、概念准确，然后才能写出准确的文章。要是以己之昏昏，也就当然使他人昏昏了。"[④]因此，"信"或

---

① 秦建平.档案编研工作要做到"信、达、雅"[J].档案学研究,2006(1):36.
② 王兆胜.学术语言的现状与理想[J].福建论坛·人文社会科学版,2006(10):63.
③ 王兆胜.学术语言的现状与理想[J].福建论坛·人文社会科学版,2006(10):63.
④ 李桃,陈永杰,金艳君.学术文章的语言必须"文约而事丰"[J].情报科学,2002(8):895.

者说对学术的真诚是国防教育研究者提升语言运用水平的动力和催化剂。"学术研究和语言表达如果真诚为上,以尽善尽美的标准严格要求自己,你就会如抟扶摇而上九万里然后图南的大鹏,获得难以想象的进展与能力,相反,则必然逆水行舟不进则退,乃至直线下滑一落千丈,久而久之成为不可雕镂之朽木了。"①

"达"就是语言表达准确通畅。这就要求在国防教育研究中,要把自己的意思、特别命题所蕴涵的意义准确地表达出来,清晰无误地表达出来,而不能出现任何含糊的东西。这一方面要求国防教育研究的语言表达严谨而周密,"反对条件交代的似是而非,反对结论上的夸张,反对前后概念不一、符号不一、图文不一,反对个人偏见,反对主观臆测"②。另一方面,语言必须精炼简洁,拒绝烦琐。"语言(尤其科技语言)精炼的标准,可以鲁迅先生所说的'将可有可无的字、句、段删去,毫不可惜'来衡量。法国作家福楼拜则明确给出了数量标准:'不论我们说的是什么东西,要把它表现出来,只有唯一的名词;要赋予它运动,只有唯一的动词;要赋予它性质,只有唯一的形容词。我们应该苦心搜索,非找出这个唯一的名词、动词、形容词不可'。"③这应该作为国防教育研究语言运用准确通畅的唯一标准。

"雅"即国防教育论文写作应讲究文采,具有较强的可读性。达到"雅"之标准的国防教育论文,应该是引人入胜的,让人愿意看并能从中获得越多的愉悦感的文章。一篇高水平的文章通常是内容与形式的完美结合。这也就是孔子所倡导和追求的"文"与"质"的辩证统一,即质胜文则野,文胜质则史。文质彬彬,然后君子。文章的理论深度与语言文字分别体现为文章的内容和形式,二者辩证统一共同构筑文章的整体美。文章缺乏理论深度,形式美便失去价值。但只有理论的深度,缺乏形式美,则文章的整体美也便不存在。"因此,一篇精品文章,一定是内容的精深与语言的精炼的统一,是科学性与艺术性的统一,是科学美与艺术美的统一,是学术气质与文化品位的统一。"④这也正如毛泽东同志《在延安文艺座谈会上的讲话》指出的:"我们的要求则是政治和艺术的统一,内容和形式的统一,革命的政治内容与尽可能完美的艺术形式的统

---

① 王兆胜.学术语言的现状与理想[J].福建论坛·人文社会科学版,2006(10):63-64.

② 王春英,孙硕.应用文写作范例大全[M].西安:三秦出版社,2002:808.

③ 李桃,陈永杰,金艳君.学术文章的语言必须"文约而事丰"[J].情报科学,2002(8):895.

④ 杨为珍.写作[M].上海:华东师范大学出版社,2001:117-132.

一。缺乏艺术性的艺术品,无论政治上怎样进步,也是没有力量的。"①

第二节 国防教育研究的内容规范

国防教育研究的内容规范指的是国防教育研究问题、内容的基本规定性。国防教育研究的研究问题及内容应该具备创新性、现实性等基本特质。

一、创新性

创新性是国防教育研究内容的理论规范。国防教育研究内容的创新性,指的是凡是有价值的国防教育研究,其研究内容在理论上都具有一定创新性。这种创新或表现为对新问题的关注和研究,或表现为新的研究视角或方法的运用,或表现为新的研究发现和结论,或表现为上述方面的综合。国防教育研究的内容具备上述任何一种形式的创新,都可称得上是具有创新性的学术成果。

提出全新的国防教育研究问题,或在传统国防教育研究领域发现尚未研究或虽被研究但研究不够深入、全面的问题,是国防教育研究内容创新的关键和基础。钱学森谈及自然科学的创新时曾经指出,是不是真正的创新,就看是不是敢于研究别人没有研究过的问题,而不是别人已经说过的东西。② 因此,国防教育研究内容的创新,一方面是尽可能提出原创性的国防教育新问题、新命题,另一方面则是对原有国防教育问题的深入挖掘。提出新的国防教育问题或命题,即使研究者未能予以解决,但这并不减损其创新性。中国科学院院士吴文俊曾说过:"我特别提到一点,就是我们经常跟着外国人的脚步走。我们往往花很大的力气从事某种猜测的研究,希望能够解决或者至少推进一步。可是不管你对这个猜测证明也好,推进也好,提出这个猜测的人,就好比老师出了一道题目,即使你把它解决了,也无非是把老师的题目做出来,还是低人一等,出题目的老师还是高你一等。……我们应该出题目给人家做。……不断地出题目给西方做,我想,这是值得我们大家思考和需要努力的方面。"③吴

① 毛泽东.在延安文艺座谈会上的讲话[C]//毛泽东选集:第3卷,北京:人民出版社,1991:826.
② 钱学森最后一次谈话:中国大学缺乏创新精神[N].人民日报,2009-11-05.
③ 吴文俊.东方数学的使命[N].光明日报,2003-12-12.

文俊先生这里提出新问题对于数学科学发展的重要性,同样适用于国防教育学学科的研究和发展。任何一门学科,要获得发展和突破,必须着眼未知,着眼未来,不断提出新问题。"只要一门科学分支能提出大量的问题,它就充满着生命力,而问题缺乏则预示着独立发展的终止或衰亡。"①国防教育研究内容的创新,首先应强化学科的问题意识,增强提问的意识和能力。

国防教育研究内容的创新性当然不仅仅限于提出全新的问题,对于学科基础相对薄弱的国防教育研究来说,这种创新性在短时间内还难以企及。学科研究的前沿不一定都是全新的论题,在不同的时代背景下,传统的老问题也有可能具有时代的前沿性。吴元迈在"俄国文学研究前沿问题与学科建设"研讨会上就"前沿性"问题指出:"'前沿'本是自然科学概念,现在已应用于人文学科之中,但是,人文学科的前沿有别于自然学科的前沿,自然学科的前沿一般指新兴的理论、技术等,而人文学科的前沿不一定是新近出现的新现象,它更应当包括现实要求对过去的文化现象和文化遗产进行重新认识、看待、解读,'前沿性'人文学科课题可能并没有时效性定位。"②我们从中可以得到启发,对过去的国防教育现象和国防教育问题进行"重新认识、看待、解读"也是"前沿"。既然是重新认识、看待、解读,那就是超越,也就是创新。换言之,只要对原有国防教育研究成果"有所丰富、有所推进、有所发展",那这样的国防教育研究内容就是创新性的。现实来说,对于基础薄弱的国防教育学而言,在缺乏必要理论积累的情况下,应该更注重对旧问题的反思,认真去做"接着讲"的研究,而不是刻意追求"全新"的研究问题或内容。"我觉得若能立足于现实需要,对某些重大的理论问题,能在前人研究成果的基础上有所丰富、有所发展、有所推进就不错了。这种研究虽然不能说是'原',但不能说不是'创'!所以我认为对'原创性'不能做片面的理解、宣传;否则,很可能会进一步助长浮躁的风气,不利于学术的有效积累和健康发展。"③在对国防教育研究内容创新的追逐过程,王元骧对于研究原创性问题的上述见解值得人们谨记,避免创新的歧路。

新的研究视角或方法的运用,是国防教育研究内容创新的重要组成部分。但凡称得上研究的国防教育论文或著作,必然涉及特定研究视角或方法的运

---

① 郭金彬,陈玲.提出问题与学术创新[J].自然辩证法通讯,2006(1):6.
② 周燕红.如何重建作为一门学科的俄国文学[J].国外文学,2003(1):125.
③ 王元骧,赵建逊.理论偏见是怎样形成的——关于文艺理论创新的对话[N].文艺报,
2003-07-19.

用。因此,国防教育研究的视角或方法内在包含于国防教育的研究内容。就此而言,新的研究视角和方法的运用,本身就是国防教育研究内容的重要创新。此外,更重要的是,新视角或方法的运用,尤其是方法论的突破,往往会带来国防教育研究内容实质性的重大创新,即获得研究的新发现。科学的发展史表明,每门学科的重大进展往往都与方法论的突破紧密联系在一起。新视角或方法的运用带来学科的重大发展,这样的例子几乎在所有学科的发展史上都可找到。以心理学为例,西方心理学的发端可以上溯到亚里士多德那里,但由于长期采用的是哲学思辨的研究方法,没有形成心理学特有的方法,这造成了西方心理学长期的停滞和困顿。直到 1885 年,德国心理学家艾宾浩斯创造性地运用了无意义音节法对人的记忆进行研究,才从根本上改变了这种状况,使心理学真正成为一门学科。西方文献学的发展也基本如出一辙。1934年英国文献学家布拉德福通过列表排序法,发现而来"文献离散定律",后来的研究进一步发现,这一定律同样适用于人文社会科学,从而奠定了科学文献学的基础。[①] 从上述学科的发展可以得到启示,研究视角或方法的创新不但是国防教育内容创新的有机组成,更是国防教育内容实质创新的强大动力。"学术的首创及其学术思想的重大推进,从形式上看就是方法论和研究方式的突破。"[②]顾海良更是直截了当地指出,学术创新最关键的一点是科研方法创新。他认为,在哲学社会科学发展的历史中,无数次事实已经证明,方法创新是理论创新、学科创新的先导,没有方法创新就不可能实现理论创新,没有理论创新就不可能有理论体系创新。[③]

国防教育内容创新的终极形式是研究的新发现或新结论。一项国防教育研究,其获得的新发现或新结论,可以是国防教育已有概念的修正,也可以是提出一个新的国防教育概念;可以是对国防教育已有原理的修正调适,也可以是发现新的国防教育原理;可以是修正了已有的国防教育方法、技术,也可能是创造了新的国防教育方法、技术。以上都可以称得上国防教育内容的终极创新。这也是国防教育学术创新的最终落脚点。所谓创新无非是发前人所未发,见前人之所未见,也即发现未知事物或求证人们假设的事物。值得注意的是,国防教育研究者对原有概念、原理或方法的修正,或提出新的概念、原理或

---

① 袁振国.论高校哲学社会科学研究的形式与方法创新[J].中国高等教育,2006(17):16.

② 薛亚玲.近年学界有关学术创新理论探讨述评[J].社会科学管理与评论,2009(1):99.

③ 顾海良.学术创新的关键在于方法创新[N].中国社会科学报,2011-03-11.

方法,都不应是主观的无依据的猜测,而应是科学逻辑和思维的结果。"所谓科学思维指的是符合科学研究规范的思维,即满足经验归纳的要求,或满足逻辑演绎的要求。只要符合上述条件,那么提出任何概念或理论都是符合科学要求的假说。"①

二、现实性

现实性是国防教育研究内容的实践规范。国防教育研究内容的现实性指的是国防教育研究内容应该具有实践或理论的现实针对性。

首先,国防教育研究内容应该具有实践的现实针对性,即国防教育研究应该是围绕着一定的现实实践问题而展开的。国防教育研究的内容应该是对国防教育现状的描述、对国防教育存在问题的剖析以及寻求解决国防教育发展受制问题的现实策略。总而言之,国防教育研究内容不能脱离国防教育的实际,必须服务于现实的国防教育实践需要。"当代学术研究,不可能是替古人担忧,充当马后炮,其旨趣在于解决现实生活中的问题。学术问题或理论问题,只能来之于现实生活的问题。关注现实,关注生活,是我们凝练有意义的学术问题的必由之路。"②这也就意味着,国防教育研究要有创新,国防教育学创生要有突破,其研究内容必须紧扣国防教育的现实,必须保持鲜明的现实性。

就我国当前的国防教育事业发展来看,仍存在着很多有待深入研究的国防教育现实问题。这其中,学生军训问题就是一个重大而紧迫的现实问题。我国自 20 世纪 50 年代开展学生军训以来,对于学生军训就一直存在不同的声音。在改革开放之前,由于国际形势的紧张以及国家建设重心向国防倾斜,更多的是对学生军训的赞誉和支持。改革开放初期,由于意识到国门打开可能会对人们的思想观念及社会的意识形态带来巨大冲击,这一阶段的学生军训也备受重视。在多年探索的基础上,全国学生军训试点于 1985 年正式启动,学生军训工作逐步走上正规化、普及化的轨道。但随着国内外形势的新发展以及社会价值观的进一步多元化,学生军训面临着越来越多的质疑。稍微梳理一下近年媒体报刊的报道,就会发现近些年的开学季,同时往往也是对学

---

① 徐海燕.学术创新的内涵与思维工具的选择[J].中国特色社会主义研究,2005(1):92.
② 彭启福,张凯.诠释学视域中的学术创新[J].河南师范大学学报(哲学社会科学版),
2014(6):31.

生军训的抨击季。这包括了对学生军训意义、军训模式、军训的强制与学生的自由、军训暴露的种种不端问题等方方面面的拷问。如：现代化高科技战争条件下，学生军训还有必要吗？通过短短数天的军事技能训练，真能为将来可能的现代化战争奠定后备力量的基础？学生军训到底是为了培养学生的国防意识和技能，还是一种集体主义培养或纪律训练的形式？在军训模式上，军训几乎就是走队列、踢正步、整理内务等的代名词，为何这种僵化单调的军训模式迟迟未有改革和突破？在学校开展军训，军事上强调的上下等级、绝对服从是否会与学校，尤其是高等学校倡导的学术自由、学术自治相冲突？如何防止军训的服装、物资采购有可能存在的贪腐问题？如何防止军训教官体罚学生、辱骂学生？以上种种质疑，已经极大地动摇了学生军训存在的合法性，社会上甚至已经出现了要求彻底废弃学生军训的声音。这也意味着，对于广大国防教育研究者而言，学生军训问题是重大而迫切的现实问题。一方面，学生军训是我国国防建设的重要基础，有着悠久的历史传统。另一方面，学生军训涉及数量庞大的学生群体。就参加学生军训的学生数量而言，研究军训问题就极具现实意义。据相关部门 2010 年的统计，我国已有近 2000 所大学、2.2 万所高中开展学生军训，年参训学生多达 1700 多万。[①] 换言之，学生军训绝不是一件小事，它所影响的是上千万青少年的学习和生活。因此，无论是从国防建设的宏观角度，还是从学生个体的微观角度，学生军训都是重大而又迫切的国防教育现实问题。国防教育研究者需十分重视对学生军训的深入研究，探寻学生军训的现实出路。

　　其次，国防教育研究内容的现实性还可以有理论的维度，即国防教育研究应该关注国防教育理论发展的现实需要。就目前来说，国防教育最现实的理论问题就是国防教育学基本理论探讨和构建。这里面包含了一系列具体的理论问题，如国防教育的概念、内涵以及外延，国防教育学的研究对象，国防教育学与相关学科（如军事学、教育学等）的关系，国防教育学的学科性质，应如何看待和处理国防教育的不同类别，即学校国防教育与社会国防教育的关系？学校国防教育内部和社会国防教育内部各种层次和形式的国防教育是否具有一定的理论基础？等等。这里仅对最后一个问题的某些方面做尝试性探讨。具体来说，主要探讨社会国防教育内部的社区国防教育的归属问题。

　　社区国防教育的归属，可以透过社区国防教育与公民教育体系、社区教

---

① 牛俊峰,杜建伟.我国年军训学生 1700 余万人[J].中国民兵,2011(1):36.

育、终身教育三者的关联去认识和把握。首先,就社区国防教育的性质与核心诉求而言,社区国防教育是我国公民教育体系的组成部分。公民教育始于国民国家归属感和责任感的培养,民族归属感、爱国主义情感培养为所有国家的公民教育所关注和重视。爱国主义作为公民教育体系的基本价值观,在各国公民教育体系中具有基础性的根基地位。社区国防教育的目的,是使社区公民增强国防观念,掌握国防知识,发扬爱国主义精神,自觉履行国防义务。这说明,在爱国主义这一基本维度上,社区国防教育与公民教育是高度一致的。理论上,社区国防教育理应纳入国家的公民教育体系规划。当前,我国的公民教育体系正处于起步与构建的过程中,这为我国社区国防教育寻找自身位置提供了空间和机会。

其次,就社区国防教育的地域性特点及其目的而言,社区国防教育归属于社区教育的范畴。社区教育是以社区为依托,以全体社区成员为教育对象,以社会主义教育、政治思想教育和科学文化教育为主要内容的一种教育形式,是社区文化建设的基础工程。社区国防教育是社区教育的应有之义,社区国防教育应归属于社区教育的范畴,理由如下:第一,在地域性上,与社区教育一样,社区国防教育同样是立足于社区,依托社区,面向社区。它是利用社区资源,针对社区居民开展的增强其国防观念、提高其国防行为能力教育活动,是在社区内开展的一种特殊而具体的社区教育活动。第二,社区国防教育的核心是增强社区居民的国防观念,提高居民的国防行为能力。而增强国防观念就是要使社区居民树立国家利益高于一切的观念、居安思危的观念以及爱军习武、保家卫国的观念。可以看到,以上三大观念实际上也是社区教育中社会主义教育与政治思想教育的重要内容和目的。因此,在这一点上,可以说,社区国防教育与社区教育是完全重合的。毫无疑问,社区国防教育属于社区教育的范畴。但在现实中,这一点并没有为从事社区教育管理和开展社区国防教育实践的人员所关注和重视,从而使得一方面社区教育的开展因为缺失了国防教育的内容而不够完整和充实,另一方面,国防教育在社区教育中又找不到应有的位置,不能发挥其应有效应。因此,在当前,应该大力推动和促进社区国防教育与社区教育的融合和整合,使二者各安其位,各得其所,从而发挥各自最大的效应。

再次,从社区国防教育的发展性及其长期性来看,社区国防教育应该纳入终身教育体系之中。社区国防教育的发展性指的是随着时代和社会的发展,社区国防教育在其形式和内容上都要有相应的改进,以适应时代的需要。国防教育的长期性指的是人们的国防意识不是一朝一夕便可以生成的。它需要对国民进行持之以恒的国防教育。正如江泽民主席强调:"只要国家存在,就有国防,国防教育就要长期进行下去,作为公民的终身教育来抓。"①

综上,关于社区国防教育,我们认为社区国防教育虽然理论上可以归属上述不同的领域,但在现实中,我国的公民教育体系以及终身教育体系都处于探索起步阶段,尚未形成较为体系和成熟的理论及操作模式。相对而言,我国社区教育虽然发展起步也较晚,但总的来说,在制度、机构的建设方面还是具备了比前两者更成熟和完善的条件,因此,在当前的情况下,为了有利于社区国防教育的开展及深入,最好是加大其与社区教育的整合力度,在社区教育的框架下开展社区国防教育工作。而从长远的规划来看,我国的社区国防教育应该是在依托社区教育的基础上,逐步实现向整体公民教育体系的迈进与靠拢,并保持与体现其终身性特点。

---

① 教育部国防教育办公室.学校国防教育文献汇编[M].北京:军事谊文出版社,2004:217.

第十五章　国防教育研究前瞻

在国防教育学学科创生的视野下,以国防教育研究方法为切入点,我们对国防教育学学科创生及其方法所取得进展及存在问题做了较为系统深入的探讨。学科创生要求方法的突破和完善,方法探索提升人们研究的视野和能力,为学科创生进一步奠定基础。在学科创生与方法探索的互动过程中,随着方法意识的觉醒,国防教育研究打开了一个新的窗口。从这个窗口望出去,人们看到的是充满时代感的国防教育研究、底部下沉的国防教育研究以及充满历史感的民国视野国防教育研究。

第一节　充满时代感的国防教育研究

社会需要是一门学科得以萌生、发展的基础和保障。如果不存在社会对某一知识领域的客观需要,或者某一知识领域无法对现实问题做出有效回应,那这样的知识领域就不会获得学科的建制。对于创生中的国防教育学学科,我们认为学科的客观社会需要是存在的。一方面,国防教育对于国防建设、对于国家安全意义重大,另一方面,现实开展的全民国防教育活动和实践也迫切需要学科理论的指引。但是,社会客观需要的存在并不是国防教育学学科创生发展的充要条件。如果国防教育学不关注现实问题,尤其是缺乏对时代性问题的关注和回应,这将会大大削弱其学科的合法性,并迟滞其学科发展进程。前述提出将国防教育问题作为国防教育学研究对象,就曾提出其有助于增强国防教育研究的时代性。但那时我们仅着眼于该问题的泛泛而论,并未指出当前的国防教育研究应对何种现实问题做出回应以增强自身的解释力和时代感。接下来,我们将尝试以国家创新战略实施这一具体论题为例,探讨国防教育学应如何紧跟时代的步伐,以提升学科的位阶及影响力。

众所周知,我国当前正大力实施创新驱动战略,尤其是致力于打造科技创新作为引领发展第一动力的新生态。这一个万众创新的时代对于国防教育意味着什么？我们的基本判断是，国防教育不可能置身于当下的科技创新大潮之外。那么，接下来的就是具体问题：科技创新对国防教育是好事还是坏事？科技创新如何影响国防教育？国防教育又如何反作用于科技创新？科技创新、国防教育，其最终指向都是国家富强与安全。然而，人们或是就科技创新谈国家安全，或是就国防教育谈国家安全，甚少将科技创新与国防教育结合。这无论对科技创新还是国防教育而言，都是一种遗憾。在科技创新背景下审视国防教育问题，一方面可以从理论上阐明科技创新与国防教育之间的关系，有助于拓展科技创新的视野，也有助于增强国防教育的时代感，另一方面，以科技创新大视野透视国防教育问题，对于理解、把握、解决当下国防教育的困境有启发意义。此外，发掘国防教育对科技创新的正功能，为万众创新提供了另一种可能路径。

进入现代社会，科技及其创新日益成为国家形象、国家实力的重要标志，因此，世界上许多国家都会通过向国民展示世界或自身的科技创新成就对国民进行国防教育，以激起民众的危机感或自豪感，激扬民众的爱国主义。美国是这方面的佼佼者。美国善于利用自身科技的落后营造危机感，增强国民的忧患意识。如在冷战期间，苏联于1957年率先发射了人类第一颗卫星。这在美国引发了全国性的科技与教育大讨论，并由此催生了世界第一部《国防教育法》。这部法案的根本目的是创造一切条件培养研究生，振兴科技教育，以保卫美国的国家安全。美国政府大力投入科技教育，使得美国不仅很快赶上苏联，并凭借其强大科研基础最终获得冷战的胜利。正如艾森豪威尔所预见的，该法案的通过满足了美国国家安全的需要。而这一切，也很大程度可以归因于美国政府以科技创新不济为契机而进行的以危机感为核心的国防教育。除了利用科技的落后营造危机感之外，美国作为一个科技强国，另一方面又高度重视通过自身科技的创新激发民众自豪感，增强国民的归属感和爱国心。例如，1969年美国人成功实施"阿波罗"登月计划，人类第一次踏足另一颗星球。即便在今天看来，这也仍然是重大的科技创新事件。当然，美国也很好地利用了这一历史性的科技创新，向其国民传递着美国科技领先、国家强大的清晰声音。阿姆斯特朗登月时的实况播放，以及登月宇航员在美国政府主导下进行英雄般的游行等等，都是一种美国式的国防教育。美国人会抓住一切类似的时机来进行类似教育，如美国航天飞机发射活动、美国航母编队游弋场面等等，利用一切代表美国科技成就的成果向国民展示美国力量，以激起民众的自尊、自信、自豪，形成美国强大的爱国主义。

世界上其他国家，如苏联、英国、法国、以色列，甚至印度，都或多或少经由科技创新领域对国民进行国防教育。如印度的火星探测项目、战略导弹的试射等,都是通过彰显其航天及战略武器方面的科技创新能力以增强国民的自信心及爱国情感。中国历来注重科技在国家发展中的关键作用,也重视对国民的科技教育,近年来,随着国家科技实力的显著提升,我们也更重视彰显科技创新成就以提升民众的凝聚力。如近年的航天发射活动、高铁形象的宣传和塑造等等,都可视为我们通过科技创新对国民进行的国防教育。总体而言,将科技总体表现作为教育民众的手段,以增强国民危机感、国家意识,培育爱国主义情感是世界通行做法。但无论是美国还是其他国家,包括中国,科技创新与国防教育的关系探讨还较为零碎散乱,缺乏理论层面的思考与归纳,这极大制约了二者的有机融合,并限制了双方取得各自更大成果。就世界各国科技创新与国防教育关系的实际表现来看,就理论上,至少存在以下两个方面问题,值得人们深入探讨:科技创新对国防教育是挑战还是机遇?国防教育对科技创新是否存在积极正功能?

通过上述分析可知,对于创新这一重大时代问题,国防教育无论如何不应该缺席,并且应该深入探讨二者关联以促进自身发展。具体来说,可以从以下三个方面着手:

(一)科技创新给国防教育带来的挑战。如伴随着科技创新发展,国家安全范畴越来越泛化,社会价值观渐趋多元化,信息传播手段日益多样化,这使得传统国防教育在内容、手段、效果方面都面临严峻考验。

(二)科技创新作为国防教育发展的机遇。在我国实施创新驱动战略,视科技创新为第一发展动力背景下,借鉴其他国家,尤其美国的经验,充分利用科技创新所涌现出的领军人物、科技成果、科技手段,可以拓展国防教育视野,丰富国防教育内容,改进国防教育方式,提升国防教育效果。作为研究主体之一,这一部分包括若干研究内容,如美国如何利用科技创新的时机和成果开展国防教育;如何将我国科技创新,尤其是国防科技创新过程中涌现的模范群体或英雄人物的事迹及其精神予以整理,并有机纳入国防精神教育之中。这其中既要注意融入老一辈国防科研工作者的事迹与精神,如邓稼先、钱学森等,同时更要注意引入新时期的先进典型,如辽宁舰舰载机总设计师罗阳、歼-20战机研发团队、北斗系统研发团队等,以丰富国防教育内容,并增强其时代性。此外,还要重点研究如何将科技创新的成果创造性地运用到国防教育的开展中去。要研究如何有效利用网络、微博、微信等新工具新手段对民众,尤其是青少年开展国防教育。

(三)国防教育对科技创新的正向功能。国防教育有狭义和广义之分。狭义的国防教育首先是以爱国主义为核心的思想教育。就国防教育的爱国主义内核而言,狭义国防教育对科技创新的正向功能主要体现在三个方面:第一,国防教育为科技创新提供强大动力。第二,国防教育为科技创新提供了正确的方向。第三,国防教育为科技创新划定了界限。广义的国防教育则指一切有助于增进国民国防意识及国防行为能力的活动。美国正是在这个意义上使用国防教育一词。因而在美国,国防教育涵括了一切有助于增强国家国防实力的活动,尤其是科学、工程、数学、物理等方面的教育活动。就此而言,美国国防教育对于其科技创新的影响更应该成为我们研究的重要内容。

第二节　底部下沉的国防教育研究

本书前面曾经提到,我国的国防教育是全民国防教育,它包含学校国防教育和社会国防教育两大部分。但在前述对现有文献的统计梳理中,可以看到,在中国知网收录的 3000 多篇国防教育相关文献中,与中小学国防教育相关的仅有 77 篇。通过对这 77 篇文章的具体分析发现,这些文章大部分是关于中小学国防教育的新闻报道,真正的学术研究文章寥寥无几。这表明,我国对于学校国防教育的研究还相当不完整。国防教育学术界目前更多地聚焦于教育高级阶段和层次的国防教育研究,而教育的基础阶段和层次的国防教育研究则被严重忽略。国防教育学的创生要求研究者在着力提升高校国防教育研究质量的同时,还必须重视对中小学国防教育的研究。强调国防教育研究的底部下沉,其根本在于开展中小学国防教育的重要性与适切性。

开展中小学国防教育的重要性可从正反两个方面予以分析。从正的方面,也即积极方面来说,开展中小学国防教育有利于国家的国防建设以及经济社会发展。中小学生数量庞大,他们是国家的未来、民族的希望,是经济建设和国防建设的后备军。中小学生的国防教育搞得好不好,能否在中小学生心中播下国家意识和民族精神的种子,不仅事关一国的国防建设及国家安全,甚至事关一国的国家前途和民族兴衰。普鲁士首相俾斯麦曾经说过,德意志的统一应该归功于普鲁士的小学教师。中小学生教育的重要性从中可见一斑。有论者对其中的逻辑链条做了进一步分析:"普鲁士的学生在年少时通过学校教育,心中植入了国家和民族的灵魂,那些学生长大以后,优秀者成了杰出的将领,中间者成了坚定的基层指挥官,普通者成了最忠诚的战士,为民族统一大业付出了青春和热血。这正说明了国防教育'从娃娃抓起'极其重要。"①这表明,中小学生接受的民族观念、国家和国防意识等方面国防教育,最终会转化为建设祖国、振兴民族的强大动力。人们脑子里的国家意识、国防观念不是一朝一夕可以生成的,必须进行长期的打基础的工作,这就要求必须更加重视中小学生的国防教育工作。

从反的方面,即消极的方面,亦可透视当下加强中小学国防教育的重要性。这一方面体现为社会大环境的消极影响,另一方面体现为学校小环境的不作为。首先,在大环境方面,随着时代的变换,战争似乎正在日益离我们远去。这是一个我国经济建设大获成功,国际影响日渐增强的时代,曾经军事上"腹背受敌"的处境早已成为历史。长期的和平环境冲淡了人们的国防观念、忧患意识,养尊处优的富足生活消磨着的人们的意志,于是"讲物质利益的多了,讲保家卫国的少了,讲享受生活的多了,讲尚武奉献的少了,种种松懈和麻痹思想产生了,似乎可以'刀枪入库,马放南山'了"②。对此,国防大学战略教研部主任朱成虎一针见血地指出:"经济越发达,文化越繁荣,我们的国防意识可能越淡薄,这是我们中国人的毛病。"③在这样的社会背景下,不曾经受炮火硝烟考验的中小学生,自然更容易被"拜金主义""享乐主义"等不良思想风气侵蚀,也较为缺乏对国家命运、民族前途的忧患意识和担当。换言之,在当今的时代,中小学生的国防观念遭受着社会环境的巨大冲击,国防意识和观念的培养和增强刻不容缓。

其次,在小环境方面,由于社会大环境的影响,中小学校在国防教育方面存在种种的不作为。一些中小学表面上开设了国防教育课程,但在应试教育指挥棒下,国防教育通常都是"软指标""虚任务",领导想起来了开展一下,或为了应付上级的检查突击开展一下。在平时,国防教育更多的是喊口号,或停留在嘴上,或写在纸上,很少有真正的开展。现实情况通常是,小学基本没有专门的国防教育课程安排;个别初中虽有课程安排,但可能也就每周 1~2 课时,但也经常被占用。高中的国防教育则主要是短短几天的军训,基本不会开设相关的军事理论课。而在国防教育开展所需的场地、器材等方面,中小学更是十分匮乏。"许多学校特别是农村学校,普通课程所必需的教育教学配套设

---

① 刘玉红,蒋健林. 对加强中小学生国防教育的三点认识[J]. 国防,2013(11):37.

② 马长礼. 关于加强中小学国防教育的思考[J]. 中国校外教育,2013(7):24.

③ 国防大学战略教研部主任、教授朱成虎谈"韩美联合军演及中国安全形势"[EB/OL]. [2018-09-18]. http://www.people.com.cn/GB/32306/143124/147550/12519953.html.

施都不一定齐备,对于国防教育这一门没有硬指标、硬任务的课程,教育配套设施当然就更加缺乏。由于缺少专项经费,不少中小学如果要开展军训或少年军校活动,几乎没有像样的军训器材、设施做保障,多是以队列训练作为培训的主要内容,这只会大大降低学生对国防教育的兴趣。"①可见,从积极的方面,国防教育的理想是很丰满的,而从消极的方面,国防教育的现实却很骨感。理想和现实的差距,更需要进一步加大中小学国防教育的相关研究,从而使国防教育的理想之光真正照进现实的国防教育实践,使得中小学国防教育真正落到实处。

开展中小学国防教育的适切性也可以从两个方面进行论证,一是中小学教育对人的品格养成的重要性,二是不同教育阶段的纪律要求。首先,就人的全面发展来看,少年儿童时期是进行道德、心理品质和行为习惯养成的最佳时期。这个时期的品格教育成效如何,对人的毕生都有重要影响。人在青少年时期错过的文化知识学习可以在长大以后得到很好弥补,但如果缺乏了良好品格和习惯的养成,那这种缺陷可能会伴随其一生。英国哲学家休谟指出:"我们从婴儿时就习惯了的所有那些对事物的意见和概念,都是非常根深蒂固,我们即使用理性和经验的全部力量,也无法把它们拔除。"②美国著名人类学家本尼迪克特在她研究日本的名著《菊与刀》中,也注意到了早期教育对于个体成长的重要性,在对美日两国的育儿方式进行比较后,她写道:"从前所有西方人所描绘的日本人的矛盾性格,都可以从日本人的儿童教养中得到理解。"③早期教育重要性的合理推论就是,中小学阶段是个体性格、品德形成和发展的重要时期,这是培养人的国防心理品质的关键时期。换句话说,中小学生正处于长知识、长身体和个性发展形成时期,是一个人成长的关键时期。这个时期的青少年求知欲旺盛、可塑性强,在这个阶段对他们进行国防教育、国防意识的熏陶,事半而功倍。

其次,中小学开展国防教育的适切性体现在中小学阶段所要求的特殊纪律,尤其是中学的特殊纪律。我国著名哲学家贺麟先生对于教育不同阶段的

① 马长礼.关于加强中小学国防教育的思考[J].中国校外教育,2013(7):24.
② 休谟.人性论(上册)[M].关文运,译.北京:商务印书馆,2006:136.
③ 鲁思·本尼迪克特.菊与刀[M].吕万和,等译.北京:商务印书馆,2000:198.

看法可以很好地帮助我们理解这一问题。① 贺麟先生将教育划分为小学、中学和大学三级。他认为,小学须注重生活,进小学的主要目的就在生活本身,读书识字等等都不过是有意趣的生活的一部分。中学当重严格训练,大学须真正注重学术,纯粹的求真理、求真学问。因此,他指出,小学生活求其活泼天真,中学生活须当严肃规律,而大学生活则要在学术上求精神的活泼快乐,大学的训练不是中学的纪律训练,而是学术上、精神上、思想上的训练。这使得在师生关系方面,小学当如父母子女,或兄弟姐妹,教师对学生须亲爱关切,常接触,重感情,如在家庭一样。中学里的师生关系须多少有如军队中的长官与士兵,纪律严格,训练认真,绝不苟且宽假。而在大学里的师生关系既表现为师道尊严,也表现为亦师亦友。据此,贺麟先生归纳指出,小学是天真活泼的自然生活,中学是纪律严明,道德规范,不自然的军队式的生活,大学则为科学的艺术的生活。对此,他进一步说明,小学里要过新的家庭生活,所以人数不宜过多,班次应少。中学里要过新的团体的生活,一切求其规律化,齐一化,只要能守秩序,重纪律,人数可不嫌其多。经过这种团体生活的训练,才有做国家公民的资格。大学生则是过新的自由的理想的生活,其个性的充分发展。

在上述基础上,贺麟先生提出了各级学校的教育手段和方法,指出小学当重"乐教"的陶冶,以音乐来转移启发儿童的品性;中学可用"礼教"的约束,以纪律规范汰除学生的不良习惯,养成健全的公民道德;大学则重"诗教"与"宗教"的熏沐,从艺术上得到情感的安慰,从宗教得到信仰上的寄托。中学的礼教是团体的,须求生活上的规律齐一,而宗教则主要是个人的,各人可凭其个性思想去选择。在对三级教育的目的、内容、师生关系、方式方法等问题进行剖析之后,贺麟先生对三者关系进行了归纳总结,他指出,三级教育有分工、有联系、有发展的层次,是一个符合辩证进展的阶段。在三者中,小学教育是自然的,自由的,但尚在懵懂无知的状态。中学教育,是前者的否定,不自然,不自由,是严格的强求,重理智的训练。大学教育则为两者之合,自由中有自己内心的约束,自然且有丰富的精神内容,包含前两个阶段的好处,而又超出前两个阶段。

透过贺麟先生对教育三个阶段,尤其是对中学阶段的教育目的、师生关系以及教育方法等方面的探讨,可以很清晰地看到国防教育与中学生训练成长

---

① 贺麟关于教育不同阶段看法的内容,主要参考了贺麟的《文化与人生》一书所收集的《树木与树人》一文。具体见:贺麟. 文化与人生[M]. 上海:上海文艺出版社,2001:187-189.

方面的契合。依照个体发展的身心规律以及各级教育的不同使命,在贺麟先
生看来,理想的中学生活应该是军事化管理的生活,讲究的是对学生纪律、秩
序的严格训练,以求其整齐划一,这是成为国家合格公民的必要训练。今天中
小学的国防教育,其主要内容及形式就是军事的训练和管理。依照贺麟先生
的逻辑,这是对于中小学生,尤其是中学生最为适宜的纪律和秩序训练手段和
方式。但遗憾的是,当下的学校国防教育,无论是理论的研究还是具体的实
践,其重心都是高校国防教育。重温贺麟先生上述关于教育不同阶段的洞察,
应该有助于人们更好地重新审视和规划学校国防教育的整体布局。尤其值得
注意的是,我们当前的国防教育理论研究及具体实践应该有意识地下沉,更多
地研究中小学国防教育问题,更多地开展中小学国防教育实践。这既是培养
国民国防意识,打牢国防建设基础的需要,也是遵从教育客观规律之举,符合
个体成长发展需要。

第三节　待挖掘的民国国防教育研究

现代的"国防教育"一词,是孙中山先生于 1921 年在其所著的《建国方略》
一书的续篇《国家建设》中首先提出的。在该书的写作计划中,孙中山拟定了
"发展国防教育计划"的条目,首次提出和使用了"国防教育"一词。但由于孙
中山的早逝,《国家建设》的写作并没最终完成,因此,孙中山对于如何发展国
防教育并无具体论述。在此后很长一段时间内,国防教育问题也很少为人所
提及。随着 1931 年"九一八事变"的爆发,国破家亡迫在眉睫,国防教育问题
才开始真正引起人们的关注和研究。民国学者徐则敏在 1936 年《进修半月
刊》进修部五周年纪念特刊发表的《各国实施国防教育的一斑》一文中指出,
"中国自'九一八'、'一·二八'事件相继发生以来,在教育上才听到有所谓'国
防教育'、'国难教育'的呼声。"[①]同时期学者徐逸樵在 1936 年第 7 期《教与
学》(月刊)发表的《现代的教育就应该是国防教育》一文也提到:"国防教育是
一个新名词,是九一八后才流行起来的。"[②]"九一八"事变之后,由于救亡图存
的需要,国防教育不仅为人所关注,甚至一度出现了开展和研究国防教育的高

① 徐则敏.各国实施国防教育的一斑[J].进修半月刊,1936(6-7):216.
② 徐逸樵.现代的教育应该就是国防教育[J].教与学,1936(7):81.

潮。对于当时国防教育研究的盛况，学者张鉴虞在 1937 年第 9 期《四川教育》发表《论国防教育的意义与特质》一文，其中提到，"据说近来发展的关于国防教育的散文与方案，有二百三十余篇之多"，①为此，他甚至感叹："一切国防教育的理论与实施的话都被人说得淋漓尽致无以复加了。"②

随着国防教育文献的不断增加，为了方便研究者的检索和研究，一些杂志甚至还专门编撰了国防教育论文索引。如《浙江教育行政周刊》1934 年第 5 卷第 27/28/29 期合刊刊发了储志和杨翼心整理的《国防教育论文索引》③。这份论文索引从理论和实施（实施又分为计划与方案和报告与教材两个部分）两方面收集和整理了当时较有影响的国防教育论文共计 90 篇，并提供了每篇论文的概要。其中，理论部分论文 67 篇，实施部分论文 23 篇（计划与方案 14篇，报告与教材 9 篇）。从该份索引所收录论文的题目及其提要来看，这些论文虽与国防教育相关，但很少直接与国防教育为名。对此，作者的解释是："这些参考资料里面，有的直接标着国防教育的题目，有的标着民族教育，爱国教育等不同的题目，可是他们的主旨，总都逃不出救国家与民族这个大的目标。所以我们就把他们凑在一起。"④三年后，吴宪民在 1937 年第 7 期《教师之友（上海）》发表了一份新的《国防教育论文索引》⑤。这份新的论文索引从两个方面反映了当时国防教育研究的进一步拓展和深化。第一，这份论文索引所收录的论文相当部分直接以国防教育为名。第二，这份论文索引所收录的论文仅包括小学国防教育相关论文。但仅是小学国防论文，通过对当时 40 多种著名杂志的爬梳，作者就收集了相关论文共计 189 篇。这正如作者所指出的："关于国防教育的论文，有风起云涌之慨。篇秩浩繁，检阅不便，人每苦之。"⑥

除了国防教育论文之外，这一时期也涌现出一些专门的国防教育专著。如汪懋祖等编著的《国防教育与各科教学》⑦、徐阶平和杨汝熊撰写的《国防教

---

① 张鉴虞.论国防教育的意义与特质[J].四川教育,1937(9):7.

② 张鉴虞.论国防教育的意义与特质[J].四川教育,1937(9):7.

③ 储志,杨翼心.国防教育论文索引[J].浙江教育行政周刊,1934(27-28):135-155.

④ 储志,杨翼心.国防教育论文索引[J].浙江教育行政周刊,1934(27-28):135.

⑤ 吴宪民.国防教育论文索引[J].教师之友(上海),1937(7):1323-1332.

⑥ 吴宪民.国防教育论文索引[J].教师之友(上海),1937(7):1323.

⑦ 汪懋祖,等.国防教育与各科教学[M].南京:正中书局,1937.

育之实施》①、汪懋祖编著的《国防中心教育概观》②等。这些著作或就国防教育的理论进行探讨,或就国防教育的实施予以探索,或二者兼而有之,进而使得当时的国防教育研究日渐系统和完整。

民国时期的国防教育研究,不仅其数量引人注目,其内含的理论视野及观点亦不乏启发意义。民国时期的国防教育,虽是时代的特殊产物。但就其理论及实践来看,这无疑是近现代中国国防教育的第一个黄金时代。单就理论方面而言,那时的国防教育研究于今仍远未过时。以下试举两例言之。

第一,国防教育与一般教育的关系。在国防教育与一般教育,或其他教育的关系上面,虽然那时面临着民族救亡的急务,如何防御、击退外敌的军事武力入侵是头等大事,但即便如此,人们并没狭隘地看待国防教育,并不仅仅将国防教育看作是单纯的军事训练或军事教育。他们在提倡狭义的国防教育的同时,也不忘强调广义的国防教育的重要性。譬如蔡元培先生就指出,国防教育这一名词,应有狭义与广义之别。"近日的军事训练:一、机关的公务员,学校的教职员,年长的学生,征集之壮丁,实行军队生活,研讨战斗技术;妇女则练习救护、通讯、侦探等事;二、为普通民众授以战争期间之常识,如避御袭击,预防毒气等,皆为应付紧急事变之工作,属于狭义。若照广义讲起来,那理工各课,直接间接均可作制造军械使用武器的准备,化学各课,即可制造或避免毒气的准备;经济各课,亦可为筹措军备的准备;且作战不仅恃物质,尤恃精神;如光荣历史之回溯,英雄烈士之崇拜,国家民族之认识,国际大势之明瞭,爱国情绪之激发,亦为国防建设之先决条件,则是历史、文学、公民各课,也不能说是与国防无关,是在教育家看受教育者的年龄与地位而善为消息耳。"③对于狭义和广义的国防教育,蔡元培先生的立场是:"我以为:狭义的国防教育,在今日固属切要;广义的国防教育,亦不可忽视。"④这表明,即便在战时,蔡元培先生也不把国防教育视为单纯的"军"的教育,而同时将之视为有利于增强国家各方面实力的教育。蔡元培先生对狭义和广义国防教育的划分及其态度,对人们如何看待和开展现时代的国防教育大有教益。就当前我们的国防教育实践来看,其中的一个弊病可能就是过于强调国防教育与国防军事的直接相关性,将国防教育简单等同于军事教育、军训。在和平年代,普通民众

① 徐阶平,杨汝熊.国防教育之实施[M].上海:汗血书店,1937.
② 汪懋祖.国防中心教育概观[M].南京:正中书局,1939.
③ 蔡元培.国防的教育[J].教育与国防,1936(1):6.
④ 蔡元培.国防的教育[J].教育与国防,1936(1):6.

普遍缺乏对军事教育、军训必要性、重要性的体察和认知。就这种背景下，狭义的国防教育势必易受人轻视，甚至忽视，成效不彰。这也就要求国防教育工作者一方面要改进狭义国防教育的工作方式和方法，增强军事教育和军训的吸引力，另一方面更要思考如何积极推进国防教育与其他各类、各科教育融合发展，打造广义国防教育的新格局。

第二，关于学生军训的意义和价值。在我国的学校国防教育体系中，军训是学校国防教育的主要形式和载体。然而，关于学生军训是否有必要，是否有价值一直存在着争议。这种争议近年更是日益加剧。这几年的开学季，同时作为学生军训的军训季，关于军训的负面新闻似乎从未缺席。军训负面报道的日渐增多，有着多方面的缘由，譬如社会价值观的多元化、媒体的炒作、军训方式方法单调等，但在这些原因背后，对于军训种种责难的深刻根源可能都可以归结为人们对军训意义和价值认识的偏差。人们谈军训的意义和价值，或是强调军训对于培养个体吃苦耐劳精神和集体主义情感、增强个体身体素质的作用和价值，或是强调军训对于增强全体国民的国家民族意识、国防意识的意义。但无论何种强调，其指向的都是军训的工具价值，军训的内在价值难寻踪迹，这也就很难使人获得关于军训价值的完整图景，无法形成与军训意义和价值较为一致的认知。事实上，围绕军训的意义和价值问题，民国时期学者曾有较为深入的研究。民国时期著名教育家姜琦关于这一问题的研究尤为具有创见。

针对当时普遍存在的对于学生军训的抵触、怀疑，姜琦围绕学生军训的意义和价值先后撰写和发表了三篇相关文章：《军事管理之教育的价值》[①]、《军事训练的价值之研究》[②]、《学生自治与军事训练》[③]。在这三篇文章中，姜琦系统阐述了学生军事训练或军事管理的意义和价值，其基本点有三：

第一，军事训练具有两种价值，一种是内在的价值，一种是工具的价值，前者是军事训练意义和价值的根本所在。"所谓内在的价值，他本身最初就无利害之可言，譬如军事管理吧，他最初所有的目的，无非就在于要达到他本身所有的目的——教育的目的，并没有其他别的目的掺与其间的。"[④]"至于工具的价值呢，他就不是这样的，具体地说，他就是有些利害关系存在于其中的。譬

---

① 姜琦.军事管理之教育的价值[J].湖北教育月刊,1935(8):1-6.

② 姜琦.军事训练的价值之研究[J].前途,1936(7):7-12.

③ 姜琦.学生自治与军事训练[J].教育杂志,1936(3):33-42.

④ 姜琦.军事管理之教育的价值[J].湖北教育月刊,1935(8):2.

如军事管理吧，它有时被学校当局所利用以作容易达到管理学生，使他们服从学校的规律与权威的目的之工具，而不顾到军事管理本身所有内在的价值。甚至有时军事管理为学校以外的人所利用作他们达到教育以外——譬如政治，军事等等——的目的之工具"。① "因为如此，所以军事管理若是他本身所有内在的价值上看来，那么，他就无所谓'正'的，'负'的，抑或等于'零'的了；如果他可以被估值（to value）的话，那么，我们只看我们对于学生所施行之军事管理是否有教育的根据与效果，然后再来定夺我们能否发挥军事管理本身所有内在的价值。至于我们所施行之军事管理，他的形式是否合法，他的成绩能否较别的学校所施行之军事管理占优胜的地位，还是次要的问题；尤其我们不必去问他能否达到教育以外之目的。一句话，我们所以要厉行军事管理，其目的只就是要发挥他本身里面所蕴藏之内在的价值——教育的价值而已。"② 姜琦相当明确地指出，仅将军事管理或军事训练视为达致政治或军事目的的工具，忽视其内在价值，那么这远不是真正的军事管理或军事训练的真义。"我以为军事管理本来如同其他教育事象一样，也有内在的价值与工具的价值两种。设使我们完全地不顾军事管理之内在的价值，而只知道拿军事管理一项来做达到其他某种特殊事情的目的之手段而欲收他的工具的价值，那么这种军事训练或军事管理，就会渐渐地变成为伪的东西了。"③

第二，所谓军事训练或军事管理的内在价值，即军事训练或军事管理的教育目的或价值，指的是通过强调实践的军事训练或军事管理，有助于帮助人们养成日常所需要的种种礼仪与做法。"所谓'军事管理'一语，骤看到，他似乎只是军队里面所施行的一种管理兵士之方法，但是从实际上按起来，所谓'军事管理'，不外乎我们日常所需要之种种礼仪与作法而已。"④ "所谓'军事管理'就是修身或公民常识之不断的实习及长久的训练。"⑤ "所谓'军事管理'，尤不外乎我们日常所需要的种种礼仪与作法之实践。"⑥ "总之，军事训练不外乎是教我们怎样行动，犹之炊事教育教我们怎样食，缝纫教育教我们怎样衣及

① 姜琦.军事管理之教育的价值[J].湖北教育月刊,1935(8):2.
② 姜琦.军事管理之教育的价值[J].湖北教育月刊,1935(8):2.
③ 姜琦.学生自治与军事训练[J].教育杂志,1936(3):42.
④ 姜琦.军事管理之教育的价值[J].湖北教育月刊,1935(8):2.
⑤ 姜琦.军事管理之教育的价值[J].湖北教育月刊,1935(8):3.
⑥ 姜琦.军事管理之教育的价值[J].湖北教育月刊,1935(8):3.

建筑学教我们怎样住一般。"①在以上基础上,姜琦进一步引申归纳:"杜威说:'从做里面学习'(learning by doing)。这句话,就是我们所施行的'军事管理'上的一个基本原理。"②

第三,军事训练或军事管理的强制与学生的自由与自治并不冲突。军事训练或军事管理甚至有助于学生获得真正的自由和自治。对此,姜琦在《学生自治与军事训练》一文指出:"譬如一般学生以为军事管理是束缚学生的自由的东西,殊不知自由是由必然转变过来的东西。昂格斯(Engles)③说:'由必然的王国,跃到自由的王国。'由此,可见学生若要得到自由,那么他们非先经相当的适宜的训练不可。详细些说,在表明上看来,军事训练或军事管理似乎是一种单调化、机械化的东西,而学生自治似乎是一种富于自由而有伸缩性的东西,但是实际地按起来,机械与自由也不过是相对的东西,真正的自由必须在机械化或纪律化中求得。"④在《军事训练的价值之研究》一文,姜琦也强调:"同时,我们必须要知道的,军事训练既是人类行动的教练,所以最初是要纪律化,然后再由纪律化去收获自由活动的效果。"⑤换言之,军事训练或军事管理所要求的纪律、秩序或曰强制,并不是学生寻求自由、自治的障碍,反而是学生获得真正自由,实现真正自治所必经的训练或阶段。

国防教育与一般教育的关系如何,军事训练或军事管理到底有无必要和价值,军事训练或军事管理是否与学校和学生,尤其大学和大学生所要求的自治和自由相冲突,这些都是当下我国军训或国防教育发展所迫切需要予以回应和解答的问题。上述民国学人关于以上问题的思考于今仍有时代的穿透力,值得人们深思并从中汲取灵感。

---

① 姜琦.军事训练的价值之研究[J].前途,1936(7):12.
② 姜琦.军事管理之教育的价值[J].湖北教育月刊,1935(8):3.
③ 应为恩格斯的旧时译法。
④ 姜琦.学生自治与军事训练[J].教育杂志,1936(3):41.
⑤ 姜琦.军事训练的价值之研究[J].前途,1936(7):12.

参考文献

一、中文专著及译著

[1]时殷弘.战略问题三十篇[M].北京:中国人民大学出版社,2008.

[2]教育部国防教育办公室.学校国防教育文献汇编(1949—2004 年)[M].北京:军事谊文出版社,2004.

[3]何东昌.中华人民共和国重要教育文献[M].增补本.海口:海南出版社,1998.

[4]廖文科.全国普通高等学校第五届国防教育学术研讨会论文集[M].北京:高等教育出版社,2011.

[5]毛文戎,兰书臣.国防教育[M].北京:解放军出版社,1988.

[6]胡凌云.国防星光——全国普通高校首届国防教育学术研讨会优秀文集[M].南京:东南大学出版社,1997.

[7]杨力.国防教育新论——面向 21 世纪普通高校军事教学改革与研究[M].北京:高等教育出版社,2000.

[8]廖文科.新的理论视野:全国普通高等学校第三届国防教育学术研讨会论文集[M].北京:高等教育出版社,2006.

[9]吴温暖.高等学校国防教育[M].厦门:厦门大学出版社,2007.

[10]伯顿·R.克拉克.高等教育系统:学术组织的跨国研究[M].杭州:杭州大学出版社,1994.

[11]朱世杰,廖文科.学校国防教育史[M].北京:军事谊文出版社,2003.

[12]N.格里高利·曼昆.经济学原理(上册)[M].梁小民,梁砾,译.北京:北京大学出版社,1999.

[13]默顿.科学社会学[M].鲁旭东,林聚任,译.北京:商务印书馆,2003.

[14]波塞尔.科学:什么科学?[M].李文潮,译.上海:上海三联书店,2002.

[15]潘懋元.高等教育研究方法[M].北京:高等教育出版社,2008.

[16]朱红文.社会科学方法[M].北京:科学出版社,2002.

[17]巴普洛夫.巴普洛夫选集[M].北京:科学出版社,1955.

[18]雅斯贝尔斯.什么是教育[M].邹进,译.北京:生活·读书·新知三联书店,1991.

[19]托马斯·库恩.科学革命的结构[M].金吾伦,胡新和,译.北京:北京大学出版

社,2012.

[20]华勒斯坦.学科·知识·权力[M].刘健芝,等译.北京:生活·读书·新知三联书店,1999.

[21]美国科学院,等.怎样当一名科学家——科学研究中的负责行为[M].何传启,译.北京:科学出版社,1996.

[22]国防大学军训办公室.国防教育学[M].北京:国防大学出版社,2000.

[23]李先德.国防教育学概论[M].长沙:国防科技大学出版社,2007.

[24]刘少杰.中国社会学的发端与扩展[M].北京:中国人民大学出版社,2007.

[25]黄济.教育哲学通论[M].山西:山西教育出版社,2004.

[26]叶澜.教育研究及其方法[M].北京:中国科学技术出版社,1990.

[27]余高达.中国军事百科全书.国防教育[M].北京:中国大百科全书出版社,2007.

[28]凯洛夫.教育学[M].北京:人民教育出版社,1950.

[29]巴班斯基.教育学[M].北京:人民教育出版社,1986.

[30]弗·弗·克拉耶夫斯基.教育学原理[M].张男星,曲程,等译.北京:教育科学出版社,2007.

[31]石佩臣.教育学基础理论[M].长春:东北师范大学出版社,1996.

[32]上海师范大学《教育学》编写组.教育学[M].北京:人民教育出版社,1979.

[33]华中师范学院教育系.等.教育学[M].北京:人民教育出版社,1982.

[34]毛泽东选集:第1卷[M].北京:人民出版社,1966.

[35]南京师范大学教育系.教育学[M].北京:人民教育出版社,1984.

[36]马克思恩格斯全集:第25卷[M].北京:人民出版社,1974.

[37]陈桂生.教育学的建构[M].增订版.上海:华东师范大学出版社,2009.

[38]孙喜亭,等.教育学问题研究概述[M].天津:天津教育出版社,1989.

[39]翟葆奎.元教育学研究[M].杭州:浙江教育出版社,1999.

[40]大河内一男,等.教育学的理论问题[M].曲程,等译.北京:教育科学出版社,1984.

[41]陈桂生."教育学"辩——"元教育学"的探索[M].福州:福建教育出版社,1998.

[42]培根.新工具[M].许宝骙,译.北京:商务印书馆,1984.

[43]爱因斯坦,等.物理学的进化[M].周肇威,译.长沙:湖南教育出版社,1999.

[44]波普尔.科学知识进化论:波普尔科学哲学选集[M].纪树立,译.北京:生活·读书·新知三联书店,1987.

[45]拉里·劳丹.进步及其问题——科学增长理论刍议[M].方在庆,译.上海:上海译文出版社,1991.

[46]张载.张载集[M].北京:中华书局,1978.

[47]陆九渊.陆九渊集[M].北京:中华书局,1980.

[48]吴国盛.追思自然[M].沈阳:辽海出版社,1998.

[49]唐莹.元教育学[M].北京:人民教育出版社,2002.

[50]马克思恩格斯全集:第3卷[M].北京:人民出版社,1960.

[51]金吾伦.自然观与科学观[M].北京:知识出版社,1985.

[52]毛泽东选集:第3卷[M].北京:人民出版社,1991.

[53]赖特·米尔斯,等.社会学与社会组织[M].何维凌,黄晓京,译.杭州:浙江人民出版社,1986.

[54]弗·斯卡皮蒂.美国社会问题[M].刘泰星,张世灏,译.北京:中国社会科学出版社,1986.

[55]王维林,等.中外社会问题比较研究[M].台北:中央文物供应社,1982.

[56]陶孟和.社会问题[M].上海:商务印书馆,1924.

[57]《社会学概论》编写组.社会学概论[M].天津:天津人民出版社,1984.

[58]马克思恩格斯全集:第20卷[M].北京:人民出版社,1965.

[59]迪尔凯姆.社会学研究方法论[M].胡伟,译.北京:华夏出版社,1988.

[60]中国大百科全书军事编委会.中国大百科全书·军事[M].北京:中国大百科全书出版社,1989.

[61]侯树栋.国防教育大词典[M].北京:军事科学出版社,1992.

[62]廖文科.全国普通高等学校第四届国防教育学术研讨会论文集[M].北京:高等教育出版社,2009.

[63]赵先顺.中国军事辞典[M].北京:解放军出版社,1990.

[64]傅景云.国防教育概论[M].北京:军事科学出版社,2003.

[65]苏仲仁.国防教育瞭望[M].北京:中国人民大学出版社,1993.

[66]杨邵愈.高校国防教育与人才培养研究[M].北京:军事科学出版社,1999.

[67]糜振玉.中国的国防构想[M].北京:解放军出版社,1988.

[68]论语·大学·中庸[M].太原:山西古籍出版社,2006.

[69]吴式颖,任钟印.外国教育思想通史:第9卷(上)[M].长沙:湖南教育出版社,2002.

[70]潘懋元.高等教育学讲座[M].北京:人民教育出版社,1993.

[71]钱穆.论语新解[M].北京:生活·读书·新知三联书店,2002.

[72]杨伯峻.孟子译注[M].北京:中华书局,1991.

[73]胡适.有几分证据说几分话——胡适谈治学方法[M].北京:北京大学出版社,2014.

[74]傅斯年全集(四)[M].长沙:湖南教育出版社,2003.

[75]托马斯·库恩.科学革命的结构[M].李宝恒,纪树立,译.上海:上海科学技术出版社,1980.

[76]管子全译[M].谢浩范,朱迎平,译.贵阳:贵州人民出版社,1996.

[77]邓中好.大国之路:管子是如何治理齐国的[M].北京:京华出版社,2012.

[78]王立民.美术教育研究方法与论文写作[M].合肥:合肥工业大学出版社,2011.

[79]叶澜.学校教育研究方法[M].北京:教育科学出版社,2003.

[80]陈凯,陈波,许鹏.中外学校国防教育和学生军事训练工作比较研究[M].北京:时事出版社,2018.

[81]袁振国.教育研究方法[M].北京:高等教育出版社,2000.

[82]袁方,王汉生.社会研究方法教程[M].北京:北京大学出版社,1997.

[83]萨莉·拉姆奇.如何查找文献[M].廖晓玲,译.北京:北京大学出版社,2007.

[84]喻立森.教育科学通论[M].福州:福建教育出版社,2001.

[85]李秉德.教育科学研究方法[M].第二版.北京:人民教育出版社,2001.

[86]杨玲.教育研究方法基础[M].南京:河海大学出版社,2007.

[87]列宁全集:第23卷[M].中共中央马克思恩格斯列宁斯大林著作编译局,编译.北京:人民出版社,1990.

[88]李素敏.美国赠地学院发展研究[M].保定:河北大学出版社,2004.

[89]翟葆奎.教育学文集——美国教育改革[M].北京:人民教育出版社,1990.

[90]胡东芳.教育研究方法:哲理故事与研究智慧[M].上海:华东师范大学出版社,2009.

[91]王春英,孙硕.应用文写作范例大全[M].西安:三秦出版社,2002.

[92]杨为珍.写作[M].上海:华东师范大学出版社,2001.

[93]休谟.人性论(上册)[M].关文运,译.北京:商务印书馆,2006.

[94]鲁思·本尼迪克特.菊与刀[M].吕万和,等译.北京:商务印书馆,2000.

[95]文化与人生[M].上海:上海文艺出版社,2001.

[96]汪懋祖,等.国防教育与各科教学[M].南京:正中书局,1937.

[97]徐阶平,杨汝熊.国防教育之实施[M].上海:汗血书店,1937.

[98]汪懋祖.国防中心教育概观[M].南京:正中书局,1939.

二、学位论文

[1]田虎伟.我国高等教育研究方法的现状、问题及出路[D].武汉:华中科技大学,2007.

[2]薛其林.民国时期学术研究方法论[D].长沙:湖南师范大学,2003.

[3]金璐璐.大学生军训中的思想政治教育研究[D].哈尔滨:哈尔滨工程大学,2012.

[4]廖国强.高校军训学生突发事件处置预防研究[D].长沙:中南大学,2011.

[5]肖飞.当代军人的国防观教育[D].哈尔滨:哈尔滨理工大学,2015.

[6]程涛.高校国防教育存在的主要问题与对策研究[D].武汉:华中师范大学,2012.

[7]万馨.高校国防教育对大学生责任感的培养研究[D].长沙:中南大学,2010.

[8]张学兵.高校国防教育实效性探析[D].长沙:中南大学,2006.

[9]张金学.高校国防教育中信息战研究[D].长沙:中南大学,2006.

[10]陈进宏.高中思想政治教学中实施国防教育的研究[D].上海:上海师范大学,2008.

[11]王晓静.河北普通高校大学生的国防教育研究[D].秦皇岛:燕山大学,2014.

[12]石虎.普通高等学校国防教育的功能研究[D].武汉:武汉理工大学,2008.

[13]宁恒.体育教学中军事武术概念缺失对国防教育的影响[D].新乡:河南师范大学,2011.

[14]李维佳.我国普通高校国防教育育人体系研究[D].哈尔滨:哈尔滨工程大学,2013.

[15]孙善浩.新形势下我国高校国防教育问题研究[D].哈尔滨:哈尔滨工程大学,2008.

[16]卢萍.中美高校国防教育比较研究[D].长沙:中南大学,2009.

[17]刘建武.左宗棠国防思想及对高校国防教育的启示[D].长沙:中南大学,2008.

[18]张骁.清末民初学校国防教育转型初探[D].厦门:厦门大学,2008.

[19]万际洋.1927—1945年南京国民政府学校国防教育研究[D].武汉:华中师范大学,2007.

[20]吴建平.论抗战时期国民政府的国防教育[D].昆明:云南大学,2007.

三、中文报刊论文

[1]时殷弘.论2001年的中国对外政策和外交——兼及2002年和未来更长时间内的若干重大问题[J].国际经济评论,2002(3):40-42.

[2]时殷弘.中国的外部困难和新领导集体面对的挑战:国际政治、对外政策、台湾问题[J].战略与管理,2003(3):34-39.

[3]贺幸平,盛欣.《兵役法》新修与高校国防教育创新发展[J].湖南师范大学社会科学学报,2014(1):135-140.

[4]吴温暖.国防教育学学科基本定义探析[J].厦门大学学报(哲学社会科学版),2006(6),107-113.

[5]吴温暖,郑宏,谢素蓉.论国防教育学科的创生[J].高等教育研究,2008(11):73-78.

[6]吴温暖,郑宏.论国防教育学的学科归属[J].厦门大学学报(哲学社会科学版),2010(4):66-73.

[7]陈瑶.美国教育研究学科化的开端[J].教育研究,2015(5):141-151.

[8]刘小强.学科还是领域:一个似是而非的争论[J].北京大学教育评论,2011(4):77-90.

[9]方勇.科学研究中的定性与定量[N].中国科学报,2014-04-25.

[10]吴温暖,谢素蓉,彭荣础.论高校国防教育课程建设的地位[J].国防,2016(7):49-51.

[11]边国英.学术文化的影响因素分析[J].北京大学教育评论,2007(4):167-174.

[12]袁广林.大学学术共同体:特征与价值[J].高教探索,2011(1):12-15.

[13]唐松林,魏婷婷.学术共同体的契约精神:本质、背离与回归[J].教育发展研究,2015(7):70-75.

[14]孙正聿.学术规范与学术发展[J].吉林大学社会科学学报,2005(1):7-9.

[15]邓正来.学术规范化与学术环境的建构[J].开放时代,2004(6):124-128.

[16]高晓清,顾明远.学术自由与学术规范对我国切实性问题的思考[J].高等教育研究,2004(3):5-9.

[17]李科.我国国防教育研究现状与前瞻——基于 CNKI(2002—2011 年)的统计分析[J].教育文化论坛,2013(06):31-36.

[18]郑宏.中国普通高校国防教育研究:回顾与前瞻——基于 1997—2009 年全国普通高校国防教育学学术研讨会的分析[J].高等教育研究,2011(1):86-90.

[19]徐辉,季诚钧.高等教育研究方法现状及分析[J].中国高教研究,2004(1):13-15.

[20]宋蓓.音乐教育学科研究方法现状分析——基于五所高校硕士学位论文的定量研究[J].人民音乐,2010(6):32-35.

[21]郑杭生.也谈社会学的学术规范问题[J].江苏社会科学,2000(1):31-35.

[22]刘美凤.关于教育技术及其学科的研究方法的几点认识[J].电化教育研究,2008(12):93-96.

[23]王立仁.论思想政治教育学的研究对象[J].北京交通大学学报(社会科学版),2011(3):104-107.

[24]李科,问鸿滨.国防教育学的学科地位与学科价值及学科归属[J].军事交通学院学报,2014(3):74-77.

[25]李科.问鸿滨.国防教育学:科学界定与建设策略[J].武汉科技大学学报(社会科学版),2012(6):684-687.

[26]钟柏昌.中国教育技术学基础理论问题研究——关于研究对象的评述[J].电化教育研究,2013(9):10-19.

[27]吴定初,雷云.教育研究对象观探新[J].社会科学战线,2005(3):228-231.

[28]劳凯声.人文社会科学研究的问题意识、学理意识和方法意识[J].北京师范大学学报(社会科学版),2009(1):5-15.

[29]陈·巴特尔.关于民族教育研究对象的思考[J].民族教育研究,2012(2):5-8.

[30]成有信.教育学的对象及其两个相关问题[J].北京师范大学学报(社会科学版),1992(6):10-15.

[31]黄崴.教育管理学的研究对象及其分类[J].教育研究,2005(7):25-28.

[32]胡适.多谈些问题,少谈些"主义"[N].每周评论,1919(31),1919-07-20.

[33]徐跃权.关于图书馆学的研究对象问题的哲学解答[J].图书馆学研究,2014(3):2-6.

[34]解书森,陈冰.对科技进步因果链的探讨[J].贵州社会科学,1986(5):36-40.

[35]辛望旦.对社会需要与科学发展关系的再思考[J].南京大学学报(哲学·人文科学·社会科学版),2000(6):19-25.

[36]问青松.进行学位点立项建设的几点启示[J].学位与研究生教育,2000(4):24-25.

[37]张乐育.关于"任务带学科"的讨论[J].科学学研究,2007(a02):215-220.

[38]张海波,杨兆山."教育问题"探析[J].教育研究,2011(11):108-111.

[39]余小茅.试论教育学的研究对象是"教育问题"——兼与高鹏、杨兆山商榷[J].学术界,2014(9):115-123.

[40]雷云,吴定初."教育研究对象"的哲学思考[J].社会科学战线,2009(1):261-264.

[41]虞滢,金林南.思想政治教育学科研究对象之"人"的审思与路向[J].思想政治教育研究,2016(3):14-17.

[42]邢维凯.关于音乐学研究对象与方法的再思考[J].南京艺术学院学报(音乐与表演版),2013(2):1-2.

[43]高鹏,杨兆山."教育现象"何以是教育学的研究对象[J].教育研究,2014(2):55-60.

[44]陈沂.社会学是研究社会问题的一门科学——我对社会学研究的一点看法[J].社会,1981(00):9-11.

[45]青连斌.社会问题的界定和成因[J].中共中央党校学报,2002(3):97-102.

[46]蔡菁.关于社会问题的几点看法[J].社会学研究,1987(6):92-100.

[47]刘新庚,李四益,文银花.对思想政治教育学科研究对象的新认识[J].探索,2002(4):112-114.

[48]李科,问鸿宾.国防教育学的学科地位与学科价值及学科归属[J].军事交通学院学报,2014(3):74-77.

[49]董明.军队应在国防教育中唱"主角"[J].国防,1990(3):15.

[50]王晓光.军队在国防教育中的地位和作用[J].国防,1995(5):19-20.

[51]谢素蓉.国防教育主体辨析[J].厦门大学学报(哲学社会科学版),2015(6):64-70.

[52]任宏权.对高校军事课更名为国防教育课的研究[J].安徽工业大学学报(社会科学版),2010(4):124-125.

[53]刘新庚,高超杰.关于思想政治教育学科研究对象的学理审视[J].探索,2012(5):130-134.

[54]黄菊,蓝江.作为意识形态国家机器的思想政治教育:一个思想政治教育元问题研究[J].武汉理工大学学报(社会科学版),2009(1):91-95.

[55]杨邵愈.关于建立国防教育学的思考[J].中国高教研究,1990(4):79-83.

[56]王震.加强全民国防教育[J].中国民兵,1988(6):1-2.

[57]昝金生.高校国防教育与思想政治教育关系新论[J].长江大学学报(社会科学版),2012(4):129-131.

[58]孙芳.论高校国防教育与思想政治教育的科学整合[J].济南职业学院学报,2012(6):29-31.

[59]宋英,陈红祥.高校国防教育与思想政治教育耦合作用分析[J].思想教育研究,2016(1):94-96.

[60]曾蓉.国防教育在高等学校的德育价值[J].沧桑,2009(1):206-207.

[61]熊旭东,等.国防教育对大学生素质的拓展[J].实用预防医学,2005(5):1235-1237.

[62]陈永光,曲涛.高校国防教育对思想政治教育的意义[J].思想教育研究,2009(12):54-56.

[63]赵素云,赵志川.军事教育是加强和改进大学生思想政治教育的有效途径[J].中国高教研究,2005(11):51-52.

[64]张正明,郭惠琴.高校国防教育与思想政治教育资源整合研究[J].重庆与世界(学术版),2014(5):89-91.

[65]李科.高校国防教育与思想政治教育:"和而不同"的两个教育领域[J].海军工程大学学报(综合版),2014(3):78-81.

[66]项贤明.走出传统的教育学理论体系——泛教育理论的哲学建构[M].华东师范大学学报(教育科学版),1996(2):17-29.

[67]王建华.学前教育学、普通教育学、高等教育学与教育学关系刍议——兼论教育学的未来[J].学前教育研究,2007(4):3-8.

[68]刘楠,侯怀银.论教育学的学科规训功能[J].湖南师范大学教育科学学报,2014(2):26-29.

[69]李金奇,冯向东.学科规训与大学学科发展[J].高等教育研究,2005(9):79-83.

[70]纪喻.国防教育概述[J].国防,1992(4):3-6.

[71]武国禄.国防教育研究学术观点综述[J].国防,1991(4):19-21.

[72]毛雪梅、任春梅.近二十年我国国防教育研究回顾[J].内蒙古师范大学学报(教育科学版),2008(1):79-81.

[73]陆华.清末学校国防教育的滥觞[J].军事历史研究,2014(2):59-64.

[74]曹关群.鲇鱼之宴——民国"黄金十年"(1927—1937)学校国防教育管窥[J].重庆文理学院学报(社会科学版),2013(1):154-157.

[75]李飞.抗战时期国统区学校的国防教育探析[J].温州大学学报(社会科学版),2014(3):111-116.

[76]风笑天.论问卷调查的特点和适用范围[J].华中师范大学学报(哲学社会科学版),1989(6):24-28.

[77]风笑天.方法论背景中的问卷调查法[J].社会学研究,1994(3):13-18.

[78]风笑天.我们的社会学方法水平能够打几分？[J].华中理工大学学报(社会科学版),1999(3):31-36.

[79]邓锁,风笑天.问卷调查研究:第二个10年的发展与分析[J].华中理工大学学报(社会科学版),2000(3):49-54.

[80]风笑天.社会调查方法还是社会研究方法？——社会学方法问题探讨之一[J].社会学研究,1997(2):23-32.

[81]风笑天.论问卷调查的特点和适用范围[J].华中师范大学学报(哲学社会科学版),1989(6):24-28.

[82]苏力.好的研究与实证研究[J].法学,2013(4):16-20.

[83]张小山.加强方法论共识,提高社会研究水平[N].中国社会科学报,2014-11-30.

[84]风笑天.问卷设计在调查中的地位与作用[J].学术评论,1989(4):63-64.

[85]风笑天.优良问卷的标准[J].社会,1989(7):21-22.

[86]潘绥铭,黄盈盈,王东.问卷调查:设置"开放题"是一种失误[J].社会科学研究,2008(3):81-85.

[87]风笑天.论社会研究中的文献回顾[J].华中师范大学学报(人文社会科学版),2010(4):40-46.

[88]刘振华.教师经验总结与教育科学研究[J].教育科学研究,1993(6):40-42.

[89]柳夕浪.析"经验总结"[J].上海教育科研,1992(4):36-37.

[90]张声远.经验总结的几个理论问题[J].上海教育科研,1993(2):1-3.

[91]钱在森.试论教育经验科学性总结的思路[J].上海教育科研,1991(3):1-6.

[92]赵正国.美国军官学校与后备军官训练团人才培养模式比较[J].外国教育研究,2009(8):91-96.

[93]郑宏.美国《国防教育法》的制定及其历史作用[J].江西社会科学,2011(1):158-161.

[94]蔡宝来.现代教育与国家安全[J].西北师大学报(社会科学版),2003(5):14-18.

[95]冯大鸣.美国国家教育战略的新走向[J].外国教育研究,2004(1):28-31.

[96]胡光喜,陆华.中美两国《国防教育法》比较[J].比较教育研究,2007(4):9-12.

[97]贝骁.准确定位,力推学生军训不断规范[N].中国国防报,2014-09-22.

[98]林世宁,罗欣.广东:高校军训未来或以选修课形式存在[N].羊城晚报,2013-07-13.

[99]黄军武,曾伟明,吴广东.校园国防教育,还有多少路要走[N].中国国防报,2014-09-17.

[100]齐卫芳.表格的内在特征规律与设计原则[J].编辑学报,1995(3):139-143.

[101]秦建平.档案编研工作要做到"信、达、雅"[J].档案学研究,2006(1):36-37.

[102]王兆胜.学术语言的现状与理想[J].福建论坛·人文社会科学版,2006(10):63-65.

[103]李桃,陈永杰,金艳君.学术文章的语言必须"文约而事丰"[J].情报科学,2002(8):895-896.

[104]钱学森最后一次谈话:大学缺乏创新精神[N].人民日报,2009-11-05.

[105]吴文俊.东方数学的使命[N].光明日报,2003-12-12.

[106]郭金彬,陈玲.提出问题与学术创新[J].自然辩证法通讯,2006(1):6-7.

[107]周燕红.如何重建作为一门学科的俄国文学[J].国外文学,2003(1):125-128.

[108]王元骧,赵建逊.理论偏见是怎样形成的——关于文艺理论创新的对话[N].文艺报,2003-07-19.

[109]袁振国.论高校哲学社会科学研究的形式与方法创新[J].中国高等教育,2006(17):16-18.

[110]薛亚玲.近年学界有关学术创新理论探讨述评[J].社会科学管理与评论,2009(1):97-104.

[111]顾海良.学术创新的关键在于方法创新[N].中国社会科学报,2011-03-11.

[112]徐海燕.学术创新的内涵与思维工具的选择[J].中国特色社会主义研究,2005(1):90-93.

[113]彭启福,张凯.诠释学视域中的学术创新[J].河南师范大学学报(哲学社会科学版),2014(6):28-31.

[114]牛俊峰,杜建伟.我国年军训学生1700余万人[J].中国民兵,2011(1):36-37.

[115]刘玉红,蒋健林.对加强中小学生国防教育的三点认识[J].国防,2013(11):37-38.

[116]马长礼.关于加强中小学国防教育的思考[J].中国校外教育(中旬刊),2013(7):24.

[117]徐则敏.各国实施国防教育的一斑[J].进修半月刊,1936(6-7):241-244.

[118]徐逸樵.现代的教育应该就是国防教育[J].教与学,1936(7):81-85.

[119]张鉴虞.论国防教育的意义与特质[J].四川教育,1937(9):7-15.

[120]储志,杨翼心.国防教育论文索引[J].浙江教育行政周刊,1934(27-28):135-155.

[121]吴宪民.国防教育论文索引[J].教师之友(上海),1937(7):1323-1332.

[122]蔡元培.国防的教育[J].教育与国防,1936(1):6-7.

[123]姜琦.军事管理之教育的价值[J].湖北教育月刊,1935(8):1-6.

[124]姜琦.军事训练的价值之研究[J].前途,1936(7):7-12.

[125]姜琦.学生自治与军事训练[J].教育杂志,1936(3):33-42.

四、外文专著及论文

[1]Krathwohl D. R. Methods of education and social science research: An integrated approach[M]. New York: Longman,1993.

[2]E D. Eddy. College for Our Land and Time—The Land-Grant Idea in American Education[M]. New York：Harper & Brothers Publishers，1957.

[3]United States Office of Education. Survey of Land-grant Colleges and Universities，(Volume Ⅱ)[M]. U. S. Government Printing Office，1930.

[4]Michael S. Neiberg. Making Citizen-Soldiers—ROTC and the Ideology of American Military Service[M]. Cambridge：Harvard University Press，2000.

[5]United States Office of Education. biennial survey of education 1916-18，(Volume Ⅰ)[M]. Washington，D. C.：U. S. Government Printing Office，1921.

[6]Benjamin Freakley. Strong Students，Strong Futures，Strong Nation[J]. the State Education Standard 11，2010(1)：4-8.

[7]Newt Gingrich，Winning the Future：A 21st Century Contract with America [M]. Washington，D. C.：Regnery Pub，2005.

[8]Hugh B. Price. Utilizing MILITARY EDUCATION and Training Methods to Help Struggling Students and Schools [J]. The State Education Standard，2010(1)：9-13，60.

五、网络电子文献

[1]王洪才. 小谈文献查阅[EB/OL]. [2018-09-18]. http://tjhongcw. blog. 163. com/blog/static/45435946200911190480345/.

[2]王洪才. 再谈文献综述写作[EB/OL]. [2018-09-18]. http://tjhongcw. blog. 163. com/blog/static/454359462012313710608/.

[3]政协委员建议大学生军训实行自愿预备役教育[EB/OL]. [2018-09-18]. http://news. xinhuanet. com/newscenter/2003-03/17/content_781754. htm.

[4] National Defense Education and Innovation Initiative：Meeting America's Economic and Security Challenges in the 21st Century [EB/OL]. [2018-09-18]. http://www. aau. edu/reports/NDEII. pdf.

[5]Joel I. Klein，Condoleezza Rice，Julia Levy，2012. U. S. Education Reform and National Security[EB/OL]. [2018-09-18]. http://www. cfr. org/united-states/us-education-reform-national-security/p27618.

[6]美国陆军青少年后备军官训练团学员参考手册(第二版)[EB/OL]. [2018-09-18]. http://rdh. leeschools. net/2010%20design/Website/CLUBS/JROTC/Adobe%20Documents/cadet_reference. pdf.

[7]2011-STARBASE-Annual-Report[EB/OL]. [2018-09-18]. http://www. dodstarbase. org/sites/default/files/Reports/2011-STARBASE-Annual-Report_0. pdf.

[8]Elda Pema，Stephen Mehay. 2009. The Effect of High School JROTC on Student Achievement，Educational Attainment，and Military Enlistment[EB/OL]. [2018-09-18]. https://www. msu. edu/~pemaelda/Pema%20Mehay%20-%20JROTC. pdf.

［9］H. R. 4205-Hearings on National Defense Authorization Act for Fiscal Year 2001 before the Committee on Armed Services ［EB/OL］.［2018-09-18］. https：//www. gpo. gov/fdsys/pkg/CRECB-2000-pt1/pdf/CRECB-2000-pt1-issue-2000-02-10. pdf.

［10］Megan Millenky，Dan Bloom，and Colleen Dillon，2010. Making the Transition：Interim Results of the National Guard Youth Challenge Evaluation［EB/OL］.［2018-09-18］. http：//www. mdrc. org/publications/557/execsum. pdf.

［11］Common Ground：Education& the Military Meeting the Needs of Students［EB/OL］.［2018-09-18］. https：//www. usarmyjrotc. com/jrotcRes/downloads/8_Library/DTI-CReports/ArmyStudyGroupreport-CommonGround. pdf.

［12］河南省教育厅,河南省军区司令部. 关于高等学校国防教育暨学生军事训练调研和督查情况的通报［EB/OL］.［2018-09-18］. http：//www. haedu. gov. cn/2014/12/01/1417401065789. html.

［13］国防大学战略教研部主任、教授朱成虎谈"韩美联合军演及中国安全形势"［EB/OL］.［2018-09-18］. http：//www. people. com. cn/GB/32306/143124/147550/12519953. html.

后　记

　　本书基于本人的博士后研究工作报告修改而成。原本为期两年的博士后研究工作,因为个人原因,变成了一场长达五年多的马拉松长跑。在这个过程中,许多人给予了热情的鼓励和无私的帮助。可以说,如果没有他们的理解和支持,我的这场学术马拉松很可能无法到达终点,也就不会有本书的面世。因此,在该书付梓之际,最重要的莫过于向他们表达个人诚挚的敬意和感谢。

　　首先要感谢的是导师王洪才教授。正是王老师出于对我学术成长和职业生涯的关怀,使我在参加工作两年之后,再次获得了跟随王老师学习的珍贵机会。在整个研究过程中,导师都予以悉心引导,并时时督促。对于个人工作、生活与学习之间存在的冲突,导师也体现了极大的宽容和谅解,为我创设了自由宽松的研究环境。一直以来,我深深有愧于导师的良苦用心及耐心,十分感激导师长久以来的扶持、指导。

　　当初选择进行博士后工作研究,还离不开厦门大学军事教研室吴温暖教授的鼓励和照顾。吴老师一直致力于国防教育学科创生的理论和实践工作,所进行的学科基本理论研究及学科点创建一直走在全国前列。我所从事的博士后研究方向,正是吴老师立足于学科创生和发展需要提出的,属于国防教育学科研究的前沿问题。在开展研究过程中,吴老师从研究方案、研究内容等各方面都提供了切实的帮助,使整个研究得以更快更好地向前推进。

　　在研究报告开题及博士后出站答辩过程中,厦门大学教育研究院史秋衡教授、陈武元教授、郑若玲教授对如何进一步完善研究报告提出了非常具有针对性和建设性的建议。在他们的建议指引下,整个研究获得了更高的时代站位、更广阔的研究视野。

　　由于博士后研究工作远远超出了期限,中间需要延期。在这个过程中,感谢厦门大学教育研究院叶燕老师、吴晓君老师所做的大量沟通协调工作,从而使我得以继续完成研究工作。

　　该书的构思写作,也得到了来自中央财经大学国防经济与管理研究院陈波院长所主持的教育部重大攻关课题的资助和支持,在此一并致谢。

　　此外,还要感谢厦门大学军事教研室的各位同事,在我从事博士后研究工作期间,他们在教学和科研工作方面都给予了相当的支持和帮助。同时还要感谢我的家人,正是他们的默默支持和付出,才使我可以潜心研究,并最终完成本书的撰写工作。

　　最后,还要感谢厦门大学校长出版基金对本书出版的资助,感谢厦门大学社科处龚君老师对资助申请的支持和帮助,感谢出版社刘璐等编辑老师提出的修改意见以及她们付出的努力和辛劳。